LA RÉPUBLIQUE
DES FONCTIONNAIRES

THIERRY PFISTER

LA RÉPUBLIQUE DES DES FONCTIONNAIRES

Albin Michel

ISBN 2-226-03247-9

A Michel F.

« Le despotisme administratif est le seul qu'aient à
craindre les démocraties. »
Alexis de Tocqueville

« Toute société a besoin d'une aristocratie et surtout
une République, mais il est vrai que celle dont s'est
dotée la nôtre, avec sa haute administration, commence
à ressembler à la noblesse d'Ancien Régime : trop de
privilèges et pas assez de services. »
Roger Fauroux
ancien P.-D.G. de Saint-Gobain,
directeur de l'ENA

Chapitre 1

INVASION

Il était une fois un pays prospère dans lequel d'ardents démocrates s'alarmaient de voir proliférer sans frein une caste d'administrateurs qui s'emparaient du contrôle politique de l'État. C'était il y a bien longtemps — vingt ans déjà ! — dans une nation qui semble lointaine : la France.

Histoire de restaurer une démocratie jugée vacillante dans la République gaulliste, de bons esprits s'inquiétaient des débordements, devenus systématiques, de la haute administration dans la sphère du politique. Le bulletin que publiait, dans les années 60, Pierre Mendès France, mettait par exemple en garde contre «les dangers de la technocratie». Une thèse qui n'emportait pas la conviction de tous les hauts fonctionnaires de gauche, à commencer par l'inspecteur des Finances Michel Rocard. Au moins le débat était-il ouvert.

C'était aussi le temps des assauts héroïques d'anciens élèves de l'École nationale d'administration, comme Pierre Joxe ou Jean-Pierre Chevènement, contre l'établissement qui les avait formés. Et lorsque Edgar Faure battait, une fois de plus, les campagnes jurassiennes pour décrocher un énième mandat parlementaire, il aimait à présenter à ses électeurs les jeunes messieurs au visage grave qu'il traînait dans son sillage. «Je vous ai amené un technocrate, expliquait-il, vous voyez, ils sont bons garçons.» Ils le sont effectivement le plus souvent : amis charmants, convives plaisants, interlocuteurs brillants, collaborateurs efficaces. L'ensemble n'en constitue pas moins une institution dévoyée. Une inébranlable bonne conscience leur fait percevoir toute mise en cause de leur statut social comme une injustice. Les montrer du doigt est assimilé à une attaque personnelle indécente qui voile immédiatement leur regard candide.

Une France mythique subsiste. Elle nous sert de référence. C'est la fameuse « France profonde ». Une France que les structures politiques et électorales du pays s'efforcent de préserver au-delà de toute rationalité. La France des 33 000 communes de moins de 2 000 habitants sur un nombre total de 36 000 communes. Une France qui veut que les élus de la nation passent trois fois plus de temps à débattre du budget de l'agriculture que de celui de l'industrie. Députés et sénateurs doivent impérativement monter à la tribune pour plaider dans l'indifférence générale en faveur des bouilleurs de cru, de l'agriculture de montagne ou des éleveurs des Causses. Ne défendent-ils pas cet électorat marginal en raison du mode de scrutin ? Cette France de référence n'a qu'un seul défaut : elle n'existe pas. L'hexagone compte aujourd'hui plus de fonctionnaires que de paysans.

Il y a vingt ans « l'énarchie » demeurait, pour les Français, un terme aussi mystérieux que feu la synarchie dont le fantôme hantait le régime de Vichy. Sous la houlette de Georges Pompidou et à l'exemple du jeune chargé de mission Jacques Chirac, les bataillons d'anciens de l'ENA menaient tout juste leurs premiers assauts contre des citadelles électorales dont ils allaient faire leurs fiefs.

Par un curieux paradoxe intellectuel et en vertu du triomphe du conformisme social, au fur et à mesure que l'emprise des générations montantes de hauts fonctionnaires s'est affirmée sur le monde politique, la discussion amorcée dans les années 60 s'est estompée pour pratiquement s'éteindre avec le passage de la gauche au pouvoir. Tout au plus affleure-t-elle parfois, comme en annexe d'autres débats. C'est ainsi qu'au moment de la controverse sur le « déclin » réel ou supposé de la France, qui a occupé les quelques mois d'été de 1987, le sociologue Alain Touraine a notamment fait remarquer qu'au nombre des forces qui entravent le pays, se situe « une concentration trop élitiste des décisions, des responsabilités et aussi des privilèges[1] ». Précisant sa pensée, il décrivait le modèle français qui s'est épanoui au sortir de la guerre comme celui « des *grands* programmes publics dirigés par des membres des *grands* corps, venus des *grandes* écoles ». En ne posant pas clairement le problème durant leurs cinq années de gouvernement, en se bornant à tenter de le traiter à la marge, socialistes et communistes ont officialisé une évolution qui constitue la caractéristique dominante de la Vᵉ République.

Pourtant la gauche avait annoncé des réformes dans ce secteur avant d'accéder aux responsabilités de l'exécutif. Des projets concrets ont même été élaborés durant ses premiers mois de gouvernement. Mobilisés par d'autres urgences, les décideurs politiques ont repoussé le dossier. Alors que les résistances rencontrées auraient dû inciter à approfondir, donc à élargir, la réflexion, le refus de tout ce qui risquait de «faire des vagues» a conduit, dans un deuxième temps, à renoncer aux ambitions initiales.

Le personnel gouvernemental a continué d'être recruté au sein de la haute fonction publique. Quant à ceux qui s'étaient hissés au sommet de l'État grâce à la vague politique sans appartenir à l'élite administrative, ils se sont glissés avec empressement en son sein, histoire de garantir leur avenir personnel. Une place dans les grands corps de l'État — du Conseil d'État à la Cour des comptes en passant par la préfectorale et la diplomatie — a constitué le bonheur ultime et la suprême consécration des cadres d'une gauche qui, lorsqu'elle rêvait encore d'une nouvelle nuit du 4 Août, avait prétendu abattre ces bastilles !

Dès lors qu'ils s'étaient abrités dans le cercle des privilégiés, pourquoi les nouveaux venus dans l'univers gouvernemental auraient-ils œuvré à la disparition de pratiques dont ils vont bénéficier pendant une vingtaine d'années ? La boucle s'est refermée. En récupérant une pincée de ses adversaires proclamés, le conservatisme des structures est assuré d'un nouveau bail. Ainsi se vérifie une fois de plus la règle qui veut que toute société qui intègre se renforce, alors qu'elle se fragilise en excluant. Cette donnée qui fait débat pour quelques dizaines de milliers de Maghrébins est, en revanche, parfaitement assimilée par l'élite administrative. Lorsque la défense de sa situation sociale l'exige, elle préfère partager ses privilèges avec quelques intrus plutôt que de courir le risque de les voir mettre en cause.

La France avait connu naguère la « République des notables ». Une formule au demeurant peu éclairante. Dès lors qu'il est institutionnalisé, tout régime est entre les mains de « notables ». Les fonctions exercées le sont bien plus que les hommes.

Encore que ceux qui parviennent à décrocher un mandat électif doivent nécessairement jouir d'un rayonnement social minimal. Pour caractériser nos Républiques successives, la notion de « notables » est donc insuffisante. Daniel Halévy ne s'y était d'ailleurs pas trompé en baptisant « République des ducs » la première période de la IIIe République [2]. Les de Broglie, Decazes, Audiffret-Pasquier contrôlaient alors le pouvoir en attendant que le comte de Chambord veuille bien, pour s'installer sur le trône, rompre avec sa vie simple, conforme à ses principes religieux et moraux, de gentilhomme-chasseur exilé.

La lassitude d'un monarque refusant d'accepter les compromis et les risques inhérents à toute fonction gouvernementale a laissé s'éteindre les derniers espoirs de restauration. Avec l'élection de Grévy, la République est prise en main par nos bourgeois de province. Inconnus alors, certains feront carrière : Freycinet, Loubet, Ferry... A la « République des ducs » succède celle « des avocats ». Sous la IVe République ils régnaient encore, fournissant les deux présidents de la République et six des treize présidents du Conseil. Déjà les fonctionnaires les talonnaient. Cinq chefs de gouvernement sont sortis de leurs rangs, dont trois venaient des grands corps de l'État. Il faudra attendre 1958 et Charles de Gaulle pour qu'en changeant à nouveau de numérotation la République modifie en profondeur la nature de son encadrement politique. La haute administration commence à mettre la main sur des leviers gouvernementaux essentiels. Non seulement elle ne les lâchera plus mais, durant trente ans, elle ne cessera d'élargir sa sphère d'intervention, d'installer ses hommes et d'imposer sa conception du fonctionnement de l'État. Naguère ploutocratique, le régime français devient technocratique. Ce qui ne traduit pas vraiment une avancée démocratique. Bien des traits de « la République des camarades » dont se gaussait, au détriment des radicaux, Robert de Jouvenel à l'aube de la première guerre mondiale, perdurent. La camaraderie n'est plus celle du parti, mais celle de l'école.

La fonctionnarisation du personnel politique

Le passage de la gauche au pouvoir, durant toute une législature, n'a pas modifié cette réalité. Si le poids de la haute fonction publique a diminué, à la marge, dans un premier temps, les positions perdues ont rapidement été reconquises. Le pli imposé durant vingt-trois ans a été le plus fort. Les habitudes acquises, les conformismes culturels, tout a concouru à poursuivre dans la voie tracée. Dès lors, la fonctionnarisation du personnel politique, et plus particulièrement gouvernemental, ne pouvait que s'en trouver justifiée. De fait, elle a connu un nouveau bond en avant avec la constitution du ministère de Jacques Chirac. Jamais autant de hauts fonctionnaires n'avaient siégé dans un gouvernement. L'équipe compte en effet 13 « énarques » pour 41 membres. 32% : un résultat digne du Livre Guiness des records ! A titre de comparaison, il aura fallu attendre 1981 pour que réapparaissent autour de la table du Conseil des ministres des hommes d'origine ouvrière. Ils en avaient disparu depuis 1947.

Les fonctionnaires, et en particulier les plus gradés d'entre eux, n'ont pas cette discrétion. Quel taux de réussite sous la Ve République : 100% en ce qui concerne les fonctions de Premier ministre ! Deux des trois présidents et les neuf Premiers ministres sont issus de la fonction publique. Et pour sept des chefs de gouvernement, de la haute fonction publique (administration centrale ou grands corps de l'État), les deux autres — Pompidou et Mauroy — étant enseignants. Depuis 1958 le tiers des ministres, en moyenne, appartient à la haute fonction publique. Cela fait dix ans que plus de la moitié des membres du gouvernement sont des fonctionnaires. Une proportion qui a dépassé 60% avec Pierre Mauroy, le sommet ayant été atteint à la fin du septennat giscardien avec quinze fonctionnaires sur les vingt ministres du gouvernement Barre de 1978. 75% de fonctionnaires dans un gouvernement, la fonction publique peut avoir confiance en Raymond Barre !

Il y a dix ans, les énarques ne représentaient toutefois que 20% de l'effectif ministériel. Si on serre l'objectif sur la seule énarchie gouvernementale, le mouvement accompagne l'évolution générale. A ceci près que les anciens élèves de l'ENA qui deviennent ministres sont pratiquement tous issus des grands corps de l'État. Si le pourcentage d'énarques dans les cabinets ministériels varie selon les ministères, le record est généralement détenu par l'Economie et les Finances. Dans l'entourage présidentiel l'implacable montée de l'énarchie s'observe également. Pour un quart d'énarques au secrétariat général de la présidence de la République lorsque le général de Gaulle s'installe, on passe à un tiers avec son second mandat, la moitié lorsque Georges Pompidou entre à l'Élysée, les deux tiers avec Valéry Giscard d'Estaing pour retomber au tiers avec François Mitterrand. Toutefois, les fonctionnaires ont toujours été majoritaires dans les entourages présidentiels, allant de 90% sous de Gaulle et Giscard d'Estaing à 60% sous Mitterrand.

A ce recrutement ciblé de l'exécutif correspond un phénomène équivalent dans la sociologie parlementaire. Un haut fonctionnaire préside l'Assemblé nationale et vous avez six cents fois plus de chances de rencontrer un énarque dans l'hémicycle du Palais-Bourbon que dans le reste de la population active ! La pénétration des énarques dans l'enceinte parlementaire est en constante augmentation depuis les débuts de la Ve République. 3 en 1958, 8 en 1962, 11 en 1967, 19 en 1968, 20 en 1973, 33 en 1978, a pointé Jean-François Kesler[3]. Leur nombre retombe à 25 en 1981 lorsque déferle la vague rose et ses bataillons d'enseignants. L'alternance politique est aussi sociale, mais toujours dans le cadre de la fonction publique !

A la fin octobre 1987, la répartition socioprofessionnelle des 577 députés élus en 1986 était la suivante :
— Chefs d'entreprise (y compris agricoles) 54 (9%)
— profession libérales 95 (16%)
— fonctionnaires et assimilés.......................271 (47%)
   • dont les trois grands corps (11 pour le seul Conseil d'État) 26 (4%)
   • les autres grands corps 19 (3%)
   • et pour l'ensemble des fonctionnaires d'administration centrale..................................... 69 (12%)
   • enseignement 150 (26%)
— Personnel des partis politiques et assistants parlementaires..................................... 9 (1%)
— cadres et ingénieurs du privé 65 (11%)
— ouvriers et employés du privé 18 (3%)

Sur les 200 à 300 députés employés par l'État, seule une petite centaine sont des hauts fonctionnaires. C'est toutefois en leur sein que vont se recruter les ministres. Ils fournissent, entre 1958 et 1981, 105 des 145 ministres appartenant à la fonction publique [4].

Admettons que les pesanteurs de la gauche aboutissent à une sur-représentation des fonctionnaires en son sein, et notamment des enseignants. Que n'a-t-on moqué, en 1981, les instituteurs barbus alors qu'ils n'étaient pourtant que 26 contre 19 représentants des trois grands corps de l'État (dont 11 de droite), 92 enseignants du secondaire (dont 4 de droite), et 48 du supérieur (dont 7 de droite) ! Force est de constater qu'une assemblée nationale élue sur une vague idéologique libérale (l'ensemble RPR-UDF-Front national et assimilés a représenté plus de 54 % des suffrages exprimés) comprend, sur les seules travées de droite de l'hémicycle, 107 fonctionnaires et assimilés contre 70 représentants de professions libérales, 43 chefs d'entreprise et seulement 40 cadres et ingénieurs du secteur privé !

Les partis politiques sont eux aussi dirigés par des hauts fonctionnaires. Du moins les partis qui ont vocation à gouverner, ce qui constitue une forme d'aveu. Les communistes n'ont jamais, par exemple, présenté de candidat aux législatives disposant du label ENA. Tous énarques en revanche les Jospin, Joxe, Rocard, Fabius, Chevènement (PS), Doubin (radicaux de gauche), Chirac et Toubon (RPR) Léotard (parti républicain), Stasi (CDS). L'élaboration des projets politiques incombe désormais à la catégorie sociale qui aura à les mettre en œuvre. Le circuit est on ne peut plus court : du producteur à l'exécuteur. Ce qui n'interdit pas, au fil du débat médiatique, d'opposer l'irréalisme des hommes politiques à la prudente lucidité des gestionnaires !

Amorcé avec la naissance de la Ve République, le mouvement a pris toute son ampleur dans les années 70, c'est-à-dire dans une période de déclin accentué du mouvement néo-gaulliste qui s'est trouvé exclu de l'exécutif de 1976 à 1986. Il n'y a donc pas lieu de s'étonner que les deux vecteurs majeurs de pénétration des hauts fonctionnaires dans la vie politique aient été, ces dernières années, l'UDF et le parti socialiste.

Comme tout phénomène qui dure, cette occupation du

champ politique par l'élite administrative ne cesse de s'approfondir. Les générations montantes font toujours plus vite, donc toujours plus jeunes, le fructueux détour par la politique. L'administration territoriale tend nettement à être, à son tour, contaminée et à suivre l'exemple de la haute fonction publique d'État. Cette situation n'est certes concevable, à bien des égards, qu'en France, pourtant les évolutions discernables dans le cadre de la Communauté européenne montrent qu'il ne s'agit ni d'une simple curiosité du folklore hexagonal, ni d'une survivance de l'État gaulliste, mais bel et bien d'une tendance lourde qui façonne notre vie démocratique future. Les crises plus ou moins larvées qui se manifestent au sein des hautes fonctions publiques britannique ou américaine sont, elles aussi, révélatrices de la difficulté contemporaine à tracer une frontière entre les fonctions politiques et l'administration.

Ce sujet délicat mais capital est pourtant soigneusement contourné. Nombre d'universitaires se sont certes penchés sur le rapport du politique et de l'administratif. La bibliographie est longue et souvent pesante. Elle demeure essentiellement descriptive. Tranchent heureusement sur cette grisaille quelques véritables essais et, en particulier, les travaux de Pierre Birnbaum sur « l'élite du pouvoir en France[5] ». Il est, notamment, le premier à avoir employé l'expression « République des fonctionnaires » pour définir la Ve République. Ses analyses, parce qu'elles débouchent sur un jugement d'ordre politique, ont souvent été contestées.

L'évolution giscardo-socialiste des dix dernières années conduit pourtant à nuancer et à compléter les études qu'il a effectuées durant les années 60 et le lien, par lui établi, entre la technocratie et le bonapartisme gaulliste. Selon Birnbaum, la République des fonctionnaires devait décliner avec l'entrée de Valéry Giscard d'Estaing à l'Élysée et le retour des milieux d'affaires. Avec plus de recul, le recensement du personnel gouvernemental (les ministres et leurs collaborateurs) au fil des septennats qui se sont égrenés depuis 1958 permet de constater que leur composition socioprofessionnelle a peu varié. C'est toujours la même corporation qui, du gaullisme au socialisme en passant par le giscardisme, se partage la gestion de l'exécutif.

Orientations idéologiques

Une même corporation ne veut pas dire une seule orientation politique. La liberté d'opinion — en dehors du service — est, pour les fonctionnaires, une liberté acquise depuis longtemps. Ils y ont le même droit que tout autre citoyen. Le célèbre mot de Cromwell, « l'État, en choisissant ses serviteurs, se désintéresse de leurs opinions. Qu'ils le servent fidèlement, et cela suffit », n'a jamais été vrai. Pas plus en Grande-Bretagne qu'en France. Ou plutôt, il n'est exact que dans son contexte, c'est-à-dire prononcé avant la bataille de Marston Moor. Pour mourir, qu'importent les options personnelles ! Pour servir dans les rangs subalternes aussi. Dès qu'un partage des responsabilités intervient, la situation se complique. La règle du « devoir de réserve » illustre cette ambiguïté. Jamais un gouvernement ne reprochera à un de ses agents de parler pour défendre sa politique ; la « réserve » ne devient un devoir que pour faire taire les opposants.

En pratique, les pesanteurs du service de l'État font que les fonctionnaires doivent se déplacer sur l'échiquier politique en évitant les extrêmes. Une notion dont le contenu évolue au fil des mutations de la société. Sous la IVe République, les catholiques militants ont encore rencontré des difficultés pour entrer dans les écoles normales. Jusqu'à ces dernières années des fonctionnaires communistes ont été écartés de certains postes.

Il existe des secteurs de la fonction publique dans lesquels les options politiques personnelles continuent de jouer ouvertement sur le déroulement des carrières. Dans le cas des professeurs de l'enseignement supérieur une relative homogénéité intellectuelle existe, au moins par université. Le maintien de la cooptation pour le recrutement aboutit à ce que les critères idéologiques jouent un rôle important. La gauche se replie, par exemple, sur Paris I (Sorbonne) et Paris X (Nanterre), la droite sur Paris II (Assas) et Paris IX (Dauphine). Cette lecture politique de la carte universitaire ne facilite pas sa gestion. D'autant que les professeurs de l'enseignement supérieur disposent d'exceptionnelles facilités pour s'ébattre au Parlement. Ils sont les seuls enseignants à pouvoir cumuler leurs fonctions professionnelles et un mandat parlementaire, donc les deux

21

traitements. On en compte vingt au sein de l'Assemblée nationale élue en 1978, quarante-huit en 1981 et cinquante-huit en 1986, contre seulement dix-huit enseignants du primaire. Il s'agit d'une illustration supplémentaire de l'élitisme croissant de la représentation nationale puisque, sous la IVe République, les instituteurs étaient plus nombreux que les professeurs de faculté : trente et un contre quatorze en 1951, par exemple, selon le décompte de Jean-François Kesler[6]. L'inversion dans la hiérarchie des enseignants s'est produite avec l'avènement de la Ve République.

L'orientation politique de la haute fonction publique n'est pas claire. Par conformisme social comme par opportunisme de carrière, elle tend à pencher du côté de la majorité du moment. S'il est vrai que les enquêtes effectuées auprès des élèves de l'ENA montrent qu'ils se situent majoritairement à gauche, force est de constater qu'en vieillissant et en grimpant dans la hiérarchie administrative ils glissent à droite. Une évolution qui ne leur est en rien propre. Il est en conséquence non seulement excessif mais faux d'affirmer, comme l'a fait un ancien directeur de la fonction publique, Michel Massenet, que « par l'intermédiaire du parti socialiste une caste est au pouvoir, celle qui détient le pouvoir fonctionnaire ». Seul le militantisme peut conduire à croire sérieusement qu'il existerait un « pouvoir fonctionnaire » homogène, orienté à gauche puisque telle est effectivement la prédisposition politique d'une majorité de fonctionnaires, travaillés par un syndicalisme actif.

Le parti socialiste, du temps où il s'appelait encore Section française de l'Internationale ouvrière (SFIO), et en dépit de son intitulé, était surtout le « parti des fonctionnaires », même s'il a été, progressivement, supplanté par le PCF avant de réinverser la tendance. Il est vrai qu'une majorité de fonctionnaires votent à gauche. Il est vrai qu'une majorité de fonctionnaires disposent de revenus modestes pour ne pas dire faibles. Il est vrai qu'une tendance à la prolétarisation d'une grande masse des fonctionnaires ne peut que les ancrer dans un vote de protestation à l'égard des structures sociales. Pour autant, à aucune période de l'histoire française la fonction publique n'a été politiquement monolithique. Ne serait-ce qu'en raison des clivages sociaux qui la divisent. Ce n'est pas demain qu'un conseiller d'État se sentira solidaire d'un ouvrier des arsenaux.

Et réciproquement. Les sondages comme les savantes études que publient périodiquement les revues spécialisées confirment — ô miracle ! — d'évidentes banalités : les enseignants votent majoritairement à gauche, mais les officiers à droite !

Si une caste existe, ni le postier ou l'instituteur, ni l'ouvrier d'État ou l'agent des Eaux et Forêts n'en font partie. Le recrutement des élites dirigeantes s'effectue dans un milieu infiniment plus restreint. Ils sont environ 15 000 fonctionnaires à appartenir aux « échelles lettres » de la fonction publique, c'est-à-dire à percevoir les rémunérations les plus élevées. Cet effectif correspond à 0,5 % de l'ensemble des fonctionnaires de l'État. Et encore, sur ces 15 000, le tiers seulement occupe des fonctions de pilotage direct de la société. En effet, à raison d'environ 500 personnes pour constituer les cabinets ministériels et autant pour pourvoir les postes de direction administrative laissés à la discrétion du gouvernement, la rotation s'effectue bon an mal an sur quatre à cinq mille individus profondément conscients de leur appartenance à un monde différent et homogène qui, au-delà de toutes les divergences politiques, s'applique à préserver ses positions élitistes.

Les divergences idéologiques entre corps administratifs se sont estompées par rapport à la IIIᵉ République. Le recrutement des cadres de la fonction publique à partir d'écoles comme l'ENA bien sûr, mais aussi l'École de la magistrature, a renforcé l'influence de la gauche au moins pendant la période d'études et en début de carrière. C'est ainsi que le parti socialiste, durant sa période de forte progression et de poussée vers le pouvoir, c'est-à-dire durant le septennat giscardien, a vu son encadrement littéralement noyauté par les hauts fonctionnaires et les membres des grands corps de l'État. Avant 1968 il ne comptait qu'un seul énarque dans son groupe parlementaire, André Chandernagor. Ce n'est qu'après la prise en main du parti socialiste par François Mitterrand, en 1971, que la mutation sociologique s'effectue. On compte quatorze énarques dans le groupe socialiste de 1981. Au fil de son méticuleux recensement de l'énarchie, Jean-François Kesler, lui-même socialiste et énarque, relève que le bureau exécutif du PS élu en 1977 comprenait 19 % d'énarques dont une large majorité de membres des grands corps. Sur cinq membres, la délégation socialiste chargée de négocier, cette même année, l'actualisation du programme commun signé avec les communistes et les radicaux de gauche comptait trois énarques dont deux appartenant aux grands corps. La même proportion exactement s'observait chez les suppléants. Hasard ?

Cette montée de la technocratie a été perçue très tôt. Dès 1940, James Burnham, un de ces innombrables trotskistes « recentrés », défendait l'idée[7] que le capitalisme succomberait non face à une classe ouvrière messianique mais, plus prosaïquement, en raison de la prise du pouvoir par les managers et les technocrates. Adoptant ce point de vue, Léon Blum avait tenu, en 1947, à préfacer l'édition française, convaincu qu'il était qu'un recrutement démocratique et au mérite des élites suffisait à l'instauration du socialisme. Le côté mécanique d'un tel raisonnement témoigne certes de la même naïveté que le slogan « en ouvrant une école, on ferme une prison ». Il a toutefois le mérite de révéler l'attention que la gauche était censée porter à ce problème essentiel, chacun s'accordant à pronostiquer la mutation qui allait intervenir dans la direction de la société.

A l'heure actuelle, le débat autour de la technocratie s'est dilué dans une critique plus générale des privilèges, illustrée notamment, en 1982, par l'ouvrage de François de Closets, *Toujours plus*. Dénoncer le poujadisme des employés de banque ou les avantages en nature excessifs des électriciens, surtout lorsque, simultanément, le gouvernement de gauche s'entend reprocher son laxisme en matière de pouvoir d'achat, contribue à banaliser les confortables prébendes de ce que l'auteur appelle, en les montrant du doigt, « la haute privilégiature ». Même rebaptisée du terme russe de « nomenklatura[8] », la description détaillée et ironique des facilités que s'accordent les élites sociales n'aide pas à lever la confusion. Bien au contraire, elle nourrit le vieux réflexe de rejet de la politique, justifie le préjugé selon lequel les gouvernants ne pensent qu'à s'enrichir, ne recherchent à travers le pouvoir qu'une légendaire « assiette au beurre », histoire d'améliorer leur ordinaire.

Il y a une injustice certaine à mêler en une seule et même « nomenklatura » l'ensemble des décideurs de la société française. La réalité de leurs ressources financières comme de leur train de vie varie en effet considérablement. Si les élites sont, à l'évidence, des privilégiés par rapport à la masse des Français, les frontières des classes sociales se repèrent aisément en leur sein. Elles permettent de distinguer des catégories fondamentalement différentes, en particulier entre ceux qui ne vivent que des ressources de leur activité professionnelle (y compris les éventuels appartement et voiture de fonction) et ceux qui disposent, le plus souvent par tradition familiale, de ce qu'il faut bien appeler un capital. Le clivage entre ces deux catégories est aussi marqué qu'il peut l'être entre un hobereau de province et les paysans attachés à ses terres.

Lorsque Albin Chalandon présidait aux destinées d'Elf, le petit jeu innocent pratiqué par les cadres supérieurs du groupe révélait, même inconsciemment, l'existence de ces deux mondes. Eux-mêmes salariés privilégiés, ils s'amusaient à noter, durant les réunions conduites par leur PDG., la somme que pouvaient atteindre, selon eux, les vêtements, montre, bijoux portés par Albin Chalandon. A la sortie, on comparait les chiffres. A l'évidence, les principaux cadres du groupe Elf n'éprouvaient pas le sentiment de se déplacer sur la même planète que leur patron suprême. Or, les ressources des dirigeants du groupe pétrolier sont supérieures à celles d'un administrateur civil et même de la plupart des cadres supérieurs de la fonction publique.

Parler de la « République des fonctionnaires » n'interdit pas de conserver une vision nuancée. Il n'est pas question de considérer « les fonctionnaires » comme une entité monolithique. Ce petit peuple qui compte de deux millions et demi à six millions et demi d'âmes selon qu'on le limite aux agents de l'État ou qu'on l'élargisse aux collectivités locales et au secteur public, c'est-à-dire entre 10 et 30% de la population active, ressemble à tous ses semblables. La masse de son prolétariat ne peut être assimilée à l'étroite cohorte de son aristocratie. Seule cette dernière s'est véritablement approprié la République, la chose publique.

Schizophrénie

Il est vrai que le terme même de « fonctionnaires » semble inviter aux positions tranchées : « Ils ne font rien » ; « Ils sont trop nombreux ». Les agents de la fonction publique eux-mêmes se perçoivent négativement. Ils ont conscience que l'administration apparaît souvent, dans les milieux modestes, comme un refuge pour les laissés-pour-compte, comme un moyen d'éviter l'usine ou, pire, le chômage. Il est révélateur, à cet égard, que le nombre des candidats aux concours administratifs ait doublé avec les difficultés économiques. Là où il n'y avait que cinq candidats en 1974, on en dénombre plus de dix aujourd'hui. Il n'y a guère qu'au sein de l'encadrement que joue encore le sentiment d'une promotion sociale. Cette situation quasi schizophrénique a été mise en lumière par une étude qualitative — non rendue publique — sur le climat psychologique au sein de l'administration, réalisée en juillet 1985 par la SOFRES pour le compte du Secrétariat d'État à la fonction publique et aux simplifications administratives.

Il s'agissait d'une « première », nul ne s'était auparavant soucié de savoir comment les agents de l'État vivaient leur statut social. Les résultats ont mis en lumière la profonde évolution de la notion de service public dans l'esprit des fonctionnaires. Sans cesse confrontés aux références actuellement dominantes dans nos sociétés occidentales, c'est-à-dire aux valeurs de l'économie marchande, ils sont amenés à constater un profond divorce avec les réalités de leur propre univers. Réalités dont, au demeurant, ils s'accommodent fort bien dans leur vie quotidienne.

Piégés entre le réel et le monde administratif, tel qu'il devrait être selon les critères d'efficacité imposés par l'idéologie sociale dominante, les agents de l'État en viennent à refuser toute identification collective. Eux-mêmes chargent négativement le mot « fonctionnaire ». Ils tentent de s'en démarquer individuellement en critiquant le comportement d'ensemble de leurs collègues. Les pointilleux, les amorphes sont les autres. Eux, n'ont rien à voir avec ces laissés-pour-compte de la société, réfugiés dans l'administration. Ils prennent au contraire volontiers le point de vue du public contre les services de l'État. Cette tendance à se vivre davantage en usager qu'en fonctionnaire est à l'origine de la perversion qui se constate au sein de l'administration. Parce que la norme est recherchée par référence au secteur privé, les fonctionnaires interrogés par la SOFRES n'évoquent plus spontanément le service de l'État, compris comme l'expression de l'intérêt général, mais celui d'un public assimilé à des clients. De l'État ne subsiste plus, y compris pour ses agents subalternes, que l'aspect coercitif. Ce qui contribue bien évidemment à cultiver son impopularité en gommant ses dimensions positives d'assistance et de protection.

Le discours libéral sur l'État, redevenu dominant ces dernières années, a renforcé le vieux fonds culturel tendant, bien avant Courteline, à tourner en ridicule les «ronds-de-cuir». Dénoncés comme des bureaucrates inefficaces, les fonctionnaires en arrivent à se percevoir comme des parasites et, en perdant la dignité de leur fonction, à ne plus distinguer le sens de leur mission. A force d'être mis en cause d'une part, de ne pas être défendus de l'autre, une profonde évolution de la notion de service public s'effectue dans l'esprit des fonctionnaires. Le spectacle que leur offre l'élite de la haute administration brouille leurs références. L'État tend à s'estomper. Il ne subsiste qu'un univers strictement politique peuplé de ministres, de cabinets et d'énarques. Même pour ses agents, il n'apparaît plus comme le représentant de l'intérêt général.

A travers la mise en cause des fonctionnaires, c'est en réalité l'enlisement bureaucratique qui est visé. Et comme chacun sait, cette maladie n'est malheureusement pas réservée aux structures étatiques. Elle touche, plus ou moins gravement, toutes les communautés numériquement importantes, qu'elles s'inscrivent dans le secteur public ou privé. Car, à partir d'une certaine échelle, la juxtaposition de compétences individuelles ne suffit pas à garantir une efficacité d'ensemble. Ce vieil «archéo» de Karl Marx avait déjà relevé un ressort de l'incompétence de toute structure bureaucratique dans laquelle le sommet ignore les détails de la mise en œuvre tandis que la base a renoncé à comprendre la logique d'ensemble de sa pratique.

Laissons de côté les doctes débats entre adeptes de Weber et partisans de Marx. Les savantes variations sur les ronds-de-cuir aboutissent à mettre dans le même sac le décideur et l'exécutant. Bornons-nous à regarder fonctionner les structures de pouvoir françaises.

Le discours critique sur la bureaucratie ne présente guère d'intérêt puisqu'il y a beau temps qu'il est devenu une référence obligée pour les gouvernants. Le thème de la «nouvelle société », rédigé pour Jacques Chaban-Delmas par Jacques Delors, n'était-il pas l'expression politique des analyses de Michel Crozier sur la « société bloquée » ? À l'époque — il y a, il est vrai, déjà dix-neuf ans — l'exemple célèbre de la structure « innovante » et non bureaucratique était l'agence spatiale américaine, la NASA. L'enquête provoquée par le drame de la navette Challenger a montré comment le conformisme administratif et les routines bureaucratiques avaient terrassé l'éphémère modèle. Depuis, Michel Crozier a cherché d'autres explications à ce qu'il appelle le désintérêt des Français pour la politique. Sa réponse est simple : ce serait le comportement « mégalomaniaque » des hommes politiques qui éloignerait les citoyens. Foin des vastes perspectives et des « projets de société », gérons modestement un État qui ne le sera pas moins [9].

Sans même discuter du bien-fondé de cette profession de foi, constatons simplement qu'elle recoupe une aspiration largement exprimée à la fin des controverses idéologiques. Ce réflexe consensuel traditionnel a pour conséquence de charger le personnel politique de la responsabilité d'une division de la société dénoncée comme artificielle. Un tel raisonnement est vieux comme le débat politique. Parce qu'elle divise, la politique serait malsaine. Bien au contraire, en exprimant les contradictions inhérentes à toute société, elle permet une démarche dialectique, donc un progrès. Et quand Michel Crozier estime aujourd'hui que « dans la situation française, les trop grands mouvements d'alternance sont dangereux », il justifie la pratique de la haute administration, le « fonds technocratique de cet éternel gouvernement administratif à la française » qu'il a si souvent dénoncé.

Homogénéité

Il est de règle d'instruire, de régime en régime, le procès de la classe politique. La fonction demeure suspecte aux yeux du plus grand nombre. Et pourtant, si dégénérescence il y a — et dégénérescence il y a ! —, elle résulte moins de la faiblesse des politiques que de la prolifération anarchique d'une caste d'administrateurs qui ne cessent de s'affranchir des règles du statut de la fonction publique, n'en conservant que les avantages pour en ignorer les contraintes. Après avoir colonisé les gouvernements, mis en coupe réglée le secteur public, pris le contrôle des partis politiques, ils se répandent à présent, avec la même efficacité, dans l'univers de la communication.

Cette situation de colonisation de l'univers des décideurs politiques par les membres de la haute administration pose deux séries de problèmes. D'abord l'excessive homogénéité de la classe politique. Non pas qu'une complicité ignorée du public permettrait un jeu politique souterrain gommant les frontières partisanes. Rien de tel n'existe et les discours de ce type ne relèvent que du mythe. En revanche, une incontestable reconnaissance mutuelle s'exprime entre individus issus du même univers professionnel. Il suffit, pour s'en convaincre, d'observer les difficultés d'intégration des étrangers au sérail, comme l'ancien champion de patinage Alain Calmat, par exemple. Parce que le vocabulaire et les méthodes de travail sont communs, les raisonnements finissent par converger. Y voir un facteur de progrès, l'expression d'un consensus qui renforcerait la société serait illusoire. C'est au contraire une preuve de régression en ce sens que les ressemblances qui se constatent résultent d'abord de la réduction du nombre des paramètres pris en compte par les décideurs. Ils se comprennent certes à demi-mots, d'autant plus facilement qu'ils ont usé leurs pantalons sur les bancs d'une même école, mais ils tendent ainsi à s'isoler de la société. Au-delà des appartenances partisanes et des concurrences de carrière, leur vision du monde n'est plus que celle d'un groupe de nantis, de privilégiés.

L'ancien Premier ministre gaulliste Pierre Messmer a pu s'inquiéter de la propension manifestée par la nouvelle génération politique à lire l'Histoire « dans la Bibliothèque rose, alors qu'elle est tragique [10] ». Un reproche que Raymond Aron adressait déjà à Valéry Giscard d'Estaing, parfaite illustration de la dérive contemporaine dans la sélection des dirigeants. Le président du groupe RPR de l'Assemblée nationale voit dans cette situation le fait qu'« à gauche comme à droite, les jeunes ministres appartiennent presque tous à des catégories protégées : dans la haute fonction publique, par exemple ». « Ce n'est pas vrai, ajoute-t-il, qu'ils ont souffert de la crise. » Ce qui, serait-on tenté de conclure, leur permet de magnifier avec d'autant plus d'aisance les politiques d'austérité. Langage unique, code de référence commun, conception de la gestion identique, plus question de discuter d'autre chose que d'adaptations marginales. Seules les ambitions de pouvoir opposent, dès que l'on gratte un peu, la plupart des hauts fonctionnaires. Le moule administratif s'est refermé sur la politique et l'emprisonne.

Or, la vie administrative n'est pas moins partisane que le combat politique public. Lorsque des batailles idéologiques importantes concernent un ministère particulier, la structure bureaucratique n'y échappe guère. Ce fut le cas, sous la IVᵉ République, entre la SFIO et le MRP, entre les socialistes et les démocrates chrétiens, à propos de la politique familiale. La gauche, au nom de ses analyses d'origine critiques à l'égard de la famille, refusait de verser des allocations en fonction du nombre d'enfants. Maurice Deixonne, le président du groupe parlementaire socialiste, n'employait pas l'expression « argent-braguette » qui a cours aux Antilles car il devait l'ignorer, mais ses propos exprimaient la même idée. Cette activité, à ses yeux, ne méritait pas rémunération ! Le clivage s'est institutionnalisé au sein du ministère de la Santé[11] où la direction de la Santé était contrôlée par la SFIO alors que le MRP avait transformé en bastion la direction de la Population. Cette lecture politique d'une administration centrale est demeurée jusqu'en 1958 lorsque la vague gaulliste renvoya à l'histoire cet épisode et entreprit d'en écrire d'autres.

Ce qui est vrai au sommet de la hiérarchie peut se retrouver jusqu'au plus petit échelon. C'est évident au sein des ministères affermés que sont aussi bien l'Éducation nationale que l'Agriculture. Les structures professionnelles règnent sur le ministère, même si, de temps à autre, les péripéties de la vie politique provoquent la rébellion temporaire d'un ministre. L'intérêt de carrière implique de se couler dans le moule du discours syndical, de respecter la discipline de l'organisation. Les fonctionnaires, dans leur immense majorité, acceptent sans rechigner cette situation.

Le caractère partisan des administrations peut même aller jusqu'à des formes de truquage. Les statistiques des commissariats de police sont, par exemple, pratiquement adaptables à la demande. La hiérarchie gonfle ou dégonfle les chiffres de la délinquance selon les besoins du moment et le jugement qu'elle porte sur son ministre. C'est ainsi qu'en 1975 et durant les années suivantes, les opérations « coup de poing » de Michel Poniatowski étant appréciées de l'encadrement policier, il convenait de faire baisser le nombre officiel de délits. Rien n'est plus facile. D'abord, parce que toutes les affaires exposées dans les commissariats ne sont pas nécessairement enregistrées. Attendre qu'une plainte soit déposée dans les règles, c'est déjà éliminer bien des dossiers. Nombreux sont les citoyens qui, jugeant sans effet leur démarche ou impressionnés par la machinerie administrative, se retirent du jeu.

Ensuite, mener de ponctuels contrôles spectaculaires n'empêche pas de lever le pied dans les secteurs sensibles, donc de diminuer le nombre des infractions constatées. Or, ce qui importe dans le débat politique autour de l'insécurité, ce n'est pas sa réalité mais le sentiment que les gens en ont. Si, par hypothèse, un policier se dissimulait à chaque carrefour, on verrait flamber le chiffre des feux rouges non respectés. Et pourtant, le niveau moyen de ce type d'infraction n'aurait en rien varié. De même, il suffit de multiplier les contrôles dans des zones opportunément choisies pour que la délinquance donne immédiatement l'impression de progresser vertigineusement. Et qui oserait, au gouvernement, reprocher à la police de trop bien faire son travail ? Gaston Defferre et Robert Badinter en ont fait, à partir de 1981, l'amère expérience.

L'administration peut ainsi conduire, par des méthodes qui lui sont propres, une action non seulement politique mais partisane. Elle peut jouer un camp contre un autre, quand ce n'est pas un homme contre un autre. Les ministres ont à ce point conscience de l'existence d'une telle épée de Damoclès qu'ils ont souvent tendance à courtiser leur administration plus qu'à la diriger.

Une action externe

La faiblesse de toutes les discussions sur l'insuffisance des politiques réside dans le fait que l'on parle d'une classe dirigeante immuable. Nul ne se préoccupe de faire évoluer son recrutement, comme si elle émanait d'une sélection démocratique intouchable. Les contraintes que fait peser la République des fonctionnaires, l'agacement de plus en plus profond qui en résulte dans la société ne disparaîtront pas en abandonnant les fonctions sociales de l'État ou en détruisant les services collectifs qui se sont développés depuis un siècle. Il importe de se convaincre que ni le monde politique ni la haute administration ne se réformeront d'eux-mêmes. Seule une action externe peut les faire évoluer. Telle était déjà, il y a vingt ans, l'opinion de Roger Grégoire, ancien directeur de la fonction publique. Car, en dépit des moulinets de propagande des uns et des autres, l'univers de la fonction publique est l'un des plus stables qui soient. Malgré quelques à-coups conjoncturels, les évolutions sont lentes. Elles s'étalent dans le temps presque indépendamment des péripéties politiques. Les socialistes, en cinq ans, ont créé moins de postes de fonctionnaires que les giscardiens durant le gouvernement de Raymond Barre. Et, au bout du compte, en dépit des fausses vérités qui s'assènent au nom des passions hexagonales, la France est bien loin d'être un des pays les plus «fonctionnarisés». En pourcentage de la population, elle compte le tiers des agents publics suédois (recordmen toutes catégories il est vrai!), près de la moitié des effectifs britanniques et même moins que les États-Unis et la République fédérale d'Allemagne [12].

Des comparaisons à manier toutefois avec précaution tant il est vrai que les définitions varient d'un pays à l'autre. Le lecteur constatera d'ailleurs, au cours de son voyage au cœur réel du pouvoir, que les chiffres cités constituent le plus souvent des ordres de grandeur. Il s'agit d'une attitude délibérée. Des statistiques existent, mais elles sont souvent délicates à utiliser et nécessiteraient un lourd appareil critique car les données sont difficiles à rapprocher les unes des autres. Quant aux rémunérations, les chiffres officiels publiquement disponibles datent de plusieurs années et exigeraient donc des ajustements. Là encore les ordres de grandeur sont plus significatifs qu'une pseudo-précision qui n'a souvent rien de scientifique. Comment prétendre être exact en matière de fonction publique alors que ni les effectifs ni les revenus réels ne sont clairement fixés ? Ce n'est pas tant qu'ils ne soient pas rendus publics, c'est surtout que même les responsables gouvernementaux n'en ont qu'une vision approximative. Le flou est de règle en ce domaine.

Ni fonctionnaire, ni élu, ni praticien de la gestion étatique, ni théoricien des « sciences politiques », l'auteur a eu la chance de travailler avec les uns et les autres. Il a pu mesurer l'ampleur de la dérive du système qui nous gouverne. Des éléments de solution existent. Non pas une de ces vastes réformes illusoires issues d'un esprit de système ou d'un souci exacerbé de rationalisation, mais quelques mesures simples et peu contraignantes, dont la mise en œuvre pourrait peut-être aider à faire renaître des pratiques démocratiques là où ne se constatent plus que des tractations au sein du cénacle. Pour aboutir éventuellement à leur mise en œuvre, encore faut-il, au préalable, que le débat soit ouvert dans le pays, que les citoyens prennent conscience de la confiscation opérée, que le rôle et le statut de la haute fonction publique cessent de n'être qu'un sujet de pamphlet ou de conversation dans les salons de l'élite.

Pratiquant eux-mêmes, alternativement, ces deux exercices, les futés condisciples de l'École nationale d'administration ont contribué à nourrir un bavardage sur leur scolarité, évitant ainsi le cœur du sujet. Dans le même temps, ils n'ont cessé de tisser, de ministères en entreprises nationales, de banques en groupes industriels, de sociétés de communication en cabinets de chercheurs de têtes, une véritable toile d'araignée. Le problème est donc moins la formation qu'ils ont reçue que leur statut au sortir de l'École. La confusion des genres dans laquelle se vautrent les énarques, et plus généralement la haute fonction publique, n'est pas nouvelle. À l'origine, elle a même été instaurée à l'initiative du pouvoir politique. Il y a beau temps en effet que le contrôle des principaux emplois administratifs est une condition nécessaire mais non suffisante de l'exercice du pouvoir. C'est pourquoi, au fil de l'histoire, ces charges se sont toujours trouvées liées aux puissances politique ou financière quand ce n'était pas aux deux simultanément. La pseudo-neutralité administrative, devenue un lieu commun de notre credo démocratique, ne repose sur aucune tradition permettant de l'étayer.

Les principales responsabilités administratives, y compris militaires, ne furent, au départ, qu'un moyen pour le pouvoir royal de s'enrichir en vendant ces charges à ceux qui avaient les moyens de se les offrir. Étant bien entendu que la rentabilisation de l'investissement dépendait du savoir-faire des heureux promus. Que les charges de l'État aillent aux plus riches et qu'en outre elles constituent, pour eux, un moyen d'enrichissement supplémentaire a, ne l'oublions pas, été notre règle au moins jusqu'en 1789, il y a à peine deux siècles. Ce qui demeure un délai relativement bref par rapport au rythme d'évolution des mentalités. D'autant qu'en réalité la confusion entre le pouvoir politique, la fortune et la haute fonction publique est demeurée dominante jusqu'à la première guerre mondiale.

Sur 1 400 députés élus de 1814 à 1828, 1 200 étaient fonctionnaires ou assimilés ! Ce résultat n'est pas particulièrement rassurant puisque la Restauration n'a pas laissé le souvenir d'une période de profond épanouissement démocratique. La IIe République interdit ces cumuls et la règle est maintenue sous le second Empire. Avec la IIIe République la situation évolue et redevient plus confuse quant à l'imbrication des fonctions élective et administrative. Surtout, les radicaux, alors force dominante, se battent prioritairement sur le terrain des institutions et de l'école. Ils passent des compromis. A eux les préfets et les instituteurs. Pour le reste, la grande bourgeoisie d'affaires peut monopoliser le ministère des finances. Terrible division de l'État que la gauche socialiste, héritière de cette tradition républicaine, n'a pas encore totalement surmonté. Alors qu'une guerre idéologique sans comparaison avec nos mièvres controverses contemporaines faisait rage, les fonctions de direction dans les ministères n'étaient confiées qu'à des républicains bon teint, c'est-à-dire des laïques. À côté, pouvait se maintenir une élite traditionnelle. Dans ce partage, les grands corps de contrôle — Conseil d'État, Cour des comptes et inspection des Finances — demeuraient hors du secteur du républicanisme militant. Il restait inenvisageable qu'un inspecteur des Finances ou un conseiller d'État ne fût pas nanti. Les règles protocolaires de présentation n'étaient d'ailleurs que l'illustration de cette indispensable appartenance à une caste étroite.

Certes, on a souvent argué pour justifier, sinon défendre,

cette appropriation des principales fonctions étatiques, des sacrifices consentis par des ambassadeurs fortunés. N'étaient-ils pas contraints de puiser dans leur cassette personnelle pour soutenir leur train de maison et, partant, la réputation de la France ? Mais ne préservaient-ils pas, de ce fait, au moins autant leur rang personnel que celui de leur pays, et ce type de confusion n'a-t-il pas contribué à retarder l'adaptation d'une administration diplomatique plus soucieuse de son image que de l'efficacité de son action [13] ?

Garanties statutaires

Longtemps cantonnée dans un rôle de serviteur zélé et courtisan d'un pouvoir politique qui possédait sur elle un droit de vie ou de mort, c'est-à-dire de promotion et de révocation, l'administration a su, progressivement, affirmer un pouvoir autonome. Elle est parvenue à asseoir son indépendance relative au fur et à mesure qu'elle renforçait ses garanties statutaires. Le confort, à certains égards excessif, du statut de la fonction publique adopté en 1946 n'est pas pour rien dans le triomphe de la technocratie. La mise en œuvre des thèses de Max Weber s'est révélée catastrophique. Il s'était essayé [14] à distinguer entre les fonctionnaires politiques « reconnaissables extérieurement au fait qu'on peut les déplacer à volonté » et ceux qu'il nommait « les véritables fonctionnaires », c'est-à-dire les exécutants consciencieux de la décision suprême, quel que soit le jugement personnel qu'ils portent sur celle-ci. Le seul butoir qu'il imaginait au risque de la « domination des cuistres » dans une administration aussi soumise étant « le sens de l'honneur ». Chacun conviendra que la protection risque d'être limitée. Le véritable péril n'était pourtant pas là. Il résidait dans le fait qu'au nom d'une hypothétique neutralité des fonctionnaires on n'a cessé de renforcer la protection du personnel administratif. Ce statut lui a ainsi offert d'extraordinaires facilités pour mener une carrière politique. En effet, les fonctionnaires qui obtiennent un mandat électif se trouvent placés en situation de « détachement », ce qui leur garantit non seulement leur réintégration le jour où ils perdent leurs fonctions politiques, mais encore la possibilité de préserver une carrière professionnelle qui se déroule en leur absence et de cumuler, aux frais du contribuable qui complète leurs cotisations, leur retraite de fonctionnaire et celle d'élu, retraite qui peut en outre être perçue très tôt et se cumuler par la suite avec un traitement. Aucun autre groupe professionnel ne dispose en France de tels avantages.

Comment s'étonner, dès lors, que les fonctionnaires aient envahi le monde politique où ils règnent en maîtres ?

Sous la IVe République il était habituel de se féliciter de la permanence administrative et de la qualité des services face à l'instabilité gouvernementale. Une instabilité au demeurant relative puisque si les gouvernements changeaient souvent, le groupe d'hommes au sein duquel ils étaient recrutés demeurait stable pour l'essentiel. Un effet de trompe-l'œil inverse a d'ailleurs marqué la Ve République où, derrière une solide façade de stabilité, certains postes ministériels ont connu une valse permanente. C'est notamment le cas de l'Éducation nationale, et cette incapacité des politiques à se maintenir durablement à ce poste difficile n'a certainement pas été sans conséquences sur la détérioration d'ensemble d'un système éducatif français abandonné à ses pesanteurs et à ses contradictions.

Son pouvoir, l'administration l'a bâti sur un discours à double détente : elle seule posséderait une compétence technique en matière de gestion qui lui permettrait d'exprimer l'intérêt général, y compris face aux décideurs politiques. Ces derniers sont supposés prisonniers de leurs clientèles et incapables de vues prospectives en raison des échéances électorales qui pèsent sur eux. C'est cette théorie que Simon Nora, alors directeur de l'ENA, exprimait par exemple lors du quarantième anniversaire de ce « tabernacle » de la fonction publique. « Les grands problèmes d'une nation, expliquait-il, dépassent les échéances électorales les plus longues. La fonction publique, grâce à sa mémoire accumulée, sa prospective longue, sa compétence dans la préparation et l'exécution des décisions, est le gestionnaire légitime du "temps long" de la Nation. De ce fait, ajoutait-il, au-delà de son "devoir de discipline", elle disposerait d'un droit de conseil, de remontrance discrète et, à la limite, d'objection de conscience à condition d'en payer le prix par le retrait sur des postes moins engagés. » Il y a, bien évidemment, des éléments de vérité dans un tel raisonnement.

Faute de quoi il ne se serait pas aussi aisément généralisé. Il est même, paradoxalement, repris par des hauts fonctionnaires qui ont choisi de mener des carrières politiques.

Christian Pierret, énarque de la promotion Charles de Gaulle, dégurgite avec une puérile candeur l'idéologie de la haute fonction publique. «La permanence, l'éthique de la haute administration, explique-t-il [15], contribuent à "lisser" les problèmes politiciens. Les énarques sont des gens de qualité qui ont été "dressés" au service de l'État. Quand on regarde la France depuis la guerre, qui est resté solide, qui a décidé sans souci politicien, qui a tenu la route par rapport à la vacuité des politiques? L'administration! Elle est un fondement de notre démocratie.»

Cette tirade mériterait une analyse mot à mot tant s'y retrouvent les lieux communs et les préjugés dont usent nos grands administrateurs pour justifier leurs appétits de pouvoir. Le plus stupéfiant dans une telle déclaration, c'est qu'elle émane d'un homme qui a préféré les fonctions politiques aux tâches administratives. S'il a une si piètre idée des élus du suffrage universel et une si haute conception de la fonction publique, pourquoi diantre cet énarque a-t-il interrompu sa carrière administrative pour tenter, coûte que coûte — mais sans succès pour l'instant —, d'obtenir le maroquin ministériel qui hante ses nuits? Cette contradiction entre le discours et la pratique n'est, en définitive, que l'illustration caricaturale du poids que les normes et références administratives continuent de faire peser sur l'esprit des hauts fonctionnaires reconvertis dans la politique. Ils sont, dès leurs études, déformés dans leur perception des cadres politiques et invités à cultiver un complexe de supériorité qui ne leur est déjà que trop naturel. Le directeur de l'ENA, Roger Fauroux, a pu parler devant l'assemblée générale des élèves de l'ancien directeur de cabinet du ministre socialiste de l'Économie et des Finances en disant: «les mesures prises par Jean-Charles Naouri, écrites par Pierre Bérégovoy». Chacun imagine le respect ainsi inculqué à ces jeunes futurs hauts fonctionnaires.

Tout le problème français consiste donc à retracer, autant que faire se peut, la nécessaire frontière qui doit exister entre le décideur politique, comptable de ses choix face au suffrage universel, et l'indispensable administrateur dont le rôle essentiel ne peut qu'être second, même s'il doit travailler en étroite liaison avec les gouvernants. Seule cette frontière, y compris ses inévitables zones de flou, peut protéger aussi bien les politiques que les administrateurs de la dégénérescence dont ils sont collectivement victimes : les politiques en s'investissant de manière excessive dans la seule fonction de communication ; les administrateurs en réduisant la conduite des affaires au seul respect de leur code commun et de leurs équilibres internes.

Il n'est pas si simple de tomber d'accord sur ce qu'est l'action administrative. Guy Thuillier, énarque, conseiller maître à la Cour des comptes ayant passé onze ans dans des cabinets ministériels, animateur de l'Institut français des sciences administratives, l'admet aisément. « L'administration n'est pas chose aussi simple que certains voudraient nous le faire croire, écrit-il [16]. Ce n'est guère un problème juridique, encore moins un problème d'organisation, c'est une question de pure *volonté* — et c'est peut-être pour cela que les échecs sont si nombreux, et que, par peur des coups, l'on y devient paresseux. » Il n'est pas sûr que pour comprendre la réalité de la haute fonction publique, la « science administrative » soit une aide efficace. Pas plus que les « sciences politiques » ne peuvent rendre compte des phénomènes qu'elles s'attachent à étudier. Ces disciplines évoquent irrésistiblement les manuels d'arbitrage. Jamais leur lecture n'a permis d'imaginer la réalité d'un match de football. Tout le respect dû à l'empirisme d'André Siegfried n'empêche pas de constater le caractère peu convaincant des codes de références qu'il a prétendu bâtir. Ses disciples eux-mêmes en ont prouvé les lacunes en approfondissant sa démarche à l'aide d'un appareillage statistique de plus en plus lourd. Ce goût immodéré pour les chiffres, que l'on retrouve d'ailleurs dans nombre d'études de « science administrative », reflète bien plus le complexe des chercheurs en « sciences humaines » face à leurs collègues en disciplines exactes qu'il n'offre les garanties mathématiques tant espérées. Toutes ces recherches ne sont certes pas dénuées d'intérêt, mais elles ne peuvent offrir que des éléments de réflexion et jamais une réponse au pourquoi des attitudes sociales et politiques.

Chapitre 2

CORPORATISMES

En 1981, un chargé de mission au cabinet de Pierre Mauroy qui s'était rendu en province pour préparer un déplacement du Premier ministre s'entendit aimablement demander par le préfet : « De quel corps êtes-vous ? »

Il n'était pas une seconde venu à l'esprit de ce dignitaire de la fonction publique qu'un collaborateur du chef du gouvernement puisse ne pas être fonctionnaire. Et comme il se croyait dans son univers, il raisonnait automatiquement en termes de corps. Car, avec le culte d'un État puissant et centralisé, le corporatisme est l'une des constituantes de l'administration française. On dénombre au demeurant 10 030 grades, 2 658 catégories et quelque 900 corps dans l'univers de la fonction publique. Chaque ministère, chaque secteur, a son histoire et ses traditions, bref sa propre pesanteur sociologique. Il serait absurde de la leur reprocher. L'esprit de corps est une notion positive dans la mesure où il exprime une identité collective. Lorsqu'il se réduit à la défense de privilèges, il dégénère. Plus la structure est réduite et proche des sommets, plus le corporatisme est puissant. Aux grands corps de l'État, les grands corporatismes. Et pas nécessairement dans le sens le plus noble du terme. Car, comme le rappelle Blandine Barret-Kriegel, chargée de recherches au CNRS[1] : « Tocqueville et Michelet ont observé tour à tour la singulière difficulté des élites de France à se hausser, par-dessus leurs visées de factions privées, à l'intérêt général. »

Marie-Christine Kessler, directeur de recherches au CNRS, a consacré l'essentiel de ses travaux aux grands corps qui exercent à l'évidence sur elle une profonde fascination. Les analyses qu'elle développe sont donc empreintes de charité pour ne pas dire d'une certaine tendresse, à l'inverse, par exemple, des travaux du sociologue américain Ezra N. Suleiman. Il n'en est que plus significatif de lire sous sa plume[2] que «les grands corps sont parvenus à projeter à l'extérieur une image d'eux-mêmes tout à fait conforme à l'idée qu'ils se font de leur personnalité collective». «Grands prêtres de leur propre culte, ils ont forgé eux-mêmes leur assise dans l'opinion», ajoute-t-elle. Il est vrai qu'indépendamment même de leur art des relations avec la presse, les grands corps ne manquent pas de relais par lesquels diffuser leur discours administratif, leurs références culturelles et, pour tout dire, leur idéologie. Ils possèdent notamment des chaires à Sciences-Po. L'Institut d'études politiques de Paris reproduit en effet dans la répartition de ses enseignements la hiérarchie traditionnelle des administrations.

L'historien britannique de l'administration Vincent Wright résume bien l'idée d'eux-mêmes que les hauts fonctionnaires français sont parvenus à faire passer non seulement dans le corps social national, mais aussi chez la plupart des observateurs de notre réalité hexagonale. Les trente années de croissance économique qui ont suivi la seconde guerre mondiale, surtout par opposition au déclin britannique, seraient dues au fait que la France n'a pas été «gouvernée» mais «administrée». L'efficacité des hauts fonctionnaires français, note Vincent Wright[3] en faisant référence à l'image que s'en font les Britanniques, est censée être la conséquence de leurs contacts continuels et étroits avec le monde extérieur: grâce à leur nomination à la tête de banques et d'entreprises, grâce à leur présence dans les cabinets ministériels, grâce à leurs activités politiques, ils ne sont pas, comme leurs homologues britanniques, «hermétiquement fermés aux influences extérieures». Pour discutable qu'elle soit, cette vision de la réalité française a toutefois contribué à façonner les réformes de l'administration britannique, par exemple avec la création du *Civil Service College.*

Si les grands corps ont pu obtenir un tel résultat, en dépit des assauts périodiquement lancés contre ces bastions de la haute administration, c'est parce qu'à travers eux toute une image de la société est en jeu. Ils peuvent aussi bien apparaître comme un modèle d'élitisme républicain et un irremplaçable vivier de compétences que comme une survivance d'Ancien

Régime et l'exemple des abus du copinage. A vrai dire, les deux descriptions sont justes.

La trinité

Depuis cent cinquante ans, leur suppression est périodiquement réclamée sans qu'ils s'en portent plus mal. Le dernier en date de ces censeurs est l'un des énarques collaborateurs officiels du président de la République, Jean-Michel Gaillard[4]. Du temps où il pratiquait l'irrespect pour les structures d'enseignement, l'ancien ministre de l'Éducation nationale Jean-Pierre Chevènement les comparait au « salut éternel » du chrétien. Il est vrai que lui-même, à sa sortie de l'ENA, n'a pu intégrer cette élite administrative. Affirmer que les grands corps de l'État constituent l'aristocratie de l'administration n'est pas seulement une clause de style. C'est un constat historique. Ils sont, pour la plupart, héritiers de trois siècles d'histoire. Sous cette dénomination de « grands corps » viennent d'abord le Conseil d'État, la Cour des comptes et l'inspection des Finances qui constituent sans ambiguïté l'élite de l'élite. S'ajoutent à cette trinité, outre le corps préfectoral et le corps diplomatique, les magistrats et les officiers ainsi que les corps d'ingénieurs, au premier rang desquels se trouvent les polytechniciens du corps des Mines et ceux du corps des Ponts et Chaussées.

A l'exception de l'Inspection des finances, tous les grands corps, qu'ils relèvent de fonctions d'ingénieur ou de contrôles, constituent des héritages directs de la monarchie, même le corps préfectoral qui perpétue les intendants de l'Ancien Régime. Souvent critiqués, parfois dénoncés, ils ont survécu aux révolutions et sont donc prêts à affronter nos alternances. La gauche devait les faire plier : elle s'est inclinée. François Mitterrand a passé vingt ans à promettre, de réunions en meetings, la suppression des préfets : ils l'accompagnent, roides dans leurs uniformes, au long de ses visites en province.

A la suite de l'ENA ou de l'X (Polytechnique), seuls les premiers classés peuvent se hisser dans le cénacle. Les meilleures places sont désormais à leur portée, s'ils savent s'y prendre. Par leur seule entrée dans les grands corps, avant même d'être vraiment engagés dans la vie active, ils viennent de creuser l'écart avec leurs camarades de promotion. A une fraction de point près, parfois, c'est toute une vie qui peut basculer. Or, il faut bien voir que lorsque les énarques effectuent le choix des corps et des ministères dans lesquels ils vont effectuer leur carrière, ils ont atteint leur maturité. Rien à voir avec les adolescents boutonneux qui se pressent aux portes des écoles d'ingénieurs et d'officiers et qui se trouvent dès lors happés dans des filières dont ils n'auront plus guère la maîtrise.

Indépendamment de l'appartenance ou non aux grands corps, ces orientations initiales sont lourdes de conséquences. Il faut la fausse naïveté et la vraie duplicité d'un François Léotard pour s'enorgueillir du rang protocolaire de son ministère, c'est-à-dire de son classement dans le décret donnant la composition de l'équipe gouvernementale. Il ne s'agit là que d'un effet d'affichage qui laisse parfaitement indifférents les administrateurs. Les seules hiérarchies ministérielles sont les leurs. Ils le savent bien. Ce n'est pas parce que Jacques Delors n'apparaissait qu'en seizième position dans le second gouvernement Mauroy[5] que le ministère de l'Économie et des Finances s'était, par miracle, effacé devant le Commerce extérieur, la Recherche, les Transports et les Droits de la femme.

La hiérarchie interne de l'administration est d'autant plus stable qu'elle s'exprime en termes de carrière et de revenus. Elle est le résultat de l'histoire de la formation et du développement de l'État. Dans cet antique partage du terrain, les grands corps ont su se réserver la meilleure part. Même si les nombreux universitaires qui ont travaillé sur la haute fonction publique ou sur les élites hésitent souvent à les définir comme une classe se reproduisant, leurs éléments d'homogénéité sont patents. Denis Richet, par exemple[6], conclut qu'en dépit de la diversité des origines familiales, la haute fonction publique est unifiée par une culture commune et une conception semblable.

Certes, l'époque des tournées de présentations, des audiences formelles, de l'habit et du bristol gravé déposé chez les anciens est révolue. Un esprit distinctif puissant n'en demeure pas moins. L'inspection des Finances demeure un cercle socialement fermé dont plus de 80 % des membres sont issus de milieux sociaux privilégiés et dont, en outre, plus de 40 % du recrutement est parisien. Le profil du Conseil d'État n'est guère différent. Bien que la règle de la cooptation ait disparu et que l'ENA procède à une sélection, les responsables des grands corps s'appliquent à rétablir le mieux possible les formes de choix de naguère. Ils rôdent autour de l'école de la rue de l'Université, apprennent à connaître les étudiants, les juges, encouragent ceux qui les intéressent et en dissuadent d'autres.

Les femmes furent longtemps, aimablement mais fermement, invitées à ne pas briguer les clubs fermés de ces messieurs de l'aristocratie administrative. L'inspection des Finances ne les a admises qu'en 1975, alors qu'en principe l'accès aux grands corps leur était ouvert depuis la création de l'ENA en 1945. Trente années d'antichambre ! Cette forme de pression s'est révélée plus efficace que les anciens concours et, jusqu'en 1970, a provoqué une baisse du nombre de femmes dans la haute administration. Il est d'ailleurs plus que probable que là réside une des principales causes du retard de la France pour ce qui est de la féminisation de son personnel politique. Les femmes, largement représentées et souvent majoritaires dans les tâches administratives subalternes, disparaissent des fonctions de direction ou se trouvent confinées dans les ministères sociaux. Elles sont moins d'une dizaine parmi les 163 directeurs d'administration centrale et moitié moins nombreuses parmi les 140 ambassadeurs. Cette attitude, une vie politique dominée par les fonctionnaires la reproduit mécaniquement.

Le malthusianisme des grands corps a d'ailleurs été illustré, à la Libération, par l'extrême réticence du Conseil d'État face à la création de l'École nationale d'administration. S'il ne s'agissait que de former les cadres des ministères, il était d'accord. Pas question en revanche de permettre l'accès aux grands corps. L'élan de l'époque était tel que le verrou a néanmoins sauté. En serait-il allé de même dans une période historique plus calme ? Il est légitime d'en douter.

Ayant dû céder sur la cooptation au lendemain de la guerre, les grands corps se sont ensuite longtemps opposés à la création des tours extérieurs, c'est-à-dire à des nominations directes par le pouvoir politique. Là encore ils ont dû s'adapter. Le terrain perdu a été balisé. Dans la pratique ils ont réduit considérablement la portée de cette filière de recrutement en la limitant à d'autres hauts fonctionnaires. Ils ont ainsi plutôt conforté leurs positions en apaisant les jalousies et les frictions que leurs privilèges suscitent dans d'autres secteurs de la fonction publique. Grâce à l'intégration de certains de ceux qui risquaient de protester, chez les universitaires notamment, ils s'assurent un recrutement complémentaire de qualité plus la paix.

De véritables dynasties

En conséquence, ni la création de l'ENA ni l'ouverture de tours extérieurs de recrutement n'ont profondément modifié la structure sociale des grands corps. Le discours, fort répandu, qui voudrait que fonctionne une promotion sociale étagée sur trois générations — le grand-père agriculteur, le père instituteur et le fils haut fonctionnaire — souffre de son caractère par trop général. Des dynasties administratives aux racines plus ou moins anciennes demeurent puissantes et elles se repèrent d'autant plus que l'on se rapproche des sommets de l'État et que l'on examine les secteurs les plus « nobles » de la fonction publique. Les Jacquin de Magerie ont ainsi fourni deux conseillers d'État et deux ambassadeurs. Se succèdent aussi les Jeanneney, les Cot, les Schweitzer, les Bloch-Lainé, les Saint-Geours, les Joxe, les Léotard, les Chandernagor, les Laroque, les Andreani, les Filippi, les Latournerie, les Laboulaye, les Wiltzer... On peut compléter l'exercice[7] en se délectant à recenser les liens familiaux, la famille Missoffe qui s'unie aux de Panafieu et aux François-Poncet par exemple. Ou ces beaux mariages qui font les grandes carrières et notamment les ministres : Maurice Herzog allié aux Schneider, Yves Guéna aux de Wendel, Albin Chalandon aux Murat, Jacques Chirac aux Chodron de Courcel...

Il y a déjà plus de vingt ans, Alain Girard[8] avait pu parler de « véritable transmission professionnelle de génération en génération » au sein d'un petit groupe social représentant 5 % de la population active. Pendant longtemps le débat, à partir de ce constat, a roulé sur la nécessité d'une démocratisation. Un débat dont le sociologue américain Ezra Suleiman a bien montré[9] le caractère trompeur. Compte tenu de la nature des structures de la haute administration, des critères de sélection et des pesanteurs sociales et culturelles, toute démocratisation demeure nécessairement limitée. Dès lors elle ne modifie pas le problème de répartition des pouvoirs qui est posé. Bien au contraire, les grands corps y puiseraient un surcroît de légitimité rendant plus difficile encore toute réforme éventuelle.

Progressivement, ces institutions administratives privilégiées sont devenues le terrain d'élection de la fine fleur de l'énarchie. Au milieu des années 50, les anciens élèves de l'ENA ne constituaient que le quart des effectifs du Conseil d'État, de la Cour des comptes et de l'inspection des Finances. Au milieu des années 80 ils en représentent plus des trois quarts, et même plus de 90% à l'Inspection des finances. Un tel résultat ne satisfait pourtant qu'une minorité d'énarques. Évidemment! La majorité n'a pu en effet atteindre à ce «salut éternel» dont parlait Jean-Pierre Chevènement. En dépit des discours de l'association des anciens élèves de l'ENA, il n'est en effet pas possible de considérer les administrateurs civils comme un quatrième grand corps. Certes, certains d'entre eux parviennent à mener des carrières aussi brillantes que celles de leurs camarades de l'aristocratie administrative. Il s'agit là d'exceptions. En tant que catégorie identifiée, les administrateurs civils ne sont que des cadres supérieurs de la fonction publique. Ils n'appartiennent pas à l'élite de l'élite.

Il est vrai qu'ils sont, eux, des administrateurs de terrain. Leurs collègues des grands corps ne sacrifient à cet exercice qu'en tout début de carrière et pour un temps qu'ils s'efforcent de réduire le plus possible. Il est, par exemple, essentiel dans les corps techniques d'accéder au grade d'ingénieur général avant le fatidique rendez-vous de la quarantaine. Un bénéfique détachement à l'état-major d'une grande société nationale permet alors de descendre la pente de la seconde moitié de carrière dans des conditions de confort maximales. Aux plus habiles revient le soin de décrocher le gros lot : un fauteuil de P-DG. Le problème n'est pas de compétence mais d'entregent.

Ce n'est pas l'un des moindres paradoxes de la situation française que de constater à quel point les plus gradés des hauts fonctionnaires s'appliquent ainsi à fuir la fonction qu'ils ont en principe choisie. Faire «la liasse» à la Cour des comptes ou «la tournée» à l'inspection des Finances, c'est-à-dire effectuer le travail pour lequel ces institutions ont été créées, est vécu par les hauts fonctionnaires sinon comme une brimade, du moins comme une corvée. Passe encore que cette discipline s'impose à des jeunes, frais émoulus de l'ENA. Il est nécessaire de compléter leur formation et de leur inculquer concrètement le respect des hiérarchies, donc des anciens. Par la suite, toute la gestion de carrière du haut fonctionnaire tendra à éviter d'effectuer ces missions pour tenter de capter d'autres tâches, plus enrichissantes dans tous les sens du terme.

Le véritable attrait qu'exercent les grands corps se situe d'ailleurs dans l'exceptionnelle liberté qu'ils laissent à leurs membres. La règle est la même dans l'enseignement. Plus on grimpe dans la hiérarchie, plus les obligations de service se font légères. Le statut des professeurs d'université en offre l'illustration. Même s'ils se montrent d'une rare discrétion sur ce point, force est de reconnaître que la charge de travail au sein de ces prestigieuses corporations n'est pas, à franchement parler, exténuante. Les petits nouveaux ne tardent d'ailleurs pas à prendre des « mi-temps » (facilement plus de deux !) afin de fréquenter des univers susceptibles de leur offrir le point de chute qu'ils ne cessent de guetter. Dès lors que l'inspection des Finances considère le contrôle des comptables publics comme subalterne et qu'elle le ramène à un simple exercice destiné à former ses jeunes recrues, comment s'étonner qu'un retour à l'Inspection pour un haut fonctionnaire ayant pris son envol soit vécu comme une déchéance ? Même si le travail prévu était réellement et sérieusement assumé, il n'en demeurerait pas moins illogique que les principaux gestionnaires du pays soient issus de corps de contrôle, c'est-à-dire de branches de l'administration qui ne sont pas directement actives sur le terrain. Les meilleurs de chaque génération sont ainsi, dès le début de leur carrière, soustraits au réel quotidien et formés — ou déformés — par le contentieux. Pourtant, la suite de leur carrière va, en pratique, les amener à exercer des fonctions actives de direction d'administration centrale auxquelles rien ne les a concrètement préparés. Ce système est aussi absurde que celui qui consiste, à travers Polytechnique, à détourner vers l'administration les meilleurs mathématiciens de chaque génération.

Toute une représentation aristocratique des fonctions de direction et d'animation s'impose dès l'aube des carrières, limitant géographiquement l'exercice de ces responsabilités aux quelques arrondissements du centre historique de Paris. Ce sont les services qu'il faut rapprocher de la tête, non l'inverse. On en arrive à entendre un ministre d'État, ministre de l'Économie, des Finances et de la Privatisation, expliquer le plus sérieusement du monde qu'il ne peut pas travailler si, dans le même local que lui, ne sont pas regroupés mille deux cents fonctionnaires. Les Premiers ministres n'ont pas besoin d'être aussi volumineusement entourés.

« *Pantoufler* »

Peut-être faut-il voir dans cette recherche d'un entourage immédiat pléthorique une compensation par rapport aux habitudes solitaires prises, naguère, par le ministre d'État au Conseil d'État ? En règle générale, les membres des grands corps travaillent en effet chez eux et ne se rendent dans les locaux administratifs que pour participer à des réunions ou accorder des audiences. La minceur des obligations officielles ne contribue pas peu à expliquer l'impressionnant déploiement opéré, par l'inspection des Finances notamment, vers le monde de la banque, de la finance et de l'industrie.

Cette pratique du « pantouflage » est ancienne. Faire une infidélité à l'administration pour goûter aux joies — et aux traitements — du secteur privé exige, en principe, si l'obligation de servir l'État pendant dix ans n'a pas été remplie, le remboursement au Trésor public des frais d'études. C'est cette somme que l'on nomme « la pantoufle » dans l'argot de Polytechnique. A présent, le « pantouflage » s'effectue sans que les hauts fonctionnaires éprouvent la nécessité de donner leur démission de l'administration. Plus grave encore, les fonctionnaires n'ont en principe pas le droit de se faire employer dans des secteurs avec lesquels ils passaient des marchés ou qu'ils supervisaient durant les cinq années précédentes. Cette obligation est souvent ignorée. Les situations qui auraient entraîné, il y a quelques décennies, des poursuites et une condamnation par le Conseil d'État s'étalent à présent au fil des pages du *Who's Who* et des annuaires professionnels. Un haut fonctionnaire de la direction des hôpitaux se retrouve par exemple dans la filiale Thomson d'équipement médical. Deux anciens directeurs des

PTT se recasent, l'un à la Compagnie générale d'électricité, l'autre comme président de l'Entreprise générale de télécommunications. La direction des carburants alimente les sociétés pétrolières. Un ancien chef d'état-major de l'armée de l'air entre chez le motoriste aérien SNECMA. Les finances s'ébattent dans la banque. Marcel Dassault avait truffé sa firme d'anciens généraux et colonels. Matra utilise la même méthode. Et que dire du patron de Peugeot qui, comme haut fonctionnaire, avait eu à connaître du cas de Renault !

Parlons vrai : le trafic d'influence est devenu une méthode sociale admise. Les strictes règles qui régissent le « pantouflage » sont, en réalité, ignorées. Le laxisme est général pour le plus grand profit des débrouillards. La seule nécessité demeure une relative discrétion. Traditionnellement, 30% des effectifs de l'inspection des Finances et des Mines quittent ainsi l'administration pour émigrer vers les entreprises. Le pourcentage tourne autour de 15% pour les Ponts et Chaussées et le Conseil d'État. Près des deux tiers des énarques interrogés par Jean-François Kesler dans le cadre de son étude voudraient pouvoir, à leur sortie de l'école, échapper aux ministères qui les attendent pour gagner les entreprises publiques. Parmi les motifs invoqués pour justifier une telle démarche — refus du cloisonnement et mobilité — l'un mérite de retenir l'attention : l'unité des élites ! C'est donc bien dans un esprit de contrôle total de la société que, pour nombre d'élèves de l'ENA, s'effectue l'élaboration des plans de carrière. Bien qu'ils n'en aient sans doute pas une claire conscience, leur démarche professionnelle acquiert alors une essence totalitaire.

Ne mythifions pas. Les ambitions qui s'expriment ainsi sont plus prosaïques. Elles ont davantage à voir avec le compte en banque qu'avec une vision globale de la société. Le calcul est au demeurant exact. Si, par hasard, ces nouveaux industriels ou ces banquiers d'exception se trouvent écartés à la suite d'une gestion trop décontractée ou évincés de leurs fonctions en raison de luttes de pouvoir qui font tout autant rage dans l'univers économique que politique, ou bien même s'ils veulent simplement égayer leur retraite, ils n'ont pas de soucis excessifs. Les hauts fonctionnaires pantouflards conservent d'accueillantes positions de repli. De discrètes présidences de filiale assurent secrétariat, voiture et notes de frais, sans parler des revenus. Elles n'exigent pas nécessairement un travail effectif. Le conseil d'administration des wagons-lits est célèbre pour sa capacité à arrondir les retraites des directeurs de la SNCF et les traitements de nombreux hauts fonctionnaires.

Édouard Balladur a offert l'une des illustrations extrêmes de ces rétributions amicales sans obligation de résultat. Après quatre années passées au cabinet de Georges Pompidou, alors Premier ministre, il avait décroché la confortable présidence de la Société française pour la construction et l'exploitation du tunnel routier sous le Mont-Blanc. Après cinq ans au secrétariat général de la présidence de la République, sous Georges Pompidou toujours, son camarade Ambroise Roux l'accueille dans le chaud giron de la Compagnie générale d'électricité et lui confie deux présidences de filiale : la Générale de service informatique et la Compagnie européenne d'accumulateurs. En dehors de la cérémonie de signature du courrier, les cadres de ces entreprises n'ont guère de souvenir de leur discret P-DG.

Variables au fil du temps, les privilèges des grands corps se sont trouvés limés, rétablis, rognés à nouveau. Le « congé illimité » dont disposaient au XIXe siècle les ingénieurs désireux d'aller travailler dans le privé a disparu. La mobilité est restée. Lorsqu'elle est étroitement régie par le corps lui-même, comme c'est le cas pour l'inspection des Finances et les corps techniques, elle se traduit par un expansionnisme systématique dans des sphères d'activité qui échappaient jusqu'à présent aux hauts fonctionnaires. Ce fut d'abord le monde de la finance, puis celui de l'industrie, c'est désormais l'univers de la communication.

La mise à disposition et le détachement permettent aux fonctionnaires d'essaimer dans l'appareil d'État et au-delà. Dans le premier cas, ils continuent d'être payés par leur administration d'origine, dans le second ils sont rétribués par la structure qui les accueille. Cette pratique du détachement est longtemps demeurée un privilège des grands corps. Ils en ont bénéficié en effet, pour la plupart, dès le XIXe siècle ou au début du suivant. La Cour des comptes, longtemps frileusement repliée sur elle-même, n'est partie à la découverte du vaste monde qu'en 1930. Le tout-venant des fonctionnaires n'a eu accès à ces facilités qu'à partir de 1946 avec le statut général de la fonction publique. Dès le départ, la piétaille avait quarante ans de retard sur l'élite. S'il est vrai qu'un chef de bureau dans un ministère a souvent plus de pouvoir réel qu'un auditeur au Conseil d'État, la mobilité de ce dernier lui ouvre des possibilités de promotion que le premier ne peut espérer. Les membres des grands corps sont libres de leurs mouvements, alors que les administrateurs civils, leurs rivaux potentiels, sont engoncés dans des structures ministérielles et dépendants du bon vouloir des directions du personnel. Là où les premiers disposent d'une mobilité enrichissante, les seconds éprouvent souvent des difficultés à s'extraire de leur univers, sauf s'ils bénéficient d'une protection politique au niveau du gouvernement.

Les grands corps ont, bien évidemment, été attirés dès le début par les leviers clés : cabinets ministériels, directions d'administration centrale, etc. Une véritable ventilation par corps existe en ce qui concerne les directions de ministère. Les positions conquises ont depuis été victorieusement défendues. Au moins pour l'essentiel. A vaincre sans péril on triomphe sans gloire.

Après dix ans de service — en théorie — les fonctionnaires peuvent aussi obtenir une mise en disponibilité de deux fois trois ans. Dans ce cas, c'est l'utilisateur qui rétribue. Pendant six ans le fonctionnaire reste néanmoins garanti contre tout accident de carrière. Pour les mieux placés socialement, il devient possible de bénéficier des charmes financiers de l'appartenance aux grands états-majors bancaires et de disposer d'un temps largement suffisant pour parvenir soit à s'implanter solidement soit à se replier dans son administration d'origine, nanti d'un bas de laine qui peut atteindre des niveaux plus qu'enviables. Ces périodes de « pantouflage » sont souvent ponctuées, chez les hauts fonctionnaires, de déménagements révélateurs des possibilités d'investissement immobilier qui se sont soudain offertes à eux !

Avec de telles garanties statutaires, il était inévitable que le poids de la haute fonction publique s'accroisse dans la direction des entreprises. Les grands corps, à eux seuls, fournissent le quart des patrons des principales entreprises françaises. Si on ne prend en compte que les entreprises du secteur public, la proportion double au minimum. On peut bien sûr affecter de

voir dans ces migrations le sacrifice d'une avant-garde dési-
reuse de réconcilier les Français et l'entreprise. Les ministres
de gauche n'ont-ils pas brodé sur ce thème à longueur de discours dès 1981 ? L'objectif aurait été au demeurant louable
puisque, si on en croit Octave Gélinier [10], le peuple comme les
élites hexagonales seraient brouillés avec la « morale industrielle » depuis le XVIIIe siècle, le siècle des Lumières.

L'esprit d'entreprise

Fallait-il cette injection massive de hauts fonctionnaires
au sein du patronat pour que l'esprit d'entreprise se répande
dans la nation ? Ou, au contraire, la fonctionnarisation hexagonale de notre industrie est-elle l'un des facteurs qui expliquent
la faiblesse chronique du commerce extérieur français ? Depuis
que la gauche est passée au pouvoir, une chose est sûre, c'est
que même les enseignants qui se sont frottés à la gestion gouvernementale communient à présent dans l'hymne à l'entreprise.

Si un homme doit sourire en regardant ces évolutions,
c'est bien l'énarque Roger Fauroux. Lorsqu'il était P-DG de
Saint-Gobain il s'était en effet fait une spécialité de la reconversion de certains de ses jeunes condisciples professant des
idées de gauche. Il fit ainsi transiter par la direction financière
de son groupe Alain Gomez, puis Alain Minc. Peut-être est-ce
en raison des spectaculaires résultats obtenus sur ces deux cas
que Laurent Fabius lui a confié en 1986 la direction de l'École
nationale d'administration ? Il n'est pas sûr qu'il réussisse les
mêmes conversions dans sa nouvelle fonction. Il n'est plus, ins-
titutionnellement, dans une position aussi confortable par rapport aux élèves. Une chose est certaine, en revanche, c'est qu'il
ne faudra pas compter sur lui pour freiner la ruée vers le « pantouflage » économique. Déjà, sous son impulsion, l'ENA vire à
l'école de gestion et les stages en entreprise ont été placés sur
un pied d'égalité avec les stages en administration. Il est vrai
qu'une massive dérivation vers le monde économique déconges-
tionnerait peut-être une classe politique qui tend à se
confondre avec l'énarchie.

Curieux pays tout de même qui ne cesse de grogner contre

son administration, qui peste contre l'emprise de l'État, mais qui se croit obligé de recruter ses ministres et ses principaux chefs d'entreprise au sein d'une étroite caste de hauts fonctionnaires eux-mêmes issus d'un milieu social des plus réduits !

Par un paradoxe qui n'est pas aussi curieux qu'il peut paraître à première vue, dans le système français, mieux vaut, pour atteindre le sommet de sa structure professionnelle, faire le détour par l'extérieur. Si cette règle est éclatante dans l'administration où le crochet politique tend à ne plus être seulement un moyen d'accélérer sa carrière mais une nécessité pour aboutir, elle est également illustrée par l'univers patronal. Deux chercheurs du CNRS, Michel Bauer — qui s'est fait une spécialité de ce type d'études — et Bénédicte Bertin-Mourot[11], ont bien montré que l'accès aux plus hautes responsabilités au sein des deux cents principales entreprises françaises résulte souvent d'un « parachutage ». Et, bien sûr, les hauts fonctionnaires sont les premiers à bénéficier de cette technique ! Plus les entreprises sont importantes, plus la proportion de hauts fonctionnaires à leur tête augmente. Les deux chercheurs du CNRS ont calculé que si 30% des patrons des cent quarante premiers groupes industriels français viennent de la haute administration, cette proportion passe à 54% si on ne considère que les cinquante principales entreprises.

Une liste alphabétique — qui ne prétend pas à l'exhaustivité — permet d'illustrer le phénomène et d'en apprécier l'ampleur. N'ont été retenus dans cette sélection que les hauts fonctionnaires ayant fait précéder leur entrée dans les entreprises par un passage dans les cabinets ministériels.

Pierre Alby, X-Mines, secrétaire général adjoint du comité interministériel pour les questions de coopération économique européenne, président de Gaz de France jusqu'en 1986 ;

Dominique Boyer, inspection des Finances, cabinet du ministre des Finances, vice-président des Chargeurs réunis ;

Jacques Calvet, ENA, Cour des comptes, onze années de cabinet, président de la BNP, puis président de PSA (Peugeot-Citroën) ;

Jean-Pierre Capron, X-Mines, quatre années de cabinet, une direction d'administration centrale à l'industrie, un passage à l'état-major de chez Thomson, devenu président du Commissariat à l'énergie atomique.

François Polge de Combret, ENA, Cour des comptes, deux ans de cabinet, sept ans à la présidence de la République, associé-gérant de la banque Lazard frères ;

David Dautresme, ENA, Cour des comptes, un an de cabinet aux Finances, P-DG du Crédit du Nord, puis associé-gérant de la banque Lazard frères ;

François Doubin, ENA, trois ans de cabinet, secrétaire général de Renault ;

Jacques Fournier, ENA, Conseil d'État, un an au secrétariat général de la présidence de la République, président de Gaz de France ;

Jean-Yves Haberer, ENA, inspection des Finances, six ans de cabinet, quatre ans directeur du Trésor, P-DG de Paribas où il succède à deux inspecteurs des Finances, Pierre Moussa (quatre ans de cabinet) et Jacques de Fouchier. Débarqué en 1986 tout en conservant, comme viatique, Paribas-Belgique et des postes dans une série de conseils d'administration ;

François Heilbronner, ENA, inspection des Finances, neuf ans de cabinet, P-DG, du GAN ;

Jean-Paul Huchon, ENA, quatre ans de cabinet, directeur à la direction générale du Crédit agricole puis directeur général adjoint du groupe EXOR ;

René Lapautre, ENA, inspection des Finances, huit ans de cabinet, directeur général d'Air Inter puis P-DG d'UTA ;

Daniel Lebègue, ENA, deux ans de cabinet, directeur du Trésor, directeur à la BNP.

Jean-Maxime Lévêque, ENA, inspection des Finances, quatre ans à la présidence de la République, président du CCF (avant 1981), puis du Crédit lyonnais (après 1986) ;

Jérôme Monod, ENA, Cour des comptes, cinq ans de cabinet, secrétaire général du RPR, P-DG de la Société lyonnaise des eaux ;

Pierre Moussa, École normale supérieure, inspection des Finances, quatre ans de cabinet, P-DG de Paribas avant de créer des sociétés financières de placement ;

Bernard Pache, X-Mines, deux ans de cabinet au ministère de l'Industrie, entre à Péchiney dont il devient P-DG avant de prendre la direction générale des Charbonnages de France ;

Guy de Panafieu, ENA, inspection des Finances, quatre ans à la présidence de la République, P-DG d'Hydro-énergie ;

Jean-Paul Parayre, X-Ponts, trois ans de cabinet, directeur conseiller à la banque Vernes puis président du directoire de PSA Peugeot-Citroën, actuel président de France-Manche ;

Georges Pebereau, X-Ponts, après deux années de cabinets ministériels part faire carrière à la CGE (Compagnie générale d'électricité) dont il devient P-DG avant d'en être évincé, en 1986, à l'instigation d'Ambroise Roux ;

Jean Peyrelevade, polytechnicien, banque nationalisée, deux ans au cabinet du Premier ministre, P-DG de Suez où il succède à Georges Plescoff, ENA, inspection des Finances, deux ans de cabinet. Après son éviction en 1986, P-DG de la banque Stern ;

Claude Pierre-Brossolette, ENA, inspection des Finances, sept ans de cabinet, directeur du Trésor, deux ans au secrétariat général de la présidence de la République, P-DG du Crédit lyonnais puis vice-président de la banque Stern ;

Jean-Pierre Rodier, X-Mines, un an de cabinet, P-DG de la société minière et métallurgique Pennaroya ;

Ambroise Roux, X-Ponts, ancien directeur de cabinet au ministère de l'Industrie sous la IVᵉ République et ainsi propulsé à la CGE dont il deviendra P-DG ;

Jean Saint-Geours, ENA, inspection des Finances, trois ans de cabinet, directeur général du Crédit lyonnais, deux ans de cabinet, président du Crédit national ;

Louis Schweitzer, fils d'un inspecteur général des Finances, ENA, inspecteur des Finances, cinq ans de cabinet, membre de la direction générale de Renault ;

Pierre Suard, X-Ponts, un passage au cabinet de Michel Debré, a supplanté son corpsard Pebereau comme P-DG de la CGE ;

Marc Vienot, ENA, inspection des Finances, deux ans de cabinet, P-DG de la Société Générale ;

Jacques Wahl, ENA, inspection des Finances, quatre ans de cabinet, quatre ans au secrétariat général de la présidence de la République, directeur général de la BNP ;

François de Wissocq, X-Mines, cinq ans de cabinet, sept années de direction d'administration centrale à l'Industrie,

P-DG de la Compagnie générale des matières nucléaires (COGEMA).

L'envahissement des sphères de décision de la société française à partir des cabinets ministériels n'a pas surgi avec la Ve République. Michel Bauer montre, par exemple, comment les hauts fonctionnaires collaborateurs du ministre de l'industrie des années 50, Jean-Marie Louvel, se sont placés sur orbite. En sortant du giron ministériel ils entrent dans des entreprises dont ils prendront par la suite la tête. C'est le cas de Philippe Thomas à Péchiney, Paul Gardent aux Charbonnages de France, Michel Collas à Creusot-Loire, Ambroise Roux à la CGE, l'énarque Pierre Desprairies à l'Institut français du pétrole, Gustave Rambaud à Paribas et — ouf! — Philippe Malet à Suez. Michel Bauer est donc fondé d'affirmer que «la fusée n'aura eu aucun raté». Dans cette énumération à partir d'un seul cabinet ministériel se trouvent, en outre, représentés l'inspection des Finances, la Cour des comptes, les Mines et les Ponts. L'appartenance aux grands corps, confortée par le passage dans la sphère de la décision politique, constitue bien le passeport pour les grandes carrières.

La société de communication

Depuis une quinzaine d'années déjà il est mieux venu de parler des «nouveaux pauvres» ou des «restos du cœur» que d'achats et de gadgets. À la défunte société de consommation a succédé la société de communication. Nous voici passés d'une mystification à une illusion. L'investissement de ce nouvel univers par l'énarchie, pour être plus récent n'en est pas moins notable. C'est qu'entre hauts fonctionnaires et responsables de médias, la fréquentation est quotidienne et les terrains de coopération fructueux. Ne serait-ce que parce que la presse écrite est largement subventionnée par la puissance publique et que l'audiovisuel dépend de multiples autorisations. La complicité peut être recherchée plus loin encore. Du rapport Nora-Minc sur «l'informatisation de la société», rédigé en 1978, aux messageries érotiques du Minitel d'aujourd'hui, il existe une continuité. Alors que l'on constate un retard dans l'administration où, en 1984, 10 % seulement des fonctions informatisables avaient été équipées, un marché de trois millions de minitels prospère, essentiellement grâce aux « messageries roses ». Or, en raison d'une simple circulaire ministérielle, le réseau du 36.15 se trouve réservé aux entreprises de presse, aux publications possédant un numéro de commission paritaire. La cohabitation confiante entre les fonctionnaires qui ont conçu et codifié ces outils et les médias n'est pas pour rien dans un tel résultat. Parler de cohabitation est d'ailleurs faible, on pourrait dire interpénétration.

Le principal éditeur français, Hachette, est dirigé par un inspecteur des Finances, Yves Sabouret, propulsé à cette fonction après un septennat complet au sein de divers cabinets ministériels, dont celui du Premier ministre Pierre Messmer. Pouvait-il en aller autrement dès lors que le groupe est adossé à Matra qui, pour le spatial comme pour l'armement, dépend de l'État ? Avant lui, un autre inspecteur des Finances, Simon Nora, avait également effectué, à la suite de son passage au cabinet de Jacques Chaban-Delmas, un tour de piste à la tête d'Hachette en compagnie, comme directeur délégué, d'un ingénieur des Mines, Gérard Worms, ancien du cabinet d'Olivier Guichard. Ces hommes, mis en place à l'occasion d'une série d'offensives destinées à s'assurer le contrôle du groupe, ont remplacé le successeur désigné par la famille héritière, Jacques Marchandise, qui était lui aussi sorti des grands corps puisque issu du Conseil d'État et ancien des cabinets des présidents du Conseil Pierre Pflimlin et Pierre Mendès France. Toujours dans l'édition, l'énarque Antoine de Clermont-Tonnerre, treize ans de cabinet (!), est P-DG des Éditions mondiales et Roger Fauroux, directeur de l'ENA, P-DG des Éditions du Cerf.

La première radio française, RTL, est conduite par Jacques Rigaud, ENA et Conseil d'État, puis six ans de cabinet. Tandis qu'un autre énarque, Jean Drucker, préside la chaîne de télévision associée à RTL, M6. Il convient d'ajouter RMC (Radio Monte-Carlo) où Pierrick Borvo, camarade de promotion de François Léotard à l'ENA, a succédé comme directeur général à Jean-Pierre Hoss, ENA et Conseil d'État.

A l'Agence France-Presse, un ancien journaliste vient de succéder à l'énarque Henri Pigeat, quatre ans de cabinet et trois années à la tête des services d'information du gouvernement. Le premier quotidien français, *Le Figaro*, et l'état-major du groupe de presse de Robert Hersant bénéficient de leur contingent énarchique dont Philippe Villin, inspecteur des Finances, et Bertrand Cousin, du Conseil d'État. Un autre inspecteur des Finances, Alain Minc, major de promotion à l'ENA et vice-président du groupe de Benedetti, préside aux destinées de la société des lecteurs du *Monde* créée pour renflouer le quotidien du soir. N'oublions ni la longue présidence de l'hebdomadaire *Le Point* par Olivier Chevrillon, ENA, Conseil d'État, un an de cabinet et trois ans au sein du groupe *Express*, ni « la lettre du maire » et les diverses prestations de communication offertes aux élus locaux par Guy Sorman, ENA, lui aussi ancien du groupe *Express*, ni enfin Bernard Roux, ENA, patron de *Télérama*.

L'examen de la composition de la bringuebalante Commission nationale de la communication et des libertés (CNCL) ne manque pas non plus d'intérêt. Le poids des hauts fonctionnaires y est plus que sensible, ne serait-ce qu'en raison d'une représentation officielle du Conseil d'État, de la Cour des comptes et de la Cour de cassation. Leur influence va toutefois très au-delà. Le président de la CNCL, le prince Gabriel de Broglie, a suivi l'itinéraire classique : ENA, Conseil d'État, quatre ans de cabinet, puis la direction générale de Radio France. Sur les neuf membres restants de cette institution on dénombre encore trois hauts fonctionnaires (un inspecteur général des Finances, Jean Autin, un conseiller maître à la Cour des comptes, Bertrand Labrusse et un administrateur civil, Catherine Tasca, les deux derniers ayant été nommés par François Mitterrand). Au sein de la minorité des non-hauts fonctionnaires (six sur treize), deux hommes ne sont guère éloignés de cet univers : le polytechnicien Jean-Pierre Bouyssonie, ancien P-DG, de Thomson, et surtout Roger Bouzinac qui a passé la quasi-totalité de la IVᵉ République dans des cabinets ministériels (huit ans) avant de devenir un professionnel des syndicats patronaux de la presse et un éphémère P-DG de l'AFP.

Au fil de cette énumération, les uns se trouvent classés à droite, d'autres — une minorité — à gauche. Cette distinction a-t-elle un contenu politique ? Il est permis d'en douter. Tous ces hommes, à des degrés divers et selon des techniques variables, cultivent le personnel politique dirigeant. D'abord en raison d'amitiés d'école ou d'aube de carrière. Ensuite parce que, pour leur réussite professionnelle, ils ont besoin d'être en situation de complicité avec les décideurs politiques. Soit parce que, dans leur secteur, l'État arbitre, en droit ou en fait, les nominations. Soit en raison des affaires qui ne peuvent se conclure, des marchés qui ne peuvent s'enlever, sans la bonne volonté des pouvoirs publics.

Il en résulte inévitablement une prudence dans l'analyse et la prise de position qui, lorsqu'elle est intelligemment mise en forme, habilement théorisée, s'apparente à de la haute voltige. Alain Minc, dans ses activités d'essayiste, offre l'une des plus brillantes illustrations de ce phénomène[12]. Comment prétendre, en revanche, découvrir l'avenir de la gauche dans ce type de démarche ? C'est en effet un phénomène constant, et au demeurant tout à fait naturel, que de faire parler, en principe au nom des contestataires sociaux, un membre de l'establishment afin de déstabiliser les courants critiques. C'est même la forme la plus usitée de défense des sociétés, de leurs pratiques et donc de leurs privilèges. Que ces adeptes, dès qu'il s'agit de leur carrière, des marchés protégés, des situations de monopole et de la cooptation, partent en guerre contre « l'égalitarisme » de notre société prête plus à sourire qu'à s'indigner. De même, on ne peut accueillir sans une certaine distance ironique les diatribes d'Ambroise Roux contre les nationalisations, lui qui s'est propulsé, comme son prédécesseur et ses successeurs, à la tête de la CGE, des antichambres ministérielles à la direction d'une firme industrielle. Le décalage entre le discours administratif novateur et une pratique conservatrice, entre les références idéologiques de notre élite et sa pratique sociale, est tel qu'elle finira, en dépit de sa légendaire souplesse, par ne plus maîtriser son grand écart.

Dans la totalité des carrières qui viennent d'être évoquées, la dimension politique est présente et presque toujours décisive. Ce qui n'empêche pourtant pas le discours corporatiste des grands corps d'être fondé sur un apolitisme vigilant. Lorsqu'elle affirme hautement sa volonté de ne pas se compromettre politiquement, l'élite de la fonction publique semble oublier son histoire. Les premiers gouvernements de la IIIe République sont peuplés d'X-Ponts et d'X-Mines. Le fascisme mis en œuvre par l'État français du maréchal Pétain a rempli d'espoir les grands corps, il est vrai «épurés» par les lois anti-juives et la chasse aux francs-maçons. Les conceptions technocratiques se satisfont d'un régime qui tournait officiellement le dos aux règles de la démocratie. L'inspection des Finances et le corps des Mines se sont investis profondément dans la «Révolution nationale». Leur présence était à ce point sensible qu'elle donna naissance au mythe de la «synarchie», convergence des responsables politiques, des hauts fonctionnaires et du patronat sur une conception strictement technique de la gestion du pays. L'épuration de la Libération touche particulièrement ces deux institutions ainsi que certains autres grands corps : presque tous les préfets furent sanctionnés, les deux tiers des ambassadeurs exclus, 20 % du Conseil d'État concerné par diverses mesures administratives.

Tout cela traduit quand même, au-delà des professions de foi de neutralité, la pente naturelle vers laquelle glisse la haute fonction publique dès que le contexte politique le lui permet. On l'a constaté à nouveau lors de l'agonie de la IVe République et du retour aux affaires de Charles de Gaulle. Ayant décidé de composer un gouvernement de «techniciens» afin de bien marquer la rupture avec le «régime des partis», le dernier président du Conseil de la IVe République avant de devenir le premier président de la Ve, recrute ses ministres au sein d'une haute administration à nouveau disponible. Il fait appel à onze hauts fonctionnaires là où Mendès France n'en avait mobilisé que sept et les autres gouvernements de la IVe une moyenne de trois. De Gaulle leur confie des portefeuilles aussi essentiels que les Affaires étrangères, la Défense, l'Intérieur... La France est pratiquement la seule démocratie européenne à recruter ainsi ses ministres hors du Parlement. Exceptionnelles en Grande-Bretagne, de telles nominations demeurent extrêmement limitées, en RFA, comme en Italie.

Ayant su éviter les réformes de fond qui les avaient menacés à la Libération — la suppression de l'inspection des Finances a même été approuvée en Conseil des ministres en avril 1946 avant de s'enliser —, les grands corps ont accueilli le choc de mai 1981 avec sérénité. Certes, Robert Fossaert, dans un rapport au Premier ministre intitulé «Démocratiser et moderniser la haute fonction publique», préconisait, au début de la législature de gauche, de ne plus opérer le recrutement des trois grands corps de contrôle (inspection des Finances, Conseil d'État et Cour des Comptes) dès la sortie de l'ENA mais après que les postulants eurent effectué quelques années de travail administratif effectif. Le concours d'accès aurait été commun, opposant des candidats retenus sur une liste d'aptitude interministérielle. Le projet s'est d'autant plus vite évanoui qu'il ne coïncidait pas avec les propositions avancées par le groupe de travail qui s'était penché sur une réforme de l'École nationale d'administration

Corps à corps

Les grands corps demeurent donc tels qu'en eux-mêmes, drapés dans leur dignité mais jouant la carte partisane si elle leur permet de gagner, attachés à défendre leurs hommes et confortant leur influence. Certes, les Républiques précédentes ont vu aussi des membres des grands corps accéder aux responsabilités politiques. Les inspecteurs des Finances Joseph Caillaux et Paul Reynaud, comme le maître des requêtes au Conseil d'État Léon Blum illustrèrent la IIIe République. Le conseiller d'État René Mayer et l'inspecteur des Finances Félix Gaillard dirigèrent des gouvernements sous la IVe. Il ne s'agissait encore que d'individus. Léon Blum eut même le scrupule de donner sa démission du Conseil d'État. Nous vivons aujourd'hui un phénomène de masse. Sa nature est donc tout autre. Il ne s'agit pas, pour autant, de prétendre que ceux de leurs membres entrés en politique sont de simples porte-parole. Valéry Giscard d'Estaing, Jacques Chaban-Delmas, Michel Rocard, Albin Chalandon ou Jean-Pierre Fourcade ne défendent pas plus les intérêts de l'inspection des Finances que Jacques Chirac, Philippe Séguin, Jacques Douffiagues, Pierre Joxe, Jean-Pierre Soisson, Michel Jobert ceux de la Cour des comptes, Edouard Balladur, Michel Aurillac, Hervé de Charette, Michel Debré et Laurent Fabius le Conseil d'État, ou André Giraud le corps des Mines. Et pourtant, des réflexes fonctionnent, des solidarités s'expriment. Il n'est pas facile de dire non à ses corpsards. Des hommes comme Chalandon ou Giraud ont même été amenés à livrer, alors qu'ils étaient ministres, des batailles mettant clairement en jeu la notion de corps.

L'inspecteur des Finances Albin Chalandon, alors ministre de l'Équipement, a réussi à faire plier, après une bataille de plusieurs années, le corps des Ponts et Chaussées qui s'opposait à la privatisation des autoroutes. Cette victoire de la fin des années 60 peut être rapprochée de l'échec du même homme, à la fin des années 80, lorsque devenu garde des Sceaux il dut renoncer à ses projets de prisons privées. Le soutien gouvernemental qui lui avait permis de vaincre la première fois lui a fait défaut la seconde. On retrouve également Albin Chalandon en 1977, dans un rôle inverse il est vrai. Valéry Giscard d'Estaing le place à la tête du groupe pétrolier Elf-Aquitaine et engage délibérément, de ce fait, une épreuve de force contre le corps des Mines. Ce dernier s'estime en effet « propriétaire » de ce joyau du secteur public. N'était-il pas présidé par Pierre Guillaumat, symbole des Mineurs ? Comment s'étonner que le nouvel homme fort des Mines, André Giraud, n'ait cessé de guerroyer contre le P-DG d'Elf lorsqu'il devint, un an plus tard, ministre de l'Industrie ? Il ne faudrait pas voir derrière de tels affrontements un simple problème de préséance. Si le contrôle des grandes sociétés pétrolières par le corps des Mines est si important, c'est parce que, simultanément, ce lobby dispose de la direction des carburants au ministère de l'Industrie. Il importe donc que toute la régulation de ce secteur essentiel de la vie économique demeure interne au corps.

Pierre Guillaumat, modèle pour des générations de hauts fonctionnaires, n'a lui non plus cessé, tout au long de sa carrière, de mêler politique, administration et vie d'entreprise. Le « parrain » du corps des Mines, au sens protecteur que ce terme prend également dans l'univers de la mafia, présidait la commission chargée de ventiler les corpsards. Il pouvait tout à la fois orienter les carrières des individus mais aussi veiller à ne pas céder un pouce de terrain aux corps rivaux. Figure emblématique censée symboliser la perfection de la gestion garantie par le label des grands corps, Pierre Guillaumat n'a pu supporter l'idée que cette image idyllique se trouve écornée. Aussi, lorsque la Cour des comptes découvre qu'il s'est fait escroquer comme le premier gogo venu à travers le fumiste projet des « avions renifleurs[13] » la complicité des grands corps et la lâcheté du pouvoir politique de l'époque permettent de transformer abusivement cette erreur de gestion en secret d'État. Lorsque le gouvernement de gauche découvre, accidentellement, que le premier président de la Cour des comptes a frauduleusement tenté de lui soustraire ce dossier, les grands corps se solidarisent. Ils protègent celui des leurs qui a péché. N'avait-il pas cherché, en dissimulant ce rapport, à protéger leur vertu et l'image de compétence qui doit, coûte que coûte, être associée à la gestion de l'élite de la fonction publique ? Cet imaginaire social s'exprime marginalement dans la presse mais devient lobby dans les antichambres gouvernementales. En conséquence, le premier président Bernard Beck, ancien des cabinets ministériels de Robert Schuman et d'Alain Poher, ne sera pas inquiété en dépit des poursuites engagées. Le garde des Sceaux de l'époque, Robert Badinter, toujours très soucieux de préserver la respectabilité des puissants de la société qui font vivre le cabinet d'avocat qu'il a fondé, n'a rien fait pour diligenter l'instruction.

Si l'affaire des « avions renifleurs » atteignait Pierre Guillaumat au point le plus sensible de la mythologie des « grands corps », c'est-à-dire leur « compétence », l'ancien P-DG d'Elf n'a guère été mieux servi par la symbolique. Son nom a, en effet, été donné en 1977 à l'un des super-pétroliers de 550 000 tonnes — le record de capacité — qui se sont inscrits dans la litanie des investissements illusoires mais grandioses imposés par la technocratie au nom d'une gestion qui se révèle trop souvent myope. Ce prestigieux bâtiment dut être découpé et vendu en juillet 1983 avant qu'il n'ait été rentabilisé, ces super-pétroliers n'ayant guère tardé à se ranger au nom de ces coûteux mirages que nos grands administrateurs d'État ou assimilés ne cessent de faire financer, en toute impunité, par les contribuables.

Le plus grave dans ces situations découle du fait que les grands corps ont, en pratique, le monopole des expertises nécessaires à la prise de décision politique. Les participants aux journées d'études sur « Le corporatisme et l'État [14] » ont, si l'on se fie au rapport de synthèse, « évoqué les problèmes résultant de la volonté des grands corps de préserver leur monopole de l'expertise légitime, notamment en ce qui concerne les grands choix techno-industriels ». « Il en résulte alors, concluent-ils, un sévère rétrécissement de la sphère du débat public ouvert aux citoyens. » Ce qui, exprimé plus crûment, les conduit à reconnaître que « le corporatisme à la française » est devenu un « obstacle sérieux à la démocratisation de l'État français ».

Or, la puissance même des corporatismes pèse sur l'orientation et la qualité des éléments d'appréciation soumis aux gouvernements. L'exemple classique en ce domaine est celui du choix des filières pour les centrales nucléaires françaises. Il a certes relevé, au bout du compte, d'une décision politique, mais l'essentiel de la bataille a opposé deux des grands corps techniques. D'un côté les Mines, à travers le Commissariat à l'énergie atomique, défendait la filière graphite-gaz, dite française. De l'autre, les Ponts et Chaussées, à travers EDF, préconisaient l'adoption de la filière uranium enrichi — eau ordinaire —, dite américaine. Rien ne garantit qu'au bout du compte ce ne soit pas le compromis technocratique passé entre les deux corps qui se soit imposé au politique plutôt que l'inverse.

Les batailles entre corps ne se limitent pas au sommet de l'État. La décentralisation a, par exemple, modifié le rôle du préfet et permis l'émergence des présidents de conseils généraux. Le corps préfectoral est toutefois en situation légale de reconquérir une partie de ses prérogatives puisqu'en contrepartie de la perte de sa tutelle sur les collectivités élues, il a gagné une autorité mieux affirmée sur la quasi-totalité des services extérieurs de l'État. Ce renforcement des pouvoirs préfectoraux sur les services extérieurs de l'État a été d'autant plus mal ressenti par le corps des Ponts et Chaussées que, simultanément, une partie importante de ses attributions étaient transférées aux Conseils généraux. Les directeurs départementaux de l'Équipement sont parvenus, au nom de l'unité des services, à conserver une autorité sur la fraction de leur personnel mis à la disposition des élus. Ils se livrent à une âpre bataille pour asseoir leur pouvoir en jouant de la dualité des tutelles qui pèsent sur eux, celle du préfet et celle du président du Conseil général. Pour l'instant, ils se tirent de la situation plutôt à leur avantage.

Forces sociales autonomes

En dépit de ces rivalités internes, l'influence de la haute fonction publique dans les différents cercles de pouvoir de la société n'a cessé de s'étendre. Le prestige des grands corps rayonne dans le monde politique comme parmi les administrateurs civils ou les dirigeants d'entreprise. Seuls les titulaires de ce statut privilégié ne cessent de proclamer qu'on exagère leur place et leur rôle. Il ne faut pas voir là un réflexe de modestie mais une habileté supplémentaire qui conduit les membres de l'élite administrative à minimiser leur puissance afin de mieux résister à l'assaut toujours redouté contre leurs privilèges. Ils savent que leur prééminence est d'abord la conséquence de l'organisation de l'administration française.

La première particularité des grands corps réside, en effet, dans leur rôle officiel. Puisqu'ils contrôlent l'administration, ils la dominent. Ils en connaissent tous les rouages. Dès lors, ils sont inévitablement devenus des conseillers recherchés par l'exécutif. Ils ont partagé ses privilèges et ses secrets. Ainsi doublement nantis, à la fois juges et parties, ils ont, en jouant sur les deux tableaux simultanément, acquis une autorité sans équivalent. Le pouvoir politique les indispose-t-il ? Aussitôt ils se drapent dans leur dignité de magistrats et d'administrateurs. Leurs collègues s'impatientent-ils de les voir monopoliser les fonctions de responsabilité ? Ils jouent de leur complicité avec le pouvoir politique. Disposant en outre de la durée, il n'est pas vraiment surprenant qu'ils soient sortis vainqueurs de trois siècles riches pourtant en péripéties.

Ils se sont ainsi transformés en véritables « forces sociales autonomes [15] », perfectionnant sans cesse le statut qui les distingue et garantit leur puissance. Au nom de l'indépendance de l'administration face aux interventions politiques, ils ont mis en place leur propre régulation interne. Les corps techniques d'ingénieurs ont poussé très loin ces mécanismes puisque les conseils généraux des Mines et des Ponts servent de tuteurs officiels aux directeurs d'administration centrale agissant dans leur domaine d'intervention.

Ayant à gérer la carrière d'un nombre limité d'individus, les responsables des corps peuvent se montrer d'autant plus efficaces. Il importe en effet de ne pas trop ouvrir les portes. Bien que la Cour des comptes et le Conseil d'État croulent sous les dossiers en attente, ces deux institutions se refusent à élargir leur recrutement et préfèrent recourir à des « TUC de luxe », les « assistants de vérification » à la Cour des comptes par exemple, qui effectuent le travail sans pouvoir prétendre pour autant à l'appartenance aux prestigieux grands corps.

Si l'élite administrative parvient à préserver un corporatisme aussi élaboré et efficace, c'est essentiellement parce que la soumission aux autorités du corps demeure une donnée essentielle et la condition nécessaire d'un bon déroulement de carrière dès lors que l'impétrant se refuse à couper les ponts avec l'administration. Les anecdotes fourmillent sur tous ces brillants sujets qui, soucieux de donner des gages au pouvoir politique du moment vérifient, simultanément que leur attitude a l'agrément du corps. C'est pratiquement de règle avant d'occuper une fonction jusqu'à l'acceptation d'une mission que vous confie le président de la République. Le chef de l'État, ayant demandé un travail précis à un inspecteur des Finances, fut fort surpris d'apprendre que le chef du corps s'associait à la démarche. François Mitterrand a bien sûr fait sèchement savoir audit inspecteur des Finances que lorsqu'on travaille pour le plus haut personnage du pays, nul compte n'avait à être rendu à un tiers. Qui peut dire si le rapport achevé, un double n'a pas été néanmoins transmis au « parrain » administratif ? Histoire de garantir l'avenir.

De telles pratiques permettent de comprendre que les grands corps de l'État parviennent à préserver « une capacité d'absorption, une faculté d'imprégnation, une force d'homogénéisation qui leur rendent possible de garder leur personnalité et leur prestige en dépit d'apports extérieurs importants [16] ». Deux chercheurs, Jean-Claude Thoenig et Erhard Friedberg [17], ont, par exemple, décortiqué la manière dont le corps des Ponts, sous l'impulsion de Georges Pebereau notamment, a évité de s'enliser dans l'aménagement rural. Il a su conquérir la possibilité d'intervenir dans les espaces urbains par le biais d'une réorganisation ministérielle. Il a poussé — au nom de la « modernité » et de la « compétence technique », deux des maîtres mots de tous les argumentaires de la technocratie — à l'intégration du ministère de la Construction dans celui des Travaux publics et des Transports. Ainsi est né l'actuel ministère de l'Équipement, créé en 1966 et où s'ébattent sans entrave les corpsards. D'autant plus facilement que Georges Pebereau, leur porte-parole, s'était immédiatement glissé dans le cabinet du ministre de l'époque, Edgard Pisani.

Il faut, derrière un discours intellectuel de réforme, le vigilant conservatisme social d'un Michel Crozier pour oser estimer que les grands corps et l'ENA ont doté la France de « groupes de hauts fonctionnaires spécialisés à l'abri de toutes les pressions et qui peuvent servir d'agents de changement en amortissant les difficultés des crises [18] ». Peu de groupes se révèlent, au contraire, aussi sensibles aux jeux sociaux de pouvoir, aussi impliqués dans la négociation d'équilibres politico-administratifs fragiles et éphémères, aussi dépendants dans le pilotage des entreprises financières et industrielles des interventions gouvernementales. C'est le prix qu'ils payent pour les extraordinaires facilités offertes par leur statut administratif.

La paresse des responsables politiques

Sa puissance et son autonomie, la haute fonction publique en trouve en partie les sources dans la paresse et la facilité des responsables politiques. Soucieux de ne pas se mettre à dos un rouage de gestion qui leur est indispensable, ils ont permis l'identification de certaines directions ministérielles aux grands corps. Par contagion, cette pratique s'est élargie aux cabinets ministériels eux-mêmes. Des monopoles de fait se sont créés. Il ne faut pas compter sur les hauts fonctionnaires devenus ministres pour y rémédier. Au cours des vingt dernières années, le pourcentage de directeurs d'administration centrale issus des grands corps n'a guère varié (de 15 à 20 %), de même que les pourcentages de représentation du corps préfectoral (autour de 10 %) ou des corps d'ingénieurs (autour de 20 %). Cette relative stabilité est la meilleure illustration du rigide partage de pouvoir interne à l'élite administrative qui s'est opéré et dans lequel se glissent, les unes après les autres, les équipes gouvernementales.

Les directeurs d'administration centrale occupent leur poste au gré des aléas de leur carrière plus qu'ils ne conduisent une administration. Ils ne demeurent en effet dans des fonctions directoriales que trois ou quatre ans en moyenne, c'est-à-dire qu'ils changent pratiquement au même rythme que les ministres. Puisqu'il est de règle de considérer, à juste titre, qu'un délai aussi limité ne permet guère à un ministre d'imposer des orientations de long terme à son administration, pourquoi la même remarque ne s'appliquerait-elle pas aux directeurs? Nommés et relevés pour des raisons essentiellement politiques, ils ont tout intérêt à utiliser leur tour de piste au sommet pour conforter leurs perspectives de carrière plutôt que d'engager des réformes nécessairement perturbantes pour les services, donc pour eux-mêmes. En raison de leur recrutement, de leur formation et de la relative fragilité de leur statut (puisque ces postes sont à la disposition des gouvernements), il n'y a pas lieu de s'étonner du conformisme, de l'absence d'imagination dont, en règle général, font preuve les directeurs d'administration centrale. Ils n'ont cessé de perdre de leur autorité et de leur autonomie au détriment de cabinets ministériels progressivement devenus, au fur et à mesure qu'ils se peuplaient de hauts fonctionnaires, le véritable pôle d'animation administrative.

Les grands corps ont d'ailleurs pris soin de préserver cette voie d'accès à la décision politique. Certes, ils ont tremblé en 1981. Pourtant, ils constituaient encore le quart de l'entourage de Pierre Mauroy. Par comparaison, ils représentent 35 % du cabinet de Jacques Chirac. Les équipes gouvernementales qui se succèdent puisent à loisir dans leur vivier les collaborateurs dont elles ont besoin. Certains des postulants s'agitent pour se faire remarquer, donnent des gages, affichent — parfois soudainement — des affinités partisanes. Cela ne signifie pas automatiquement qu'ils seront retenus, mais comme le critère est plus celui de la fidélité que du mérite, de telles démonstrations, si elles ne sont pas excessives, ne peuvent qu'aider l'ambitieux candidat. Car il est vrai qu'en matière d'avancement, « à capacités techniques égales, les autorités chargées de prendre les décisions préféreront souvent les individus qui savent "jouer le jeu" et s'adapter, aux imprudents et aux intransigeants. Et ceci d'autant plus que l'on s'approchera du sommet de la hiérarchie [19] ».

Le passage par les entourages gouvernementaux, essentiel à un bon déroulement de carrière, correspond à un recrutement corporatiste des cabinets, fondé moins sur des affinités politiques que sur la recommandation d'un camarade du corps qui suggère votre nom comme successeur. Cette règle souffre bien peu d'exceptions en période politique normale, c'est-à-dire lorsque les relèves gouvernementales se produisent dans le cadre d'une même majorité parlementaire. Le jeu se trouve, en revanche, perturbé si les cycles politiques changent. Il est incontestable que l'arrivée de la gauche au pouvoir en 1981 a compliqué les cooptations corporatistes. Elle ne les a pas taries. Si les noms de postulants possibles n'étaient plus systématiquement soufflés — et encore — ; l'attention des nouveaux gouvernants était attirée avec insistance sur la nécessité de maintenir à chaque corps ses prérogatives traditionnelles. Que le directeur adjoint du cabinet de Pierre Mauroy, chargé des dossiers économiques et financiers, soit un banquier et non un inspecteur des Finances paraissait inenvisageable. De fait, cette révolution est demeurée une exception puisque après le départ de Jean Peyrelevade pour la présidence de Suez, l'inspection des Finances a récupéré le poste. Il ne lui aura donc échappé qu'une seule fois en trente années de Ve République ! Et encore, sous condition que le directeur de cabinet soit un inspecteur des Finances, ce qui fut le cas avec Robert Lion durant la première année de présence de Pierre Mauroy à Matignon.

Un pointage de « l'élite rose [20] », effectué pourtant à chaud, dans les premiers mois d'installation du nouveau pouvoir, fait apparaître l'incroyable capacité de résistance des grands corps à une bourrasque exceptionnelle. D'autant que lorsque les hasards des péripéties politiques font qu'émergent au sein des cabinets ministériels des étrangers au monde de l'administration, voire des grands corps, le réflexe le plus courant consiste à profiter de l'occasion pour se glisser dans le précieux statut. Les cabinets ministériels de gauche en ont offert une voyante illustration car, nécessité faisant loi, la technique était appliquée dans un temps plus court à un plus grand nombre d'individus que par le passé. Le rythme a changé, pas la méthode. Michel Delebarre, second directeur de cabinet de

Pierre Mauroy, intègre le corps préfectoral tout comme quatre collaborateurs de François Mitterrand entrent au Conseil d'État. D'autres membres des principaux cabinets ministériels de gauche ont volontiers utilisé la technique des « nominations pour ordre » qui permettent de devenir préfet sans avoir la charge d'un poste territorial. Cette pratique avait été supprimée en 1959 à la demande d'un corps préfectoral soucieux de préserver sa « pureté ». Elle a été rétablie en 1982.

Chapitre 3

Sélection

Valéry Giscard d'Estaing, qui a des hiérarchies et des codes sociaux une haute idée, ne verse pas de cotisation à l'association des anciens élèves de l'ENA alors qu'il est fidèle à celle des anciens de Polytechnique. C'est dire qu'il ne partage pas l'opinion de Michel Crozier[1] plaçant l'ENA « au sommet de toute hiérarchie » et estimant qu'à « aucun moment, dans aucun pays, depuis la Chine des Ming, on n'a constaté une réussite aussi exceptionnelle ». L'élitisme est sans limites. Même parmi les polytechniciens, les meilleurs, ceux qui sont sortis « dans la botte », aiment à se distinguer du reste de leurs condisciples.

En raison de ces hiérarchies, il n'y a pas lieu de s'étonner que dans *Démocratie française*, ouvrage publié alors qu'il était encore président de la République, Valéry Giscard d'Estaing n'hésite pas à montrer du doigt l'École nationale d'administration, présentée comme l'exemple du manque de démocratisation de notre système éducatif. Pauvre ENA ! l'ingratitude de ses anciens devenus gouvernants semble de règle. En paroles du moins, car en pratique elle n'en souffre guère. Elle semble même tirer gloire d'être si souvent pourfendue. Être mis en cause collectivement n'effraie pas les énarques. Ils y voient plutôt une forme d'hommage à leur influence sociale, la reconnaissance d'un pouvoir d'autant plus surestimé que les pamphlets sont excessifs.

Après tout, l'école si vilipendée en France demeure un objet d'exportation recherché. C'est même la première aide que la France ait apportée à l'Argentine renouant avec la démocratie. Dépourvu de toute structure administrative civile sérieuse et désireux d'échapper à la loi des légions, le président Raúl Alfonsin a implanté un décalque de notre ENA. Il faut souhaiter à l'Argentine que les promotions de civils qui en sortiront se montreront aussi habiles que leurs homologues françaises dans la lutte pour le pouvoir.

Faire de l'ENA un bouc émissaire est le moyen le plus répandu d'escamoter le véritable problème posé par la prédominance de la haute fonction publique. D'abord parce que la cible est beaucoup trop vague. La confiscation de pouvoir n'est que très indirectement le fait de l'énarchie. Celle-ci est en effet bien loin de constituer un ensemble homogène. Seule une minorité de ses membres, de l'ordre de 10%, appartiennent réellement à l'élite dirigeante. Moins du quart des énarques intègrent la trinité des grands corps. Si on ajoute la diplomatie, la préfectorale et les grandes directions du ministère des Finances, on retrouve la moitié des effectifs de l'énarchie. Le reste se fond dans la masse des administrateurs. Enfin, des administrateurs parisiens, car les trois quarts des énarques semblent ne pouvoir survivre à plus d'une encablure des quais de la Seine !

Alors que les réelles faiblesses de l'ENA devraient susciter des analyses nuancées, puisqu'elles sont surtout le reflet de la société française, leur vigoureuse dénonciation est devenue un sujet de consensus. Il illustre la tendance naturelle des élites à gommer, au nom du réalisme et de l'efficacité, le vieux clivage droite-gauche. Au-delà de la critique, le consensus se retrouve aussi, hélas, dans l'immobilisme pratique. Libéraux et socialistes oublient, dès qu'ils gouvernent, les communes condamnations de l'énarchie qu'ils développaient lorsqu'ils étaient opposants.

Il est au demeurant logique que les politiques qui se proposent de transformer la société — peu importe comment — s'insurgent contre le dessaisissement que leur imposent les hauts fonctionnaires. On retrouve donc la même véhémence pour dénoncer l'ENA, sa formation et son idéologie, dans les textes du jeune — alors — socialiste Jean-Pierre Chevènement[2] que, dix ans plus tard, sous la plume du RPR Alain Peyrefitte dans *Le mal français* ou de Philippe Malaud, qui a eu en charge la gestion des fonctionnaires et dont le Centre national des indépendants est en bordure du Front national.

« L'ENA, écrit[3] l'ancien secrétaire d'État à la fonction publique, destinée à démocratiser le recrutement des cadres supérieurs de l'État, a très largement manqué son objectif puisque les récriminations à cet égard sont, à peu près, aussi vives qu'à la Libération. Mais, relayée par les écoles qui, à son image, ont été créées pour le recrutement de la magistrature et de divers corps spécialisés, Trésor, Impôts... elle a sécrété un état d'esprit beaucoup plus marqué de technocratie et de corporatisme que les anciens concours particuliers... Elle a surtout multiplié le nombre des mécontents, des aigris, des frustrés et contribué à faire disparaître toute notion de vocation au profit d'un vague corporatisme recouvert du manteau de l'intérêt général ; l'ENA préexiste et l'État doit être aménagé en fonction des préoccupations des anciens élèves, seuls à détenir la vérité pour tout ce qui concerne les domaines administratif, économique et social. »

Impitoyable condamnation qui devrait logiquement déboucher sur la suppression de ce type d'école. Ce qui est d'ailleurs l'attitude du Front national, en particulier en ce qui concerne l'école de la magistrature de Bordeaux qualifiée de « véritable mer des Sargasses » où, à la manière des anguilles, se reproduirait la race maudite des « juges rouges » !

La fille des nationalisations

Si l'énarchie s'est émue, pour une majorité d'entre elle, lorsque les socialistes se sont installés dans les palais nationaux, ce fut à tort. L'infanticide redouté n'a pas eu lieu. Il avait pourtant été annoncé. Si les assauts vigoureux lancés, dans les années 60 et 70, par d'anciens élèves de l'école comme Pierre Joxe, ou Jean-Pierre Chevènement, pouvaient être considérés comme relevant de démarches personnelles, le PS, dans son programme de 1972, s'était prononcé pour une réforme de l'ENA qui avait pratiquement des allures de suppression. Une position qui sera, cinq ans plus tard, officiellement celle du parti communiste. Elle est exprimée alors par Anicet Le Pors. Il explique que les cadres de l'administration doivent être formés par l'Université, puis recrutés par concours. Le même Anicet Le Pors assurera ensuite, à partir de 1981 et pour trois ans, la tutelle de fait de l'ENA. Il lui reviendra de mettre en œuvre une réformette édulcorée qui n'en soulèvera pas moins l'indignation des « bien-pensants ». Ainsi va la vie politique.

Pourquoi la gauche aurait-elle menacé la survie de l'ENA ? L'école est son enfant, la fille des nationalisations. Sa création, le 9 octobre 1945, par le gouvernement provisoire de la République présidé par Charles de Gaulle, est inséparable de la nationalisation de l'école libre des sciences politiques. Un vieux projet des forces progressistes voyait le jour. Déjà la IIe République avait ouvert une éphémère école d'administration. Sous le Front populaire, Jean Zay avait proposé une sorte d'ENA. Dans les critiques portées à l'institution, il convient de ne jamais oublier cette préhistoire. L'ENA a été instituée en réaction contre la haute fonction publique traditionnelle, celle de la IIIe République déshonorée par ses faiblesses pour le maréchal Pétain et le fascisme à la française. Et, si le général de Gaulle a laissé Michel Debré créer cette institution, c'est aussi parce qu'il pensait qu'elle donnerait le jour à un équivalent du *Civil Service* britannique qu'il avait tant admiré durant son séjour à Londres. Non seulement il n'en aura rien été mais, par un de ces pieds de nez de l'histoire, des voix s'élèvent aujourd'hui en Grande-Bretagne pour réclamer la création d'un équivalent de l'ENA.

Les belles âmes énarchistes qui tonnent contre l'institution qui les a placées sur leur orbite de hauts fonctionnaires se donnent, en réalité, bonne conscience à peu de frais. Le cœur du débat n'est pas de savoir comment sont recrutés et formés les élèves. Il devrait porter sur l'exorbitant privilège qui permet à tous ces hommes d'effectuer avec un minimum de risques la carrière politique qui est la leur. En dissertant à perte de vue sur l'ENA, on demeure à la marge du sujet et on évite de traiter de la manière dont est gouverné le pays. Réduire la mainmise de la haute fonction publique sur les leviers politiques à l'existence de l'école reviendrait à reprocher à l'École normale supérieure l'orthographe des jeunes générations ou l'évolution de la langue française. Cet excès d'honneur n'est qu'une facilité. Ne crions pas haro sur le baudet.

L'ENA ne peut, en effet, être tenue pour responsable de la fonctionnarisation de la vie publique, même si ses anciens utilisent au maximum le système. D'abord, et très simplement, parce que ce phénomène est antérieur à sa création en 1945. Il marquait déjà profondément l'État français. La création de l'école a-t-elle été, pour autant, sans effet sur le processus ? Bien sûr que non. En pratique, les critiques portées contre l'École nationale d'administration se concentrent sur deux aspects : d'une part un brassage social jugé insuffisant et qui réduirait l'école à la traditionnelle fonction de reproduction des élites, d'autre part un enseignement jugé inadapté.

Il serait ridicule de nier toute démocratisation de la haute fonction publique. Il serait absurde d'ignorer le rôle joué par l'ENA dans cette évolution. Toutefois, celle-ci s'effectue au rythme lent des mouvements qui affectent l'ensemble du système éducatif et avec les mêmes distorsions significatives. L'aristocratie du nom et de la fortune s'efface certes au profit de la bourgeoisie salariée. Les couches possédantes cèdent la place aux enfants des cadres supérieurs. Le fils d'instituteur se glisse parmi les administrateurs civils et le fils d'agrégé au sein des grands corps. Tout cela est vrai mais ne va pas si simplement. Jean-François Kesler cite[4] une émouvante lettre que lui a adressée un énarque conseiller à la Cour des comptes. Fils de maçon, il raconte l'isolement dont il a été victime au sein de la haute fonction publique. Il parle même d'ostracisme. Concrètement, alors que ses qualités intellectuelles lui avaient permis d'intégrer un grand corps, la pratique sociale a recréé la distance en le distinguant des « gens de bonne compagnie ». Tout cela bien sûr parce que le conseiller en question s'est refusé « à servir d'alibi, à se défroquer ». En conséquence il s'est trouvé confiné aux dossiers sociaux qui demeurent le rebut aux yeux des nantis. Citant Barrès, ce conseiller à la Cour des comptes conclut : « Les pauvres n'ont pas le droit d'être fiers. »

Dès qu'on s'éloigne du cas particulier pour jeter un regard d'ensemble, force est de constater que les effets de cette démocratisation demeurent limités et que le mouvement, puissant au lendemain de la seconde guerre mondiale, s'est progressivement enlisé. Jean-Luc Bodiguel soulignait, il y a dix ans déjà[5], le paradoxe de l'ENA, « créée pour démocratiser la haute fonction publique, l'ouvrir à la province et à l'ensemble de l'Université », et qui, un quart de siècle plus tard, se retrouve avec un recrutement « plus bourgeois, plus parisien et plus Sciences-Po ». Le même constat peut être dressé pour ce qui concerne l'institut d'études politiques de Paris. Il compte moins d'enfants des classes subalternes de la société (ouvriers et employés) que dans les années d'après guerre. Tout bascule au milieu des années 50 lorsque la puissante impulsion réformatrice de la Résistance achève de se tarir.

Ces résultats ne sont pas seulement le fruit d'un complot des élites, même s'il est vrai qu'elles s'attachent à préserver leur « pré-carré ». Ils illustrent surtout le poids croissant pris par le milieu familial dès lors que le système public d'éducation entrait en crise. C'est en fonction du lieu de résidence, donc des revenus, qu'un enfant bénéficie ou non d'établissements scolaires de qualité. La sélection s'opère alors très tôt. Faute d'un niveau culturel suffisant, que l'école ne fournit plus, combien de jeunes de milieux modestes ne peuvent même plus envisager de tenter les instituts d'études politiques et les principaux concours administratifs ?

Il convient d'insister sur le fait que ce phénomène n'est en rien particulier à l'administration. C'est d'un mouvement d'ensemble de la société qu'il s'agit, dont on évalue les conséquences de la même manière à l'entrée de Polytechnique ou de Normale sup. La démocratisation de l'enseignement supérieur s'est effectuée essentiellement par le biais des universités, en particulier grâce au succès des instituts universitaires de technologie. Les grandes écoles se sont, pour l'essentiel, maintenues à l'écart.

Dans sa sélection des principaux responsables de l'administration, la société française demeure fidèle à une filière socialement élitiste, simplement tempérée par deux éléments importants, d'une part la règle de la « méritocratie », c'est-à-dire le recours au concours pour trier parmi ces privilégiés, ensuite une formule de rattrapage — le concours interne réservé aux fonctionnaires — qui permet de récupérer les plus méritants des moins favorisés et parfois aussi... les plus lents des fils de la bourgeoisie.

Quant à l'enseignement donné à l'École nationale d'administration, lui aussi varie au gré des soubresauts de la société française. On aurait tort de voir dans l'ENA une sorte d'îlot de qualité isolé dans l'immensité d'un enseignement en crise. Ne serait-ce qu'en raison du fait que le poste de directeur des études est greffé sur l'université. Il est traditionnellement monopolisé par les professeurs de droit qui, hostiles à l'origine à cette rivale, se sont ainsi attachés à la contrôler.

Les enjeux du siècle

Il suffit de jeter un œil sur les réformes qui, à l'ENA aussi, interviennent périodiquement, pour constater que la formation des hauts fonctionnaires est tributaire des modes et des pesanteurs du moment. Remarquons d'abord que, très vite, a été abandonné le projet idéologique d'origine, c'est-à-dire la volonté de faire de l'ENA un creuset de républicanisme, une école de civisme et de morale démocratique. Trop archaïque peut-être. Ou trop contraignant. Cette ambition impliquait une démarche critique qui n'a pu être prise véritablement en compte par la traditionnelle prudence administrative. L'ENA sur ce point n'est pas l'Université.

Tout en adoptant une attitude révérencielle pour un «service public» souvent confondu avec «l'intérêt général», les élèves ne tardent guère à se préoccuper du siècle, de ses enjeux partisans et de la conquête du pouvoir. Les péripéties de leur militantisme syndical suffisent à illustrer leur constante capacité à orienter leurs voiles dans le sens du vent. Si, au lendemain de la guerre, les jeunes messieurs entrés à l'école étaient, dans leur quasi-totalité, syndiqués à la CGT, le militantisme syndical disparaît totalement avec la guerre froide. Il est même interdit. Avec mai 68, la future énarchie s'adonne, à l'exemple de François Léotard, à la CFDT et à ses odes autogestionnaires. Les promotions se grisent de contestation en prenant soin, à un ou deux dérapages près, de ne pas aller trop loin. Quand, avec la crise économique et le giscardisme, vient l'heure du recentrage, FO s'implante à l'ENA et ne tarde pas à contrebalancer la CFDT. La CGT revient avec le succès de la gauche. Les futurs hauts fonctionnaires, en se tournant ainsi, tels des tournesols, vers la lumière, révèlent une grande sensibilité aux modes intellectuelles et aux conformismes sociaux.

De la même manière, les énarques se bousculent de plus en plus jeunes et de plus en plus nombreux aux portes des cabinets ministériels souvent sans respecter le délai de quatre ans de présence dans leur administration d'origine que leur impose le statut de la fonction publique, avant de leur accorder le bénéfice de la mobilité. En 1983, dans l'indifférence générale, 7% de la promotion 1980 de l'ENA se retrouvait dans des cabinets ministériels, contre 2,5% seulement de la promotion 1979. Certaines promotions ont vu jusqu'à 17% de leurs effectifs appartenir simultanément à des cabinets ministériels. Qui peut douter de l'influence que le jeu des camaraderies acquiert dès lors dans la gestion des affaires publiques, des solidarités qui se manifestent en vue de conforter réciproquement des carrières si bien engagées ? L'accélération, au cours des vingt dernières années, du processus d'entrée des énarques dans la vie politique est d'autant plus significatif qu'elle coïncide avec la période de monopole réel de l'École nationale d'administration. Jusqu'en 1958 ils devaient, par exemple, compter avec les administrateurs de la France d'outre-mer qui, par la suite, ont été intégrés dans la fonction publique métropolitaine.

François Bloch-Lainé, au soir d'une carrière au sein de la fonction publique[6], jette sur l'énarchie un regard désabusé mais lucide. Constatant que ses cadets qui courent après un maroquin ministériel préfèrent les cabinets aux directions d'administration, il relève : « Ils n'ont vu du travail administratif que ce qui y affleure [...] Et, ce qui est plus grave, ils ont pris l'habitude de juger les hommes des services selon leur aptitude à produire ce dont ils se servaient eux. » Aussi conclut-il : « On peut craindre qu'un nombre croissant de hauts fonctionnaires brillants ne se détournent de ce qui faisait l'orgueil de leurs anciens pour n'être plus soucieux que de plaire à la Cour. » Or, comme le disait Montesquieu, « quand dans un royaume il y a plus d'avantages à faire sa cour qu'à faire son devoir, tout est perdu ».

L'opportunisme est, il est vrai, un travers social qu'il serait bien injuste de limiter à l'énarchie ou à toute autre catégorie professionnelle. Certes, les politiques sont souvent, et à juste titre, cités comme illustration. S'il est exact que, dans *Le Prince*[7], Nicolas Machiavel leur avait fait une règle d'un tel comportement, à tous les niveaux dans tous les secteurs, chacun s'efforce d'appliquer ce précepte. Le phénomène affecte l'ensemble de la société, du monde syndical à l'édition, de l'enseignement à la haute fonction publique. Et ce depuis la nuit des temps. L'opportunisme n'est que notre propension gré-

gaire à nous fondre dans le troupeau, à caresser nos conci-
toyens dans le sens du poil en répétant le discours dominant du
moment. C'est une des formes, parce qu'une des conditions, de
l'intégration sociale.

A toutes les époques, la souplesse d'échine des petits et
grands commis de l'État a été une inépuisable source de plaisanterie. Si l'image des Fouché et autres Talleyrand demeure
tellement présente, n'est-ce pas en raison des sommets qu'ils
ont su atteindre dans ces exercices ? Recruter nos politiques
parmi nos administrateurs ne pouvait qu'accentuer la tendance.

L'illustration la plus saisissante de cet opportunisme est
sans conteste offerte par les énarques « de gauche ». Non qu'ils
soient plus pervers ou plus fragiles que leurs condisciples « de
droite ». Seulement, dans leur cheminement de carrière ils se
trouvent contraints à des écarts plus grands, donc plus voyants.
Ils se comportent, à l'égard du pouvoir, en véritables violo-
nistes : ils s'en saisissent de la main gauche pour en jouer de la
droite. Que sont-elles devenues, ces promotions prometteuses,
courageusement baptisées Jean-Jaurès (1969) ou Léon-Blum
(1975) ? Daniel Lebègue, le Cohn-Bendit de l'ENA en 1968, a
mis en œuvre, en 1986, sans le moindre froncement de sourcils,
les privatisations de Balladur et le quadrillage RPR qu'elles
cachent, après avoir théorisé la rigueur en 1983 et élaboré le
budget socialiste de relance en 1981. Au nom de ses compétences techniques, au demeurant indiscutées, Alain Minc, le
major social-démocrate de l'aube du septennat giscardien, est
parti pantoufler dans l'univers financialo-industriel, d'abord
français puis, au nom du réalisme européen, italien. Tout cela
au nom de ce service de l'État qui magnifiait la période
d'études de ces jeunes gens et justifiait leur choix de carrière.
Reconnaissons au moins à Minc le mérite d'avoir su quitter la
fonction publique en portant sur les grands corps et l'énarchie
un jugement d'une lucide sévérité. Transfuge de l'inspection
des Finances, il se montre en effet critique avec les grands
corps puisqu'il les qualifie même de « brahmanie[8] », mais il ne
préconise pas leur suppression. Il voudrait les ouvrir aux méritants des autres secteurs d'activité professionnelle par un tour
extérieur qui constituerait l'essentiel des recrutements.

Que ces hommes intelligents, brillants même, rangent au

fur et à mesure qu'ils engrangent les responsabilités sociales, leurs discours de jeunesse au magasin des accessoires n'aurait rien ni d'original ni de révoltant. Ce qui peut, en revanche, agacer, c'est leur propension à vouloir théoriser leur conformisme et leur confort personnel. En ce sens également, ils ne cessent de s'échapper du cadre administratif pour ne se mouvoir que dans l'univers politique.

Ce travers conformiste, les examinateurs qui siègent dans les jurys de l'ENA ne cessent de le reprocher aux impétrants, de rapport annuel en rapport annuel. En 1967, par exemple, les examinateurs s'inquiètent du caractère abstrait des connaissances des candidats, de leur réticence à s'engager et du «dédain du réel chez les futurs hauts fonctionnaires qui devront quotidiennement affronter des hommes et des faits». A ces défauts s'ajoute trop souvent une propension à l'autosatisfaction. Ce qu'Henri Bourdeau de Fontenay, qui a dirigé l'ENA de 1945 à 1963, appelait, par euphémisme, en 1952, «une tendance à la prétention intellectuelle». L'expérience prouve que l'enseignement dispensé par l'école ne corrige en rien cette prédisposition. De fait, lui aussi s'adapte, étape après étape, à l'air du temps, aux diktats pédagogiques du moment.

Avec la réforme de 1960, le programme de l'ENA devient, par exemple, encyclopédique. Ce qui signifie superficiel. L'école n'est plus qu'un super Sciences-Po. Jean Saint-Geours soulignait, il y a près de vingt ans, qu'en liant «une formation d'homme d'État et une conception cléricale de la fonction publique», l'école fabrique «des promotions de Premiers ministres de moins de trente ans[9]». Cet excès, dénoncé en 1968, est corrigé par une nouvelle réforme en 1971. A l'enseignement uniformisé succède une formation plus différenciée. Les généralistes doivent désormais posséder une ou deux «compétences». Dix ans plus tard, le directeur adjoint de l'école en dresse le bilan en ces termes : «L'écart est généralement important entre le faible niveau de la culture générale (de l'élève de l'ENA) et le niveau élevé de ses connaissances techniques. Cet écart est encore accentué par la formation en «miettes» et la prépondérance des enseignements de gestion qu'a introduites la réforme de 1971. Toutefois, les énarques demeurent souvent plus cultivés que la plupart des anciens élèves des autres écoles ou que la plupart des diplômés d'université [10].

En 1982, les excès modernistes post-soixante-huitards comme l'envahissement des mathématiques, la dynamique de groupe ou les exercices de simulation sont remis en cause. Tandis que les enseignements magistraux réapparaissent, les énarques découvrent qu'ils n'ont nul besoin de mathématiques dans l'exercice de leur fonction. Polytechnique, les Mines et autres écoles des Ponts et Chaussées pourvoient déjà largement l'État dans ce secteur. La tendance à spécialiser l'ENA, à en faire une école d'application, conduit toutefois à restreindre le recrutement quantitatif et à jouer du choix des épreuves comme d'une forme de présélection.

Cette évolution, engagée depuis 1972, tourne le dos au projet initial. Il ne s'agit plus, comme à l'origine, de permettre l'accès des fonctionnaires n'ayant pas suivi d'études supérieures ou d'étudiants venant de tous les horizons. De fait, jusqu'en 1954, les concours d'entrée étaient essentiellement axés sur la culture générale. A présent, les formations littéraires comme les fonctionnaires non diplômés de l'enseignement supérieur se trouvent écartés au bénéfice d'options techniques de plus en plus fondées sur la gestion et l'économie. Elle est bien oubliée, la réflexion du général de Gaulle qui voyait la marque d'Aristote dans les victoires d'Alexandre et concluait : « La véritable école du commandement est la culture générale. »

L'enseignement général, indispensable à des étudiants n'ayant transité ni par Sciences-Po ni par les facultés de droit, n'a cessé au contraire d'être marginalisé comme si une culture trop humaniste ne correspondait pas aux critères contemporains de la sacro-sainte « compétence ». Une compétence qui paraît n'être conçue que comme un outillage technique. « Le fait est là, note avec regret Jean-François Kesler, directeur adjoint de l'école, on ne peut pas entrer à l'ENA sans un savoir encyclopédique dans les matières techniques ; on le peut sans maîtriser ni la langue, ni la littérature, ni l'histoire nationales. » « Une tendance qui, constate-t-il, est accentuée par la formation que dispense l'école. »

La fonction de l'école

Le problème ainsi posé découle de l'incertitude qui pèse sur la fonction que l'on entend faire remplir à l'ENA. Deux conceptions ne cessent de s'affronter entre lesquelles un choix n'est jamais clairement effectué. Lorsqu'une mesure ponctuelle va dans un sens, une autre ne tardera pas à équilibrer en sens inverse. Une simple question peut résumer le dilemme : l'ENA doit-elle être ou non une école d'état-major ?

A l'origine, telle n'était pas sa vocation. L'ambition était plus large. Il s'agissait de doter l'ensemble de l'administration de cadres formés et non de constituer une phalange de décideurs parisiens pour le seul bénéfice des administrations centrales. Dans cette optique initiale, rien ne s'opposait à ce que les promotions annuelles comptent un nombre important d'impétrants. La tendance malthusienne l'emporte pourtant. Simon Nora, bien que formé dans l'esprit de l'ENA des origines, l'a fait triompher lorsqu'il a pris la direction de l'école en 1982. Il le reconnaît d'ailleurs sans barguigner et assume ce choix. La promotion interne relève, à ses yeux, de la formation permanente. L'ENA ne doit se consacrer qu'à former l'étroite cohorte des chefs, la valeur du réseau ainsi créé lui paraissant présenter plus d'avantages que d'inconvénients. Cette tendance a encore été accentuée en 1987, l'effectif des promotions étant réduit de moitié. A croire que le nouveau slogan gouvernemental « moins d'État » doive se comprendre par « moins d'ENA » !

Deux exemples illustrent le combat constant livré en faveur d'une conception élitiste qui se confond avec la volonté de l'énarchie de se constituer en ordre privilégié et d'éviter la diffusion d'un label jugé trop prestigieux pour pouvoir être attribué au commun. Le plus connu, parce que public, a été l'échec de la création d'une troisième voie d'accès à l'ENA. L'ampleur du tohu-bohu qui a accompagné l'instauration de la « troisième voie », les campagnes de presse conduites contre cette initiative, les levées de boucliers des associations d'énarques nantis, auraient pû laisser croire que la haute fonction publique, dans son ensemble, se trouvait menacée. Or, en réalité, ce tapage n'était mené qu'à propos du sort de 7 à 8 individus dans une promotion comptant quelque 150 personnes !

Sans doute mal calibrée car se limitant dès le départ à une base de recrutement trop étroite et qui s'est vite tarie, la «troisième voie» a formé, en deux ans, d'excellents éléments qui, sans cette filière, n'auraient jamais eu accès à la haute fonction publique[11]. Ils n'en sont pas moins regardés par leurs collègues en énarchie comme des zombies. Ce qui, il est vrai, avait il y a quarante ans été le lot des premiers énarques. La prééminence de l'école a, en effet, été longue à s'imposer. Le temps et le nombre ont seuls permis, par la suite, aux anciens élèves d'affirmer l'existence de la nouvelle élite. Le groupuscule des malheureux rescapés de la «troisième voie» aura plus de difficulté à se faire reconnaître. Sur la terre de France, il faut bien compter dix ans pour qu'une institution commence à être considérée. La «troisième voie» a rejoint l'immense cimetière des idées généreuses mort-nées.

Le second exemple, interne au petit monde de l'ENA, n'en est pas moins révélateur. Il concerne la mise à disposition de l'ENA pour favoriser la promotion sociale, en l'occurrence en aidant à la formation permanente des fonctionnaires. Une idée qui peut pourtant sembler banale et même de bon sens. Après tout, du temps où Jacques Delors travaillait à Matignon pour le Premier ministre Jacques Chaban-Delmas, la droite — ou du moins son gouvernement de l'époque — avait fait de la formation permanente une grande ambition nationale. Certes, les structures alors mises en place ont été progressivement démantelées, dans l'indifférence générale, au nom du classique argument des économies budgétaires. Au sein de l'ENA pourtant, la gauche avait développé une direction chargée de la recherche et de la formation permanente. La mise en place de cette structure a immédiatement contrarié les directeurs de l'ENA. Ils la vivent comme une sorte de tache sur le fronton d'une école qui ne peut s'abaisser à travailler avec de simples cadres intermédiaires de la fonction publique. Simon Nora, durant la législature de gauche, n'a cessé de réclamer, en vain, la suppression de ce service à Matignon, comme à l'Élysée. Son successeur, en 1986, Roger Fauroux, ancien P-DG de Saint-Gobain, aura été plus habile. En supprimant les crédits affectés à cette action il n'a laissé subsister que la formation permanente payante! Un moyen classique de réintroduire les notions de rentabilité et de profit, et de recréer une sélection en protégeant l'élitisme de la maison. D'autant que même cette survivance est menacée. La nouvelle pratique n'est guère conforme, en effet, aux règles budgétaires d'un établissement public à caractère administratif.

La pesanteur malthusienne, si forte au sein de l'énarchie comme de toute communauté privilégiée, est d'autant plus inappropriée qu'elle ne prend pas en compte la réalité des problèmes d'encadrement qui se posent à l'administration. Il y a déficit dans bien des secteurs, à commencer par l'agriculture. Affermé aux professionnels du syndicalisme agricole, ce ministère est en conséquence déserté par les hauts fonctionnaires. L'Éducation nationale comme l'ensemble des ministères sociaux souffrent, eux aussi, de la qualité relative de leurs responsables administratifs. Surtout dans les services extérieurs, c'est-à-dire en province. La situation déshéritée de l'Éducation nationale s'explique par le fait qu'au sein de ce département ministériel les énarques se trouvent en concurrence avec les enseignants. Ils savent que les emplois de recteurs et certaines directions leur échapperont, aussi ont-ils tendance à bouder, donc à se retirer. Ce déficit en administrateurs professionnels se trouve partiellement colmaté par le fait que ce ministère fournit entre 30 et 45% des reçus au concours interne de l'ENA. Il est vrai que cette proportion correspond sensiblement au poids de l'Éducation nationale au sein de la fonction publique. L'époque des pionniers de l'ENA, lorsque les instituteurs réussissaient au sein de l'institution, n'en demeure pas moins révolue. Ils sont de moins en moins nombreux à briguer l'entrée à l'école où leur taux de réussite est désormais inférieur à la moyenne. Ce sont les professeurs du secondaire et les normaliens qui ont pris le relais.

L'intérêt général, comme celui de l'État, exigerait de nommer en masse des énarques dans ces administrations dont chacun admet la faiblesse. Elles demeurent néanmoins abonnés depuis quarante ans aux fins de classement de l'ENA, ce qui est une manière pour les hauts fonctionnaires d'exprimer par leurs choix d'affectation une conception typée de l'État. Ils trahissent le peu d'estime dans lequel ils tiennent certaines dimensions de son rôle pourtant politiquement essentielles. L'encadrement de l'ENA révèle aussi, par là même, l'image qu'il offre comme modèle à ses étudiants. Si ces derniers refusent aussi farouchement d'aller redresser des administrations déshéritées, c'est au nom de l'idée que la communauté énarchique a de sa propre valeur. Puisque, dans la hiérarchie ministérielle non écrite mais si importante pour le prestige social et la carrière, les ministères sociaux sont en queue de classement, puisqu'ils ne recueillent que le rebut des promotions, y être nommé est perçu comme une déchéance. Si, en outre, à cet affront devait s'ajouter un « exil » loin de Paris, dans une quelconque Sibérie lilloise ou mine de sel lorraine, à quoi bon s'être échiné à passer des concours censés ouvrir les portes des palais nationaux. Cette grille de lecture est également utilisée par nombre d'hommes politiques qui n'aspirent qu'à prendre la tête des Finances plutôt que des Affaires sociales. Pierre Bérégovoy, par exemple, en a offert l'illustration.

Restreindre le nombre des énarques, limiter leur répartition dans l'appareil d'État aux secteurs les plus valorisants, c'est renforcer le prestige du label, donc la puissance sociale de chaque membre de cette corporation. Comment s'étonner, dès lors, que l'intérêt du groupe soit constamment préféré au service bien compris de l'État ? Alors que l'élargissement du recrutement de la haute fonction publique passe par celui des élèves de l'ENA, ces derniers ne cessent de pousser à fermer les portes.

L'enlisement des réformes

Valéry Giscard d'Estaing avait, au moins partiellement, dressé ce constat. Le reproche majeur qu'il adressait en effet à l'ENA, dans *Démocratie française*, portait sur l'étroitesse — il est vrai plus qualitative que quantitative — de son recrutement. « Il faut imaginer d'autres filières de présentation et d'accès », écrivait-il en déplorant que « les étudiants les plus doués des milieux proches de la haute administration, et par là-même les étudiants parisiens, (aient), plus que les autres, l'idée, le goût et la capacité d'accéder à cette école ». Une manière enveloppée, mais ferme, de mettre en cause le quasi-monopole de Sciences-Po dans la préparation à l'ENA.

A examiner d'ailleurs les analyses et prises de position de l'ensemble des forces politiques, une réforme comme celle qu'envisageait l'ancien président de la République aurait dû, parce que de bon sens, aller de soi. Or, bien que proposée par la mission de réforme de l'ENA mise en place par le gouvernement de gauche dès octobre 1981 [12], même cette simple diversification n'a pu être réalisée. A l'inverse, Laurent Fabius, à la fois normalien et énarque (qui mesurera jamais le poids des itinéraires personnels dans les décisions ?), a décidé, lorsqu'il est devenu Premier ministre, de favoriser ses condisciples en leur ouvrant un accès direct à l'ENA comparable à celui dont bénéficiait déjà Polytechnique. Il s'inscrivait ainsi dans la logique de Raymond Barre qui, préalablement, avait permis aux normaliens de formation scientifique d'intégrer l'école des Mines et celles des Ponts. Les croisements ainsi multipliés entre les filières de formation de l'élite ne peuvent, bien évidemment, que renforcer son homogénéité et restreindre encore la base de son recrutement.

Les promoteurs de la réforme [13] comme les gouvernants se sont heurtés à un puissant lobby. L'institut d'études politiques de Paris a mobilisé, dans l'administration, le journalisme et l'université, le vaste et influent réseau des conférenciers et enseignants qu'il rétribue régulièrement. Il a reçu, très vite, le renfort des facultés de droit inquiètes de voir écrémée leur clientèle et de perdre les inscriptions des candidats aux concours administratifs. Sciences-Po sauvait ainsi son monopole de fait dans la préparation au concours d'entrée à l'ENA, monopole dans la formation des futurs hauts fonctionnaires qui avait été jugé abusif en 1945 et avait conduit à la création de l'École nationale d'administration ! Il est ainsi des combats souvent perdus et qui doivent être éternellement recommencés.

Il est également significatif de constater que le groupe d'étude mis en place en vue d'opérer une réforme d'ensemble de l'ENA ait jugé indispensable d'élargir sa réflexion à l'organisation de la carrière des fonctionnaires, donc au problème des grands corps. Et les conclusions auxquelles il était parvenu reprenaient, quant à l'esprit, un schéma conçu, là encore dès la Libération, par Michel Debré. Ce qui signifie concrètement que les blocages du système ont été depuis longtemps répertoriés et les solutions élaborées, mais que les pesanteurs sont telles que rien ne bouge. La haute administration est bien loin d'être la seule à protéger aussi efficacement ses privilèges. Le patronat de presse en offre une illustration par sa manière de camper sur des formes de fiscalité et de subventions qui sont pourtant bien loin d'avoir favorisé le développement économique de ce secteur d'activité. Le discours, qui peut, au demeurant, être fondé, sur l'abus des droits acquis des électriciens ou des cheminots, est trop rarement orienté vers les couches dirigeantes de la société. Elles sont pourtant, elles aussi, très loin de favoriser les évolutions dès lors que leurs avantages matériels risqueraient d'en pâtir. Or, leur statut social les contraint moralement à donner l'exemple.

En 1947, s'appuyant sur ce qu'il estimait déjà être « le succès de l'ENA », Michel Debré avait préconisé une démarche plus interministérielle visant, au nom de « l'intérêt de l'État », les excessifs particularismes ministériels et l'esprit de chapelle, de caste, qu'ils entretiennent. Il s'était donc prononcé pour « la constitution de quelques grands corps d'administrateurs communs à plusieurs ministères ». C'est cette idée qui est reprise en février 1982 dans le rapport de la mission de réforme de l'ENA. Le schéma préconisé prévoyait, outre le rétablissement de la parité entre fonctionnaires et étudiants à l'entrée de l'école, d'étendre le tour extérieur à tous les corps auxquels prépare l'ENA de manière à entamer le monopole de recrutement qui, abstraction faite des concours latéraux, tend à s'instituer. Chaque corps aurait été recruté pour les deux tiers par les concours externe et interne et, pour un tiers, par les tours extérieurs, qu'ils bénéficient aux fonctionnaires ou, en raison de la fameuse « troisième voie », à des syndicalistes, élus locaux et responsables de mouvements associatifs.

A cette diversification des origines, se serait ajouté un brassage interne à la haute administration. Dès le départ, la subtile hiérarchie actuelle entre les divers ministères et ses conséquences en termes de carrière et de revenus financiers, aurait volé en éclats. Les emplois offerts aux énarques auraient été répartis en huit corps [14] ayant à peu près les mêmes effectifs. Chacun d'eux aurait été divisé en trois grades et le cursus se serait achevé au même niveau de rémunération. Pour passer d'un grade à l'autre, une formation continue aurait été obligatoire. Enfin, et c'est là qu'intervient le brassage, chaque corps aurait pu recruter au sein d'autres catégories de fonctionnaires de même niveau, parmi les ingénieurs d'État ou les universitaires notamment, sous réserve de réciprocité.

Ce « lissage » des carrières aurait bien évidemment remis en cause l'actuelle hégémonie des grands corps et leur confiscation des postes intéressants : directions de ministères comme des entreprises du secteur public. Face à cette menace sur les grands corps, l'inspection des Finances et la Cour des comptes, suspects, surent demeurer en réserve. En revanche, le Conseil d'État partit à l'assaut, avec leur bénédiction. Il affirmait sa « neutralité » en mettant en avant le fait qu'il a toujours abrité une minorité significative d'hommes de gauche, du communiste Guy Braibant, aux socialistes Jacques Attali, Laurent Fabius, Jacques Fournier, et autres Alain Richard. Pour n'en citer que quelques-uns. Après tout il avait été prévu qu'il soit consulté. Dans cette défense corporatiste, le Conseil d'État fut à la hauteur de sa tâche. Il sut écarter toutes les suggestions qui auraient pu menacer les grands corps.

Désabusé, l'un des promoteurs du projet de réforme constatera : « En quelque sorte, tout s'est passé objectivement comme si un compromis implicite avait été scellé entre les pouvoirs traditionnels et le pouvoir syndical [15]. » La gauche venait, sans même en avoir conscience, de perdre une bataille décisive. Les élites sociales savaient à présent comment sauver leurs prérogatives. La leçon ne sera pas oubliée dans le domaine économique et industriel. Au prix de beaucoup de flatteries et de quelques prébendes, les candidats socialistes au titre de « meilleur économiste de France » vont se bousculer en rivalisant dans le recentrage et l'alignement sur les normes « classiques » de gestion. Et le même phénomène s'est propagé parmi les responsables d'entreprises publiques.

Il n'est pas si simple de changer une société. Il y faut un vrai courage personnel. Paralysés par le trop grand nombre de hauts fonctionnaires présents dans leur encadrement, les socialistes ont reculé devant les corporatismes administratifs. Le lobby a enlevé la victoire avec d'autant moins de difficulté que le débat s'est limité aux coulisses sans jamais être vraiment posé devant l'opinion.

Comment aurait-il pu l'être en effet ?

La droite, crispée sur sa défense d'équilibres sociaux qu'elle jugeait menacés, faisait de la remise en cause des institutions élitistes un *casus belli*, qu'il s'agisse du statut des chefs de clinique, de l'Université, des ordres professionnels ou de l'ENA. Interdiction de toucher !

La gauche, inquiète des responsabilités de gestion qui venaient de lui échoir, n'osait prendre le risque d'une fronde de la haute fonction publique qui pouvait la priver de toute possibilité d'action sur les rouages administratifs.

Quarante ans après avoir été formulées, les propositions de Michel Debré sont en partie reprises par Roger Fauroux, le nouveau directeur de l'ENA. Un an après avoir pris ses fonctions, il déclare, en mars 1987, à la revue des anciens élèves, que « le système actuel de classement a la redoutable particularité de distribuer les élèves sur l'échiquier des fonctions sans tenir compte ni des vocations ni des spécialités ». De même, il préconise de reculer de quelques années l'accès aux grands corps afin que ceux-ci puissent recruter eux-mêmes (cooptation quand tu nous tiens !) parmi les administrateurs civils, « des postulants mieux assurés par quelques années de métier de leur vocation et de leur compétence ». Mêler les types de formation, casser les monopoles de corps et les situations acquises, tout le monde déclare le souhaiter, et pourtant ces perspectives paraissent toujours utopiques. L'homme a marché sur la lune, mais nul gouvernant n'a osé toucher aux grands corps et autres privilèges des dignitaires de l'administration.

Chapitre 4

RÉPARTITION

Le mode de gestion que met en œuvre la haute fonction publique est, en définitive, beaucoup plus influencé par des phénomènes de répartition de pouvoirs que par une obligation de résultats. Les anciens, glissés dans de confortables «pantoufles», viennent négocier leurs dossiers avec de jeunes corpsards installés dans les ministères en attendant de pouvoir, à leur tour, filer dans la banque ou l'industrie. Ils ne peuvent donc qu'être compréhensifs. Le contribuable est toujours là pour éponger les déficits et l'homme politique pour subir les colères de l'opinion ou les conséquences de mesures d'austérité d'autant plus brutales qu'elles auront tardé.

La sidérurgie constitue sans doute la meilleure illustration d'un domaine confisqué par la haute fonction publique et qui a failli mourir d'une gestion déficitaire, c'est-à-dire d'une mauvaise gestion. En douze ans, elle aura coûté une centaine de milliards aux contribuables. Face à la catastrophe, l'État a commencé de piloter directement ce secteur dès 1978. Au cours de ces dix dernières années, quatre plans de redressement ont été, successivement, arrêtés par les gouvernements sur les conseils et conformément aux choix des gestionnaires. Aucun de ces plans n'a pu être respecté. A chaque fois les objectifs retenus se sont révélés irréalistes, les parts de marché qui devaient être reconquises grâce à une modernisation de l'outil de production n'étaient qu'illusion. Les impôts des Français ont financé mirage après mirage. Fos comme Dunkerque en demeurent les témoignages. Et pendant ce temps, alors que le groupe Jeumont-Schneider sombrait, le corps des Mines imposait à sa tête Philippe Boulin contre un rival appartenant aux Ponts, Jean Gandois, fils de fonctionnaire et pur produit des compromis passés, à travers un ingénieur d'État, entre la famille de Wendel et la puissance publique. Même lorsque le naufrage de Creusot-Loire devint patent et que la tête de Philippe Boulin vacillait d'autant plus que la présentation de ses comptes était contestée, le corps des Mines, par l'intermédiaire d'André Giraud, actuel ministre de la Défense, tenta de le sauver en intervenant auprès de Didier Pineau-Valencienne.

La gestion par les hauts fonctionnaires était fondée sur les tropismes de cette catégorie sociale. D'abord son conformisme. Héritant du pouvoir des maîtres de forges, elle a repris l'essentiel de leur culture industrielle sans posséder l'authenticité de la relation aux salariés qui, y compris dans sa forme la plus caricaturale et la plus paternaliste, caractérisait le patronat d'origine. Que ce soit à l'ENA ou dans les écoles d'ingénieurs, le contact avec la production industrielle relève de la fiction. Les stages en entreprise ne sont que d'aimables visites qui se transforment rapidement en séjours de formation dans les bureaux moquettés de l'état-major de la firme. Idéologiquement, en revanche, ils peuvent être efficaces puisque c'est en raison d'un confortable séjour de ce type chez Rhône-Poulenc que le futur inspecteur des Finances Michel Rocard s'est découvert hostile à la nationalisation de cette société. Les nouveaux maîtres issus de grands corps techniques de l'État n'ont cessé de témoigner d'une ignorance, souvent teintée de mépris, du monde ouvrier. Ils ont recherché la solution au problème de surproduction qui leur était posé par un appel constant aux financements publics et une modernisation sans frein prenant souvent l'allure d'une fuite en avant.

La vérité était à l'inverse, on le constate aujourd'hui. La France, face à la surproduction mondiale, devait réduire ses capacités de fabrication, tout en élevant non seulement la qualité des produits, mais aussi et peut-être surtout, du service rendu au client. Or, en matière de lutte contre les gaspillages, de trouvailles pour améliorer le rendement et l'amélioration de la qualité, les ouvriers peuvent apporter beaucoup. Personne ne possède mieux qu'eux la connaissance du processus de fabrication et de ses imperfections. S'appuyer sur eux, donc savoir acquérir et mériter leur confiance, c'est obtenir des gains de productivité sans investissements excessifs.

A la décharge des gestionnaires, il est vrai que les périodes de compression massive des effectifs ne sont guère propices à l'instauration d'un climat de confiance entre l'encadrement et le monde ouvrier. Il n'en demeure pas moins que trop long-temps les responsables de la sidérurgie n'ont cherché qu'à endormir leurs salariés à coups de pauses casse-croûte et autres micro-avantages, plutôt que de les associer à l'objectif de pro-duction. Et ce n'est pas parce que les organisations syndicales se sont glissées sans peine dans ce schéma classique que la res-ponsabilité des gestionnaires s'en trouve exonérée. Même si les précurseurs des « cercles de qualité » sont à rechercher au Japon, puis aux États-Unis et en Allemagne fédérale, il aura fallu attendre, en France, le passage de la gauche au pouvoir pour que le climat change et que de tels exercices de cogestion deviennent possibles. Les responsables des programmes « qua-lité » dans les différentes sociétés sidérurgiques le reconnais-sent loyalement. Les syndicats, bien que méfiants, se sont par-tiellement inscrits dans la nouvelle donne en négociant des accords d'intéressement aux résultats acquis grâce aux sugges-tions du personnel.

D'autres exemples pourraient être développés au fil des grandes faillites industrielles de ces dernières années. A l'occa-sion de ces brassages financiers, une complicité malsaine, fon-dée sur la répartition à l'amiable de situations abusives, s'est progressivement développée entre les dirigeants politiques et l'administration qui travaille à leur contact. Une cristallisation s'est opérée à la faveur de la longue plage de stabilité gaulliste qui permettait de demeurer entre soi et de limiter l'infiltration des curieux.

En ces domaines aucune conversation n'est innocente, au-cun geste n'est gratuit. Non pas que les décisions soient dictées par une « enveloppe » discrètement tendue. Le jeu est plus sub-til. La tentation existe pourtant. Il suffit pour s'en convaincre de penser à la déconfiture de la Banque privée de gestion financière (BPGF), en dépit de l'aide que lui apportait David Daustresme, ancien conseiller référendaire à la Cour des comptes, tour à tour directeur général adjoint du Crédit lyon-nais et P-DG du Crédit du Nord avant d'occuper, depuis 1986, les fonctions d'associé-gérant de Lazard frères. Face au passif accumulé, le principal responsable de la BPGF tenta d'abord de trouver une solution en « intéressant » à son cas certains décideurs gouvernementaux, Rue de Rivoli comme à Matignon et sans doute à l'Élysée. L'imprudent qui se serait laissé tenter pouvait en retirer un profit financier immédiat et, du moins peut-on l'espérer, de graves ennuis plus tard. Même si, dans ce cas précis, le ménage fut fait, ce fut dans la discrétion. Comme disait Renaud de La Genière, alors gouverneur de la Banque de France, il convenait de ne pas «traumatiser le marché». La Banque de France, donc la collectivité, épongea la moitié du passif. Toutes ces négociations ne peuvent être uniquement intellectuelles. Des intérêts particuliers s'en mêlent, des carrières personnelles s'y jouent. Comment oublier qu'il suffit d'une décision de la direction du Trésor pour faire la fortune d'un homme ? Il suffit d'accorder, ou non, une licence lui permettant d'ouvrir une banque. Ce privilège fut consenti, en 1984, à l'inspecteur général des Finances Georges Plescoff, déchargé de la présidence de Suez et autorisé, en contrepartie, à créer la banque Eurofin.

Moins honnêtes qu'on le dit

Si les hommes politiques ont de tout temps été perçus, dans l'esprit du public, comme fragiles face à l'argent, si de nombreuses légendes continuent de circuler sur les prétendus avantages et privilèges dont ils bénéficieraient, l'administration a su conserver, à l'inverse, une image d'honnêteté et de rigueur. Entre ces deux visions mythiques, héritées de la tradition, et la réalité, le décalage est important. La faiblesse des responsables politiques sur ce terrain découle moins de leur caractère que d'un système qui, en les plaçant en permanence en situation de fraudeurs, leur interdit de parler clairement des fonds qu'ils sont amenés à mobiliser pour leurs activités. Et pourtant, la classe politique française est moins corrompue qu'on ne le murmure et l'administration plus qu'on ne le croit. Non pas une corruption individuelle, celle de tel ou tel fonctionnaire qui un jour succombe. Nul corps social n'est à l'abri des défaillances personnelles. Il ne faudrait cependant pas que la rareté de tels faits serve de caution au fonctionnement d'ensemble.

La véritable corruption, celle qui finit par ronger une institution, résulte de pratiques sociales, d'habitudes de fonctionnement qui éloignent et finissent par faire perdre de vue le sens initial de la fonction exercée. Quand, par exemple, une représentante du ministère de l'Agriculture part, en compagnie d'une délégation de professionnels, négocier des contrats en République populaire de Chine, comment doit-elle se comporter ? Ou bien, s'en tenant strictement à ce que lui permet financièrement son statut de fonctionnaire et la pingrerie de l'État dans le remboursement des frais entraînés par son service, elle voyage en classe économique, évite les restaurants onéreux et les hôtels les plus luxueux, bref elle s'isole du groupe. Ou bien, elle se laisse inviter et n'est plus que l'appendice administratif d'un lobby professionnel. Certes, dira-t-on, l'intérêt de l'État rejoint, dans cet exemple, celui des professionnels de l'agriculture. Peut-être. Sans doute. Et de fait, les fonctionnaires qui participent à ce genre de missions choisissent la seconde solution, mécaniquement, sans plus même réfléchir au sens de leur attitude, à la réalité de leur statut.

Des administrateurs faibles et influençables ou laxistes, pour ne pas dire lâches, sont conduits par les défauts de leur caractère à succomber à une forme, invisible mais tellement efficace, de corruption. Faire attendre un dossier et laisser le temps arbitrer, pratique courante chez les plus hauts responsables happés par des tâches multiples, n'est-ce pas également une forme de corruption passive ? De même, la surévaluation systématique des notes sanctionnant chaque année le travail des fonctionnaires, au nom du conformisme ambiant (à l'exception des corps comme la préfectorale ou la diplomatie où une réelle rivalité interne existe), ne constitue-t-elle pas une déviation aussi condamnable que le clientélisme politique ? Et que dire des sanctions qu'il est possible de prendre et que nul n'ose plus faire jouer ?

La souplesse obligée du politique le fait paraître faible alors que l'administrateur semble solide car il peut s'abriter derrière une réglementation et une rigidité bureaucratique. Pourtant, les critères quotidiens de l'honnêteté ne peuvent être les mêmes pour le directeur des Douanes négociant des transactions financières avec des fraudeurs et pour son collègue en grade responsable de la prospective au Commissariat au Plan. La relativité est aussi grande dans le rapport de l'administration à l'argent que dans l'univers politique.

Tous les décideurs, qu'ils soient des élus ou des administratifs, sont l'enjeu de pressions multiples. Ils seraient, dans la plupart des cas, incapables de les énumérer toutes et, à plus forte raison, de désigner celles qui ont pu peser de manière décisive sur leur choix. Ces interventions ne sont pas en elles-mêmes condamnables. Ne sont soumis à aucune pression que ceux qui ne pèsent pas dans la décision et dont l'opinion en conséquence importe peu. Dans l'hypothèse inverse, tout devient contrainte : la camaraderie de promotion, le milieu familial, la solidarité de corps, les attaches partisanes, les origines géographiques, les pratiques religieuses et pourquoi pas sexuelles. Le gestionnaire de la fonction publique n'est, sur tous ces points, pas plus vacciné que l'homme politique. Il en va de même face à l'argent.

Pour tenter de mesurer la dérive financière dans laquelle se sont engagés les cadres supérieurs de la fonction publique, il est possible de se référer à quelques études de la Cour des comptes demandées par le pouvoir politique entre mai 1981 et juillet 1984. La recherche d'éléments de connaissance a donc coïncidé avec la période durant laquelle la volonté réformatrice des gouvernants s'exprimait. Il n'y a pas lieu de s'en étonner.

Les éclairages de la Cour des comptes

Les éclairages apportées par les laborieuses recherches des magistrats de la Cour des comptes n'en demeurent pas moins partiels. Aucune vue d'ensemble n'est possible sur des pratiques dont chacun sait qu'elles existent mais dont nul ne peut affirmer qu'elles demeurent exceptionnelles ou se sont déjà marginalement répandues. Au nombre de ces « terres inconnues » on peut citer la situation au sein des filiales à participations non majoritaires des sociétés du secteur public, les pratiques ayant cours dans les filiales étrangères, les abus que doivent dissimuler les multiples organismes de caractère privé qui rémunèrent certains fonctionnaires ou cadres supérieurs des entreprises publiques. N'est-il pas significatif que le directeur de l'ENA ait conservé des fonctions à Saint-Gobain mais dans les activités de cette firme à l'étranger, des États-Unis au Japon en passant par la République fédérale d'Allemagne ?

Pourquoi cette attitude de suspicion ? Simplement au vu

des pratiques qui se sont développées au sein de la partie contrôlable du domaine public. On voit mal pourquoi les dérèglements qui se constatent là où le regard peut se poser disparaîtraient par miracle lorsqu'une obscurité propice se répand.

Parce que la combine régit le financement politique, le secret est indispensable. Mais pourquoi un secret analogue entoure-t-il la réalité des rémunérations de la haute fonction publique? Simplement parce que la combine y règne également. Dieu sait si les grands «serviteurs» de l'État aiment à opposer au travail — le plus souvent réel — qu'ils abattent la relative modicité de leur traitement indiciaire. Il se trouve que ce barème ne rend pas compte de la réalité. Le recours systématique aux primes bouleverse en effet l'édifice. Attribuées en théorie pour «travaux supplémentaires» ou «rendement» ou bien encore à titre d'indemnités spécifiques, ces primes non seulement compensent le décalage apparent existant entre les cadres du privé et ceux de la fonction publique, mais encore rigidifient les inégalités administratives en permettant que triomphent les grands corps et que se distingue une hiérarchie entre les ministères au sommet de laquelle trônent les Finances. Les Finances devenues un véritable État dans l'État, que nul ne peut prétendre contrôler vraiment, du Premier ministre à la Cour des comptes. Il est vrai que cette malheureuse Cour des comptes demeure placée sous la tutelle de la Rue de Rivoli. Les Finances non seulement maîtrisent son budget mais utilisent son tour extérieur pour caser certains de leurs hauts fonctionnaires. Aussi, lorsque Pierre Mauroy a demandé à un conseiller maître de la Cour des comptes une étude sur les primes versées aux fonctionnaires, le rapporteur a dû admettre avoir rencontré des difficultés pour présenter un panorama exhaustif de la situation des agents des Finances. Même mutés à la Cour des comptes, ou à Matignon, ils conservent en effet les primes dont ils bénéficiaient Rue de Rivoli!

Le principe de ces primes peut se justifier. Il est certes naturel de veiller à ne pas laisser se creuser un écart excessif entre les rémunérations des responsables du secteur public et du secteur privé, ne serait-ce que pour éviter que les entreprises nationales ne soient plus que le refuge des médiocres. Ce n'est en rien le cas aujourd'hui, rassurons-nous! En revanche, l'argument qui voudrait qu'un cadre de banque du secteur public voie sa rémunération alignée sur son homologue du secteur privé est totalement erroné. Le fonctionnaire bénéficie en effet du confort d'un simple détachement et demeure donc assuré de réintégrer l'administration s'il doit, un jour, quitter ses fonctions bancaires. Quant à l'appréciation du niveau de rémunération en fonction de l'ampleur des responsabilités assumées, rien n'est moins subjectif. Le résultat des courses permet au moins de se faire une idée des priorités inconscientes de la société française. Un seul exemple suffit pour l'illustrer : le P-DG d'une des principales banques nationalisées perçoit le double du traitement du chef d'état-major des armées.

Le maquis des primes

La haute fonction publique fait montre d'une réelle discrétion à l'égard des primes qui lui sont versées. Certes, quelques élèves de l'ENA ont, en 1984, fondé une association pour la réforme des indemnités accessoires des hauts fonctionnaires (ARIA), dont les membres s'engagent a rendre publique l'évolution de leurs rémunérations. En 1987 encore ils ont tenu parole en publiant leur second bilan [1]. Plus ils grimperont dans la hiérarchie plus leur initiative deviendra intéressante, s'ils parviennent à la maintenir. Déjà on constate l'absence dans leurs rangs, des Douanes et de la direction générale des Impôts. Comme par hasard ! La tendance à la discrétion est d'autant plus forte que le poids de ce système annexe de rémunération n'a cessé d'augmenter dans le revenu global de l'élite administrative. Alors que ces avantages ne représentaient, il y a vingt-cinq ans, que 10% des revenus des hauts fonctionnaires, ils en constituent à présent au minimum 25% et peuvent, pour les mieux servis, presque doubler leur traitement. Le nombre des ayants droit s'est simultanément élargi, notamment en direction des ministères sociaux. Pourtant, en dépit de ces ajustements, les mieux arrosés restent les plus proches du tiroir-caisse (les Finances ou la Caisse des dépôts), et les oubliés sont les magistrats des tribunaux administratifs, c'est-à-dire les empêcheurs de tourner trop ouvertement les règles du métier. Une répartition qui illustre parfaitement l'implacable hiérarchie ministérielle. Dès sa première année de fonction, les primes versées à un jeune énarque varient du simple au double selon qu'il a été nommé inspecteur aux Finances ou aux Affaires sociales. Ce privilège des Finances n'est pas nouveau. Sous la monarchie de Juillet déjà les rémunérations des fonctionnaires de la Rue de Rivoli mobilisaient 89 millions de francs contre 62 pour l'armée, 30 pour l'Église, 15 pour la justice et moins de 10 pour le ministère de l'Intérieur. Comment s'étonner, dans ces conditions, que lors des réunions interministérielles ou des séances du Conseil d'État, les représentants des Finances soient les plus brillants et les plus efficaces tandis que les dossiers sociaux, mal préparés et défendus, ne résistent pas ? Oui, les meilleurs sont Rue de Rivoli car, dès l'aube de leur carrière, ils sont mieux payés et bénéficient de perspectives de promotion plus réjouissantes. C'est le fonctionnement même de l'appareil d'État qui s'en trouve biaisé.

Pour la minorité de hauts fonctionnaires qui intègrent les cabinets ministériels s'ajoutent à ces primes officielles des versements officieux, directement payés en liquide et donc non déclarés. Ils peuvent souvent n'être que symboliques, mais ils tournent dans certains cas autour de 120 000 francs par an. Nets d'impôts. Le sommet de l'État dénonce le « travail au noir » mais n'oublie pas de le pratiquer. Le maquis des primes est aujourd'hui tel que les gouvernants ne s'y retrouvent pas. Ou plutôt ne pouvaient pas s'y repérer. Le mythique « Rapport Blanchard » demandé par Pierre Mauroy a pour la première fois procédé à un recensement complet des primes et indemnités, seule méthode pour disposer d'une vue générale et pouvoir éventuellement agir.

Conformément à la tradition poujadiste des grands corps, la Cour des comptes s'était dérobée. Elle était, il est vrai, happée alors par la bourrasque des « avions renifleurs », ce qui peut constituer un élément d'explication. L'exercice a donc été mené à bien par l'un des siens, un conseiller expérimenté, Alain Blanchard, mais en dehors du cadre de l'institution. Avec patience, ténacité et un réel courage, Alain Blanchard, fort du soutien de Matignon, a bravé rebuffades, fins de non-recevoir et inertie. Il a essuyé la révolte du secrétariat d'État à la fonction publique, pourtant dirigé par le communiste Anicet Le Pors, attendu que les Finances cèdent — au troisième assaut — à la volonté du chef du gouvernement, pour ramener dans ses filets un volumineux collationnement. Les données chiffrées sont aujourd'hui largement périmées. Elles portent en effet, au mieux, sur l'année 1982 et le plus souvent sur 1980. Une fois mises en forme, répertoriées en tableaux, l'auteur a dû faire dactylographier son travail en dehors des locaux de la Cour des comptes. A croire qu'il devait s'agir d'un texte pornographique !

L'exemplaire, en principe unique de ce document, a été remis par Alain Blanchard à Pierre Mauroy. Il a été transmis à Laurent Fabius lorsque celui-ci s'est installé à Matignon. Il a d'ailleurs pu être consulté alors et certaines des données chiffrées se retrouvent dans le rapport sur les rémunérations versées aux fonctionnaires annexé au projet de budget pour 1985. Tout au plus peut-on observer que, parmi les informations transmises aux parlementaires, un certain tri a été effectué. Font notamment défaut les tableaux montrant les inégalités de traitement entre fonctionnaires de même grade en fonction du ministère auquel ils appartiennent. Lorsque, après l'alternance de mars 1986, le nouveau responsable de la fonction publique, Hervé de Charette, s'est étonné de ne pas trouver le rapport dans sa documentation, il s'est entendu dire que le document était réservé au Premier ministre. Jacques Chirac, interrogé par son ministre, fit répondre que le fameux dossier n'était pas à Matignon. Allez savoir.

Le mythe qui s'est développé autour du travail de bénédictin réalisé par le conseiller maître Blanchard est toutefois excessif. Il s'agit plus de la photographie d'une réalité que d'une analyse en vue d'une réforme. Le volumineux document contient surtout, outre une longue synthèse, un descriptif ministère par ministère des pratiques en matière de primes et d'indemnités. Ce n'est pas, à proprement parler, une mine d'anecdotes, même s'il recèle quelques situations clairement abusives. Les exemples les plus aberrants, les plus caricaturaux, sont au demeurant connus de longue date, qu'il s'agisse des trésoriers payeurs généraux ou des conservateurs des hypothèques[2].

S'il est si difficile de connaître l'exacte réalité de ces compléments de traitement, c'est parce que chaque administration, chaque ministère, a la maîtrise de leur financement. Les sommes nécessaires correspondent certes, pour partie, à des autorisations budgétaires précises, mais aussi à des postes budgétaires de fonctionnaires fictifs. Ce qui veut dire, au passage, que les documents budgétaires officiels ne permettent pas, au moins à première lecture, de connaître les effectifs exacts de la fonction publique. Les indications fournies en 1985 aux parlementaires et portant sur les rémunérations de 1980 font apparaître que pour les deux millions d'agents titulaires pris en compte, les avantages financiers annexes représentent plus de 14% du traitement principal. Derrière cette moyenne, une première répartition révèle que les rémunérations annexes ne représentent que 1% pour les instituteurs et 9% pour les autres enseignants mais plus de 25% pour les militaires de carrière. En ce qui concerne les fonctionnaires civils non enseignants (qui constituent environ la moitié des effectifs de la fonction publique), le pourcentage des primes varie, en moyenne par ministère, de plus de 25% pour les Finances à moins de 10% pour la Culture. Si on examine le décalage des primes entre les administrations centrales et les services extérieurs, la boulimie des petits-maîtres parisiens est encore plus frappante. Alors qu'ils ne représentent qu'un peu plus de 30 000 personnes, c'est-à-dire quelque 3% de l'ensemble des personnels civils non enseignants de l'État, et que leur niveau de rémunération moyen est déjà supérieur de 10 000 francs à celui de leurs collègues des services extérieurs, ils n'oublient pas les compléments. La Rue de Rivoli s'accorde un taux de prime de 37% alors qu'elle ne concède que 24,5% à ses agents « exilés » en province. Le même phénomène s'observe dans tous les ministères sans exception, avec des écarts du simple au double pour les PTT ou au triple pour la Culture! Quant aux grands corps, en 1980 le montant des rémunérations annexes représentait en moyenne 43% de la rémunération principale pour un inspecteur général des Finances, 41% pour un conseiller maître à la Cour des comptes et plus de 37% pour un conseiller d'État.

La nécessité de corriger des déséquilibres flagrants, des inégalités criantes, est perçue depuis longtemps par les responsables gouvernementaux. L'inertie et la crainte de heurter les intérêts de catégories si proches du pouvoir amènent à différer les décisions ou à se borner à des demi-mesures. Les laissés-pour-compte des Affaires sociales et de l'Éducation nationale ont bénéficié d'un conséquent rattrapage. Une manière de conforter le système en évitant les protestations de ceux qui risqueraient de s'en sentir exclus. C'est ainsi également qu'en 1972 les indemnités des administrateurs civils ont été réformées de manière à aligner les débuts de carrière et à gommer la différence entre les ministères et les grands corps. Le hiatus en revanche est maintenu au sommet de la hiérarchie. Pourtant, l'une des raisons essentielles qui font que le concours d'accès à l'ENA réservé aux fonctionnaires déjà en activité ne draine pas de foules, c'est que l'avantage financier que les postulants peuvent espérer recueillir du franchissement de cette épreuve est faible pour ne pas dire nul.

En ce qui concerne les corps techniques, les Mines prélèvent leur pourcentage sur toutes les immatriculations de véhicules. Quant aux Ponts et Chaussées ils disposaient, depuis un décret d'août 1804, d'un pourcentage sur les travaux qu'ils effectuent pour le compte des collectivités locales. Ces sommes, au demeurant importantes, étaient réparties au niveau de chaque département et 40% centralisées par les différents corps qui les géraient et compensaient les déséquilibres régionaux les plus criants. Il faudra attendre la grande crise des années 30 pour que ces privilèges commencent à être mis en cause. Supprimé à la Libération, le pourcentage versé aux Ponts et Chaussées fut rétabli trois ans plus tard, ce qui illustre bien, une fois de plus, la puissance des corporatismes qui s'expriment au sommet de l'État. Ce n'est que trente ans plus tard, en 1980, que le régime des indemnités cesse de dépendre des seuls travaux effectués. Le gouvernement fixe désormais la masse financière rétrocédée aux agents des Ponts. Depuis le milieu des années 60, les Ponts et Chaussées ont élargi leur champ d'activité des grands travaux d'infrastructure à l'urbanisme. Ce faisant, le corps s'est plongé non seulement au cœur des batailles politiques qui accompagnent souvent l'aménagement de la ville, mais aussi au centre des réseaux souterrains qui alimentent les caisses noires politiques. La mutation provoquée par les lois de décentralisation rend encore peu lisible le nouvel équilibre qui s'établit entre les maires, les Conseils généraux, les Conseils régionaux et l'État. La déréglementation qui en résulte se révèle particulièrement favorable aux pratiques financières les plus douteuses.

Au sein de l'univers codifié des rémunérations des cadres

supérieurs de la fonction publique, certaines catégories ont su se préserver des espaces de liberté qui permettent de rémunérateurs abus. C'est en particulier le cas des comptables supérieurs du ministère des Finances et des professeurs de l'enseignement supérieur.

Comptables supérieurs et chers professeurs

Sous la dénomination de «comptables supérieurs» le ministère des Finances regroupe les trésoriers-payeurs généraux, les receveurs des douanes et des impôts et les conservateurs des hypothèques. Ils possèdent en commun le fait que leur rémunération réelle ne correspond pas à l'indice de leur grade, mais qu'elle est déterminée par un indice fictif, plus élevé. Les trésoriers payeurs généraux continuent de s'inscrire dans la tradition historique des «traitants», ces financiers qui obtenaient du roi le privilège de percevoir certaines taxes et certains impôts et qui en tiraient des profits considérables. Vauban, du temps qu'il arpentait le royaume pour organiser sa défense, disait, en les voyant agir, qu'ils étaient «pires que des loups». La perception de l'impôt s'est régularisée et humanisée, la tradition de considérables profits sans fondement pour les plus hauts responsables administratifs perdure de siècle en siècle et de régime en régime.

La féodalité des trésoriers-payeurs généraux est certes régulièrement dénoncée. Elle n'est jamais sérieusement ébranlée. L'existence de cet indice fictif qui leur est appliqué en constitue la meilleure illustration. Il leur permet de rehausser le plafond de cumul (100% du traitement budgétaire) au-delà duquel leurs émoluments accessoires doivent être reversés au Trésor. Les émoluments les plus élevés atteignent ainsi le seuil du million de francs. Il convient de ne pas oublier que la retraite de ces hauts fonctionnaires est calculée sur la base de cet indice fictif et qu'une part non négligeable de leur rémunération globale n'est pas assujettie à l'impôt sur les revenus. Au nom de traditions héritées de l'Ancien Régime, alors que se célèbre le second centenaire de la Révolution de 1789, dans la France démocratique et républicaine, les hauts fonctionnaires chargés de recouvrer l'impôt qui n'ont eu à la bouche, tout au long de leur carrière, que les mots « sens de l'État » et « intérêt général », se prévalent de leur activité pour... échapper partiellement à l'impôt !

Quant à nos « chers professeurs », ils ne peuvent, dans l'enseignement supérieur, consacrer plus de quatre heures par semaine à faire cours, car chacun doit bien comprendre à quelles recherches ils sont contraints pour dispenser leur « substantifique moelle » ! Il fallait vraiment que le ministre Alain Savary ne comprenne rien à cet épuisant effort intellectuel pour qu'il ait osé augmenter d'une heure leur obligation d'enseignement. La prosaïque Cour des comptes a jeté sur ce complaisant discours corporatiste, régulièrement dispensé par nos larmoyants « chers professeurs », un éclairage révélateur. En relevant tout d'abord que les textes qui régissent les cumuls d'emplois publics et privés « sont parfois imprécis, mais souvent aussi appliqués avec laxisme, voire avec dissimulation [3] ». Certes, la Cour des comptes n'épingle, par fonction, que les situations abusives. A côté de ces cas il existe aussi des médecins dévoués consacrant l'essentiel de leurs ressources à l'aide humanitaire. Il existe des professeurs qui travaillent des dizaines d'heures pour mettre au point leurs cours d'agrégation. N'ayons pas de scrupules excessifs, ce n'est pas dans leurs rangs que se recrutent les cadres politiques. L'enquête menée, à partir de décembre 1982, à la demande de François Mitterrand qui se préoccupait d'harmoniser à un niveau « convenable » les rémunérations des responsables des entreprises venant d'être nationalisées, a conduit les magistrats de la Cour des comptes à faire apparaître — dans un rapport soigneusement non rendu public — que des enseignants émargeaient à plusieurs organismes publics d'enseignement ou de recherche, voire dans des entreprises industrielles, ce qui permettait aux plus habiles d'entre eux d'encaisser en 1981 un confortable revenu annuel de 750 000 francs. Et la Cour des comptes ajoutait : « Des professeurs associés conservent des activités commerciales lucratives, quand ils ne les organisent pas eux-mêmes à partir de leurs activités publiques. D'autres conservent parallèlement à leur enseignement, soit des emplois salariés à plein temps, soit des professions libérales qui font douter de la réalité de leur service d'enseignement. Les comptes de cumuls n'étant pas tenus, l'administration est démunie et passive, alors que certaines rémunérations globales aboutissent à doubler, tripler, voire multiplier par treize, dans un cas limite, les traitements initiaux.»

Intérêt général, que de trucages sont commis en ton nom! Un professeur du Collège de France a perçu, en 1980, plus de 500 000 francs provenant de cinq organismes publics différents. Un professeur de Paris V dépassait, en 1981, les 700 000 francs de rémunérations publiques, grâce à la multiplication de ses expertises pour différents parquets. Un professeur de l'École centrale des arts et manufactures doublait, par exemple, son traitement en faisant revendre par une SARL ses cours et les résultats de ses recherches. Est-il besoin de préciser qu'il possédait la majorité des parts de cette SARL?

Bien que la Cour des comptes, fidèle à la prudente habitude de l'administration de contourner systématiquement ce qui touche au fonctionnement du monde politique, n'évoque pas cet aspect, on peut également s'interroger sur le fait qu'un enseignant du primaire et du secondaire ne soit pas autorisé à cumuler sa fonction avec un mandat de parlementaire alors que le cumul est possible pour les enseignants du supérieur. A l'origine cette distinction avait un sens, la cooptation qui fonctionne dans l'enseignement supérieur protégeant les professeurs des pressions politiques. Ils pouvaient donc être élus et exercer sans risque de manipulation. Aujourd'hui, la nature de l'autorité partisane exercée par les gouvernements sur les agents de l'État ayant changé, l'énoncé de ce privilège devrait, théoriquement, faire frémir les élus de la nation et les professeurs des universités. Il revient en effet à considérer officiellement que leurs tâches sont suffisamment légères pour ne nécessiter qu'un mi-temps. En pratique, il se traduit par le fait qu'aucune des deux fonctions n'est consciencieusement remplie. On bâcle. Tout en déplorant, bien sûr, en quelque bel effet de tribune, la baisse de niveau de l'Université française. Là encore les élus politiques n'aident pas à redresser ces abus lorsque eux-mêmes exercent des fonctions qu'à l'évidence ils ne remplissent pas. Comment être en même temps Premier ministre et maire de Paris? ... ou de Lille!

Au sein de l'univers de l'enseignement supérieur, les professeurs de médecine ont su préserver un cumul institutionnel qui leur permet d'ajouter à leur traitement d'enseignant non seulement celui de médecin hospitalier, mais encore les honoraires perçus au titre de leur activité privée à l'hôpital. Il est vrai qu'en contrepartie, les professeurs sont censés ne pas ouvrir de cabinet de ville, encore que cette règle ne soit qu'épisodiquement respectée. La gauche avait décidé de supprimer ces lits privés en estimant peu conforme à l'esprit du service public cette utilisation des infrastructures financées par le contribuable pour arrondir des fins de mois déjà confortables, grâce à une clientèle privée. Cette suppression, au demeurant progressive, était accompagnée de dispositions très favorables pour les praticiens en matière de retraite et du maintien d'activités lucratives hors de l'établissement hospitalier d'affectation.

Force est de constater que le conformisme social français ne permet même pas d'éroder un privilège puisque le changement de majorité politique intervenu en mars 1986 a permis aux professeurs de médecine de récupérer le terrain qu'ils avaient dû concéder. A ce statut privilégié s'ajoutent, là encore, les mille pratiques habiles qui permettent aux mieux installés dans le système de s'enrichir en toute méconnaissance des dérogations administratives qu'ils se gardent bien de solliciter. Tel praticien est mensualisé pour des consultations dans une grande entreprise nationale. Tel autre — et ils sont nombreux dans ce cas — fait verser les honoraires d'expertises qui lui sont dus par des laboratoires à une association qu'il préside. Il évite ainsi d'avoir à justifier auprès du fisc l'utilisation de ces fonds à des fins personnelles.

Ce n'est pas encore demain qu'un pouvoir politique aura la simple loyauté de mieux définir les obligations du service des professeurs de l'enseignement supérieur[4] afin de pouvoir exiger qu'ils remplissent réellement les fonctions pour lesquelles ils sont payés, ni qu'il aura la fermeté de punir les infractions les plus graves. Combien d'enseignants du supérieur regorgent d'anecdotes sur ces vedettes de la politique qu'ils voient dispenser à la télévision des règles de vie et de comportement, mais qu'ils ont dû suppléer, des années durant, dans leurs enseignements, parce qu'ils passaient en coup de vent dans telle faculté ou tel IUT en oubliant même, parfois, un cours qui perturbait leur véritable agenda : celui de leur carrière politique. Ces vedettes se recrutent d'abord, pour parler net, au parti socialiste, jusqu'à son sommet. Or, c'est le manque de courage pour sanctionner des abus individuels qui conduit à la généralisation des règles et des comportements excessifs.

Détachements

Déjà confortable en occupant la fonction pour laquelle ils sont rémunérés, le statut des hauts fonctionnaires peut encore s'améliorer, on l'a vu, avec le «pantouflage». Pour un fonctionnaire, être détaché dans une entreprise du secteur public s'accompagne toujours d'une augmentation non négligeable de ses revenus. Des aménagements ont même dû être prévus pour tenter d'endiguer les excès. C'est ainsi que les traitements de ces fonctionnaires ne doivent pas être supérieurs de 15% à leurs émoluments dans la fonction publique[5]. En principe. En pratique la situation n'est pas si nette. La Cour des comptes a dû admettre, dans son discret rapport à François Mitterrand, que «ces dispositions restrictives demeurent souvent lettre morte». On arrive ainsi à laisser perdurer dans certains secteurs une échelle de rémunérations qui ne correspond en rien aux responsabilités effectivement assumées. On constate aussi que l'écart toléré de 15% est pulvérisé dans les faits. Les émoluments des présidents d'entreprise publique étaient, en 1981, deux fois supérieurs aux traitements versés aux plus hauts des hauts fonctionnaires français, c'est-à-dire le vice-président du Conseil d'État, le premier président de la Cour des comptes, le secrétaire général du gouvernement ou le chef d'état-major des armées.

Cette démesure n'est pas limitée aux P-DG du secteur public. Leurs états-majors en bénéficient également, ne serait-ce que pour mieux garantir l'indispensable «omerta», la loi du silence qu'exige la calme jouissance des privilèges abusifs, des avantages qui piétinent les règles d'un État de droit qui sait fermer complaisamment les yeux. Une centaine de cadres supérieurs de trois banques nationalisées (à l'époque) perçoivent une rémunération supérieure à celle des fonctionnaires en charge des plus hautes responsabilités. Il devient, dès lors, inévitable qu'au cours de leur carrière les membres de l'élite de la fonction publique alternent le prestige des fonctions de direction administrative et les fructueux séjours au sein d'entreprises assimilées, par eux, à de véritables « vaches à lait » au nom de la tutelle de l'État.

Au-delà de ces confortables rémunérations, la Cour des comptes a également constaté la généreuse distribution de cartes de circulation gratuites ou à tarif réduit. En matière de véhicules de fonction, logement, acquisitions privilégiées des produits des entreprises, l'administration fiscale se montre, contrairement à sa réputation, bonne fille. Faute d'avoir élaboré une doctrine pour évaluer ces avantages, « un grand laxisme persiste en ce domaine où les excès sont toujours possibles et ne peuvent être décelés qu'après des investigations approfondies », note la Cour des comptes. C'est dire que la pointilleuse bureaucratie des guichets sait se transformer en distraite élégance dès qu'il s'agit de ses propres abus.

La pratique généralisée des avantages annexes permet aux dirigeants des entreprises du secteur public d'améliorer leur train de vie et, surtout, de se constituer un capital. Les deux méthodes les plus fréquemment utilisées consistent en prêts immobiliers et en contrats d'assurances.

Presque toutes les entreprises publiques consentent à leurs dirigeants des prêts immobiliers à des taux réduits. Il en va de même, dira-t-on, pour les autres salariés. Avec dans le secteur bancaire public une différence de détail qui change tout : les montants prêtés aux principaux dirigeants ne sont pas plafonnés et portaient, en 1981, sur des sommes supérieures au million de francs. Concrètement, il s'agit d'un sursalaire non imposé correspondant à plusieurs milliers de francs chaque mois.

Dans le secteur bancaire notamment, mais aussi à EDF-GDF et dans d'autres entreprises publiques, les cadres dirigeants font souscrire par les sociétés qu'ils conduisent des contrats d'assurance qui leur permettent, lorsque vient l'heure de leur départ en retraite, de bénéficier d'un capital substantiel qui a été payé, pour l'essentiel, par l'entreprise.

Enfin, toujours très certainement au nom de « l'intérêt général », les entreprises du secteur public supportent la lourde charge financière de régimes « surcomplémentaires » de retraite dont bénéficient un nombre restreint de dirigeants. Sans épiloguer sur l'ampleur de l'inégalité ainsi créée, ni sur les cumuls souvent effectués avec des retraites de la fonction publique, notons que cette pratique, dont usent les plus débrouillards de nos hauts fonctionnaires, est d'une légalité fiscale des plus discutables. La Rue de Rivoli ne bronche pourtant pas. Entre collègues, on ne va quand même pas se chercher des poux dans la tête ! Une analyse approfondie de la Cour des comptes portant sur cinq entreprises [6] a fait, par exemple, apparaître qu'en 1981 le Crédit lyonnais avait supporté une charge de 15 millions de francs pour financer 337 retraites « surcomplémentaires », ce qui représente, pour l'entreprise, un coût de près de 50 000 francs par bénéficiaire. Quant à l'UAP, la part que l'entreprise verse à ces régimes « surcomplémentaires » de retraite s'élevait à 98 % des cotisations. Bon appétit, messieurs !

Chaque secteur a ainsi ses petites combines aux grosses retombées. La spécialité de l'aéronautique réside, par exemple, dans le cumul d'un emploi fortement rémunéré et d'une retraite publique. On notera seulement que, sous prétexte que l'État est minoritaire dans le GIE Airbus-Industrie, son président a refusé de répondre au questionnaire de la Cour des comptes. Pour vivre heureux, vivons caché.

Il est bien certain que le mauvais exemple donné par ces pratiques n'est pas sans conséquences sur la situation qui prévaut au sein des collectivités territoriales, de leurs établissements publics, comme de leurs sociétés d'économie mixte. Il n'existe pas d'étude globale sur ce point mais, avec les années, les contrôles menés par les chambres régionales des comptes finiront par lever le voile et permettre une vue d'ensemble. Il est d'ailleurs révélateur et significatif qu'au sein de la majorité un lobby d'élus particulièrement actif s'emploie à obtenir la suppression de ces juridictions régionales instaurées par la gauche dans le cadre des lois de décentralisation. Sous prétexte de contrôles peut-être trop tatillons sur leurs gommes, ils voudraient pouvoir échapper à toute enquête a posteriori. Il y a déjà plus d'un siècle que Boucher de Perthes moquait le goût français pour « cette hiérarchie de suspicions, cette série de gens s'espionnant et se disséquant tour à tour ». Les électeurs auront pourtant sûrement beaucoup à apprendre de rapports sur la gestion des collectivités territoriales.

Le recours aux procédures occultes, aux moyens de rétribution détournés, aux avantages indus, de règle dans la haute administration bien qu'en violation de son statut, ne lui permet pas de faire la fine bouche face aux contestables techniques de financement de la vie politique. A trop longtemps fermer les yeux sur ces mœurs, à tolérer ces bavures comme s'il ne s'agissait que de dérèglements mineurs, on aboutit à aiguiser les appétits, à laisser proliférer les passe-droits, bref à pervertir la notion même de service de l'État. L'art de mettre au service de la vie financière son carnet d'adresses est une pratique qui correspond étroitement avec celle du pantouflage. Lorsque d'importants hauts fonctionnaires mettent leur connaissance des rouages de la prise de décision politico-administrative au service d'entreprises industrielles ou d'institutions financières, force est bien d'admettre qu'ils contribuent à une forme de corruption sociale. Ils deviennent, le plus officiellement du monde, des agents d'influence.

C'est aussi bien le cas, chez Lazard frères, de François Polge de Combret, qui occupa le secrétariat général de l'Élysée sous Giscard d'Estaing, que, la retraite venue il est vrai, de Simon Nora, senior international adviser de Shearson Lehman Brothers. Faut-il alors s'étonner qu'en 1982, la haute fonction publique financière, puissamment relayée par le conseiller spécial du président de la République, se soit battue pied à pied et établissement par établissement pour tenter d'éviter les nationalisations ? Le point d'accrochage était justement Lazard frères. Quand il faut fixer un seuil pour une mesure, ce n'est jamais dans l'absolu mais en fonction d'un cas précis. Ainsi, à la Libération, une bataille politique s'était déroulée pour savoir jusqu'à quand un journal avait pu être publié sans tomber sous l'accusation de collaboration et se trouver confisqué. De la date retenue dépendait le sort du *Figaro*. Il passa à travers les mailles du filet. De même, en 1982, le seuil choisi pour la nationalisation des établissements bancaires englobait ou non Lazard frères. De réunion d'arbitrage en réunion d'arbitrage, la plaisanterie des initiés était de savoir si « Lazard était ressuscité ». Au bout du compte, son réseau social fut le plus fort et les efforts de Jacques Attali récompensés : Lazard frères échappa au sort commun.

C'est dire que ces passages complaisants d'un univers dans l'autre sont tout sauf innocents. Que la droite fasse silence sur ces abus n'a rien d'extraordinaire. Depuis Guizot en passant par Pompidou et maintenant Raymond Barre, son slogan

officiel se résume à « enrichissez-vous ». Que les élites administratives se vautrent dans de tels dérèglements, qu'elles trans-
gressent la règle, qu'elles camouflent leurs abus et même leurs
privilèges, ne peut que les rendre politiquement malléables.
Pourquoi s'opposeraient-elles au pouvoir de l'argent alors
qu'elles se montrent si fragiles dans ce domaine ? Elles sont
prêtes à tout comprendre et à tout admettre dès lors qu'en
retour les politiques ferment les yeux sur la manière dont les
cadres supérieurs de la fonction publique beurrent leurs épi-
nards.

Chapitre 5

FINANCEMENT

La haute fonction publique en particulier, les fonctionnaires en général, en investissant sans retenue le monde politique ne perturbent pas seulement l'équilibre qui doit exister entre les décideurs gouvernants et les administrateurs. Ils font aussi évoluer, en profondeur, les structures de fonctionnement des appareils politiques.

L'arrivée au pouvoir, en 1981, du parti socialiste a permis de vérifier une règle qui s'appliquait aux formations de droite, à savoir que mieux vaut pour s'infiltrer dans l'univers gouvernemental appartenir à une structure de conseil, à une commission d'études, à un groupe d'experts, que de militer dans une section, de détenir une position de pouvoir dans l'appareil officiel du parti. Un glissement de plan, qui avait commencé de s'effectuer dans la seconde moitié des années 70, s'est accéléré avec l'exercice des responsabilités gouvernementales. Les rouages du parti ne conservent une autonomie relative de décision, et donc un certain pouvoir, que pour la désignation des candidats aux scrutins territoriaux. Pour l'élaboration des positions politiques et des propositions concrètes, les militants sont dépossédés, non seulement de tout pouvoir, mais même de toute capacité d'initiative. Une technostructure parasite des directions élues, toutes deux largement composées de hauts fonctionnaires, travaille en vase clos et cherche à produire des textes dont la forme et la technicité puissent faire illusion aux administrateurs d'État.

En rupture avec toute sa tradition d'organisation, le parti du débat que fut naguère le parti socialiste se transforme, comme le RPR ou le parti républicain, en parti de spectacle. Ses congrès évoluent vers la convention au cours de laquelle seuls quatre ou cinq orateurs parviennent à se faire écouter.

Ces vedettes sont d'ailleurs perçues comme telles par le public des délégués qui ne se comportent plus en cadres politiques venus délibérer d'une orientation, mais en « fan-club » collectionnant les dédicaces. Le point limite — pour l'instant — a été atteint par le parti républicain avec ses parfums et autres objets de consommation vendus sous la marque « Léo ».

Cette dégénérescence « à l'américaine » n'est que l'illustration de la dépolitisation en profondeur d'une société qui en arrive à vider ses formations traditionnelles de leur contenu intellectuel. Ne subsistent que des machines électorales artificiellement maintenues en activité entre les scrutins. Déjà poussés à se confiner en castes en raison de l'étroitesse de leur recrutement, les hommes politiques français, en s'écartant de toute confrontation avec la réalité sociale, ne peuvent qu'aggraver ce travers. D'autant que dans son fonctionnement matériel quotidien, la vie politique est fondée sur un mensonge de plus en plus difficile à assumer. Elle avance des principes moraux qu'elle ne cesse de transgresser, non pas seulement au nom de la raison d'État, mais plus prosaïquement encore en raison des contraintes matérielles qui pèsent sur les formations politiques. On peut, comme Michel Jobert, contempler ce spectacle avec une moue cynique en estimant qu'une « certaine forme de pourriture [1] » est le prix à payer pour que vive la démocratie. Il est vrai que les plus belles roses poussent sur le fumier. Encore faut-il en contrôler l'acidité.

Soyons franc : la vie politique, et plus précisément la maîtrise des périodes électorales, contraint tout homme politique à passer des compromis. Comme le disait, au soir de sa carrière, René Pleven : « Quand je suis entré dans la vie politique j'étais intègre. Je suis encore honnête. » Prenons un simple exemple. Tout candidat a besoin d'une main-d'œuvre physique, ne serait-ce que pour coller des affiches ou assurer le service d'ordre des réunions publiques. Les contacts qui se nouent alors conduisent fatalement à fréquenter quelques voyous. Cette règle est particulièrement valable en milieu urbain. Les gros bras, qu'ils jouent les vigiles dans un centre commercial, les gardes du corps pour une vedette du « show-bizz » ou qu'ils se laissent recruter dans une compagnie de CRS, demeurent ce qu'ils sont. La bavure plane autour de chacun de leurs déplacements. Leur commanditaire, qu'il soit P-DG ou ministre de l'Intérieur, maire ou chanteur de variétés, ne peut que croiser les doigts et espérer. De temps à autre, une photographie publiée par la presse montre un abonné de la chronique judiciaire dans le sillage d'un homme politique. Ce dernier ne sait pas, ou plutôt n'a pas voulu savoir, qui l'accompagnait ainsi. L'énarque Antoine Rufenacht, ancien ministre giscardien, en a, comme d'autres, injustement souffert. Les attitudes moralisatrices n'ont pas leur place. Ce résultat n'est qu'un reflet de la société française.

La politique et les sous

Il est de même dérisoire de prétendre traduire en Haute Cour un ancien ministre abusant, de manière impardonnable, de la caisse ministérielle pour son argent de poche, alors que sont délibérément ignorés depuis de nombreuses décennies des prélèvements systématiques à l'occasion des grands contrats passés par l'État et les collectivités territoriales. La France est l'une des dernières démocraties à jouer les « mères la pudeur » en prétendant ignorer que l'action politique nécessite des financements importants[2]. Un prêche périodique va de pair avec la généralisation de pratiques qui se situent à la marge, pour ne pas dire en marge, de la légalité. Une complicité malsaine s'est ainsi développée entre une haute fonction publique, qui sait mais ferme les yeux si elle ne participe pas, et des élus qui se montrent, en retour, d'une coupable faiblesse vis-à-vis des habitudes financières de leurs administrateurs. Guy Thuillier, fort de son expérience de la Cour des comptes et des cabinets ministériels, constate : « La porosité de l'administration est grande et il est bien certain que l'on contrôle à l'excès dans les petites choses, mais que les opérations "lourdes", où les décisions sont prises collectivement et anonymement, échappent en fait et en principe à tout soupçon et à tout contrôle[3]. »

Effectivement, le groupe Elf peut perdre, sous la conduite d'Albin Chalandon, des sommes importantes sur des contrats de recherche au Guatemala dans des conditions qui font peser une menace d'arrestation sur son nouveau P-DG, Michel Pecqueur, lors d'un de ses séjours aux États-Unis, sans qu'en France la moindre commission parlementaire lève un sourcil ou n'ébauche une enquête, ou que le ministre de l'Industrie de l'époque, Edith Cresson, ne s'alarme. Plus les sommes sont élevées, plus les solutions semblent devoir être recherchées dans la discrétion. Plus la faute est minable, plus l'orchestration politico-médiatique prend des allures de festival de Bayreuth.

Bien que le financement de la vie politique ne soit pas assuré de manière stable et saine, et qu'il se prête donc à des dénonciations rituelles de la part des médias, le monde de la communication effectue simultanément d'indécentes pressions inflationnistes au nom d'une conception dévoyée de la liberté. Un lobby de publicitaires, emmené par le giscardien Thierry Saussez, président d'Images et Stratégies, en appelle à la transposition en France des techniques américaines. S'appuyant sur le caractère effectivement obsolète de la réglementation appliquée aux campagnes télévisées officielles, ils affectent de défendre l'imagination et la créativité en réclamant pour les messages politiques les mêmes possibilités que pour les chevrons Citroën ou une quelconque boisson aux fruits. Bref, qu'ils puissent bénéficier de ce que les publicitaires appellent des spots « sophistiqués », ce qui signifie, en français, langue qu'ils ignorent, frelatés !

Les chantres de la publicité politique à la télévision passent, en revanche, discrètement sur le fait qu'à l'heure actuelle en France, l'accès au petit écran est gratuit pour les candidats et les organisations politiques et syndicales, à l'inverse de ce qui se passe aux États-Unis. Qu'il faille leur permettre d'utiliser comme ils l'entendent, sans contrainte, les créneaux mis à leur disposition, certainement. Que les concepteurs de messages puissent donner libre cours à leur créativité, évidemment. Qu'il soit nécessaire d'élargir les créneaux disponibles ou de les répartir différemment, peut-être. Tout cela n'implique pas une modification fondamentale du coût de la propagande politique et peut tout à fait se codifier, y compris pour les chaînes privées, par le biais des cahiers des charges.

Ce qui est parfaitement abusif c'est, au nom de la liberté, prétendre assimiler créativité et publicité politique s'insérant dans les écrans commerciaux. On voit bien ce que, financièrement, une telle réforme apporterait aux agences de publicité qui se camouflent derrière le prétentieux concept de « conseil en communication ». On mesure aussi le changement, non seulement de volume mais de nature, qui interviendrait dans le financement de la vie publique et donc dans les équilibres démocratiques. Une telle évolution s'effectuant au nom d'un « modernisme » importé ne devrait pas cohabiter avec cet archaïsme hexagonal majeur : l'hypocrisie face à l'argent.

Le caractère inflationniste des interventions de ces professionnels du « m'as-tu-vu » n'est plus à démontrer. Lors de la difficile campagne législative de 1967, alors que la majorité était menacée, Michel Bongrand avait réussi la prouesse de faire dépenser 20 millions de francs à la formation gaulliste pour sa seule campagne nationale. Un record sidérant pour l'époque qui, depuis, a été bien des fois pulvérisé. Les dépenses de l'élection présidentielle de 1974 ont été évaluées à 40 millions par tête pour les principaux candidats. En 1981, l'estimation grimpait à 150 millions ! Des chiffres qui peuvent paraître énormes mais qui sont de l'ordre d'une grosse campagne pour une firme automobile lançant un nouveau modèle ou un établissement financier privatisé cherchant des actionnaires. La publicité à caractère politique ne cesse de se banaliser. Aujourd'hui la région Midi-Pyrénées entretient en permanence deux cent cinquante panneaux d'affichage, l'Aquitaine s'offre quarante-huit pages de publicité dans *L'Express*, Provence-Alpes-Côte d'Azur un supplément dans *Télé 7 jours*, etc. Les habitudes prises par les institutions élues alourdissent les factures de la propagande politique. Si aucun plafond n'est instauré, la démesure finira par tout emporter.

On avait déjà, localement, observé que certains candidats fortunés pouvaient, par une débauche de moyens matériels, pratiquement s'offrir une circonscription. Cela avait notamment été le cas de Marcel Dassault et Robert Hersant dans l'Oise puis, plus récemment, de Jean-Jacques Servan-Schreiber en Meurthe-et-Moselle et Pierre de Bénouville à Paris. L'enjeu n'est plus limité maintenant à un siège de député, mais englobe la fonction présidentielle. Dans la relation entre la vie publique et l'argent, les campagnes électorales constituent. le point le plus sensible. Des milliers de personnes sont en effet personnellement concernées. En premier lieu, bien évidemment, les candidats. Mais aussi tous ceux, commerçants, petits industriels, responsables d'association, qui, dans chaque circonscription, attendent des élections de pouvoir enfin mettre en place

« leur » homme. Or, une campagne électorale raisonnable pour des élections législatives coûte au minimum le prix d'une grosse cylindrée et souvent celui d'une villa cossue. À partir de cette réalité, Jean-Jacques Servan-Schreiber, lorsqu'il cherchait une circonscription à la fin des années 60, avait proposé à un socialiste du Gers et à un radical d'Indre-et-Loire de « racheter » la leur[4].

Pour réaliser son ambition, le candidat doit pouvoir compter sur la générosité de quelques amis. Pour une formation politique, la difficulté se trouve multipliée en fonction même du nombre de circonscriptions où elle entend être présente. Malgré le désir qu'ils en ont, les partis ne peuvent soutenir financièrement tous leurs candidats et se bornent le plus souvent à un saupoudrage, ne réservant leurs efforts qu'à un nombre limité de cas. À chaque candidat de se débrouiller dans son secteur. Selon que le « courant » passe ou non, l'argent entre ou se fait rare.

Cette liaison directe entre l'image de marque d'un homme ou d'un parti et les aides dont ils peuvent bénéficier explique que le moyen de financement le plus sûr, à la veille d'une campagne politique, reste d'ouvrir une souscription où chacun verse ce qu'il désire dans le plus total anonymat, si du moins il le souhaite. Encore faut-il, pour le financier éventuel, savoir qui sollicite ses subsides. Cinq mille chefs d'entreprise ont, par exemple, reçu au mois d'avril 1972 au lendemain des obsèques du jeune ouvrier maoïste René-Pierre Overney, une lettre d'un « Centre de liaison et d'action nationales » leur proposant de collaborer à la lutte contre le gauchisme. Cinq formules leur étaient suggérées, allant de l'essai à 150 francs au statut de fondateur à 5000 francs. Aussi curieux que cela puisse paraître, une telle initiative n'avait pas dû laisser indifférents les industriels puisque le secrétaire général du parti gaulliste s'était senti obligé d'écrire aux secrétaires fédéraux, aux secrétaires de circonscription et aux parlementaires pour les mettre en garde et leur préciser que les collecteurs agissaient en réalité pour l'organisme financier d'Ordre nouveau (extrême droite) et probablement aussi de l'hebdomadaire *Minute*. Pas question donc de laisser « déréguler » le marché.

Le meilleur argument pour obtenir de l'argent reste la crainte. À ce niveau, la droite avait su exploiter la signature du

Programme commun de la gauche. Grâce aux nationalisations annoncées, elle s'était constitué une mine de revenus appréciable. La crainte ne joue d'ailleurs pas que pour les industriels. Même les placides sénateurs sont capables de montrer les dents lorsqu'ils sentent leur fauteuil menacé. Si le référendum d'avril 1969 sur la réforme régionale a vu l'opposition se battre avec, pour une fois, des moyens comparables à ceux de la majorité, c'est que le Sénat était en cause. Ce référendum a permis de voir ce cas extraordinaire de deux campagnes nationales financées partiellement par des fonds publics. Le « oui » disposait de la complicité de l'exécutif. Le centre nerveux de la propagande en faveur du « non » se situait au palais du Luxembourg, où plusieurs bureaux avaient été réquisitionnés, tandis que des camionnettes transportaient jusqu'aux sièges des partis d'opposition — à l'exception du PCF — le texte officiel du discours condamnant la réforme prononcé par Alain Poher, président du Sénat, et tiré à plusieurs milliers d'exemplaires sur les presses des imprimeries officielles.

Si tout le monde, quand il le peut, cherche à utiliser à des fins électorales les structures d'État, on peut presque dire que tous les partis politiques français ont bénéficié, à un moment ou un autre, de la solidarité de partis étrangers. Si « l'or de Moscou » est reproché, souvent à tort, au parti communiste, on pourrait parler aussi des soutiens que les puissantes mutuelles belges ou allemandes ont pu apporter à l'occasion au parti socialiste, de la solidarité financière existant entre certains courants de l'extrême gauche révolutionnaire (y compris le PSU) et le FLN algérien ou le Baas syrien, ou encore des relations qui existaient entre la campagne de maître Tixier-Vignancour lors de l'élection présidentielle de 1965 et des groupes de la droite conservatrice américaine, sans parler des subsides américains proches de la CIA versés durant la législature de gauche à des groupes universitaires militant activement pour la droite.

Au sortir de la seconde guerre mondiale, les forces politiques dominantes disposaient toutes d'une confortable cagnotte, d'un véritable « trésor de guerre ». La pénurie frappait les Français, mais l'argent était abondant. Surtout l'argent discret, celui du marché noir, par exemple, servant à éviter les rigueurs de l'épuration. Depuis, il a fallu apprendre à survivre et des mécanismes se sont peu à peu mis en place.

À chaque fois qu'une « affaire » vient troubler la surface du marigot — et l'actuel garde des Sceaux avant de s'enliser à titre personnel dans la déconfiture de la bijouterie Chaumet avait illustré cette chronique avec les dossiers révélés par Gabriel Aranda[5], se comportant en maître là où le malheureux Nucci n'aura été qu'un élève brouillon —, quelques belles âmes s'offrent à bon compte un succédané de virginité en proposant de réglementer le financement des partis politiques. Les gouvernants s'empressent d'affirmer qu'ils vont agir dans les tout prochains mois. Le schéma s'est reproduit si souvent sous la Ve République, des gaullistes aux socialistes en passant par les giscardiens, que toutes ces proclamations ne provoquent plus guère qu'un ricanement cynique ou un haussement d'épaules blasé.

Si rien de sérieux n'a été fait en ce domaine, ce n'est pas seulement par duplicité. Georges Pompidou, alors président de la République, portait sur ce sujet un regard lucide en déclarant[6] : « Les ressources des partis politiques ne sont pas ce qu'on croit, elles sont peu claires en général, pour des raisons variées et pas forcément immorales d'ailleurs. Je veux bien qu'on les contrôle, cela ne changera pas grand-chose. » L'exemple de la République fédérale d'Allemagne montre que le financement public ne fait pas nécessairement diminuer les autres sources. Si le volume des fonds publics versés aux organisations politiques allemandes n'a cessé d'augmenter, le pourcentage que ces sommes représentent dans leur budget a plutôt diminué ! La mobilisation de fonds publics ne tarit pas les autres approvisionnements et ne fait pas disparaître la menace de scandales qui ne sont souvent que des pratiques excessives de méthodes courantes.

Là est le vrai nœud du problème. Tout financement public ou officiel (par le biais de fondations ou la pratique du parrainage) ne viendra que s'ajouter aux méthodes actuelles sans les faire pour autant péricliter. Il faudrait sinon s'engager dans des procédures inquisitoriales de contrôle dangereuses pour la démocratie dans la mesure où l'on imagine mal une administration, ou même des magistrats, venir expertiser un parti politique, ergoter sur ses dépenses et renâcler sur sa comptabilité. Tout jugement en ces domaines tendrait presque inévitablement à glisser vers l'appréciation politique. En outre, la mise en place d'un tel contrôle ne pourrait résulter que d'un consensus qui n'existe pas aujourd'hui. Comment imaginer que des représentants de la Cour des comptes débarquent place du Colonel-Fabien sans l'agrément des dirigeants du parti communiste ? Devraient-ils faire forcer l'entrée par la police ? Chacun imagine le psychodrame dans lequel la vie politique basculerait.

Moins lucide que son prédécesseur à l'Élysée, Valéry Giscard d'Estaing avait cru pouvoir claironner, à l'aube réformatrice de son septennat, qu'il allait enfin régler la question du financement de la vie politique. À peine la première réunion de travail tenue, l'impasse apparaissait, que le conseiller politique de Giscard, Jean Serisé, résumait en ces termes : « Dans toutes ces histoires, la grande difficulté est d'avoir des informations exactes sur la situation des partis, en particulier du parti communiste[7]. » Le PCF va servir à justifier l'inaction et le projet de loi qu'élaborera le gouvernement de Raymond Barre demeurera dans l'immense cimetière des textes mort-nés. Depuis, le parti communiste a fondu comme neige au soleil. Le faux prétexte a disparu. La situation n'a pas pour autant évolué.

S'il est relativement facile pour un parti d'obtenir de l'argent pour des opérations précises et limitées, et tout particulièrement pour des élections, son véritable problème n'est pas là. Plus fondamental, et même vital, est d'assurer des sources de revenus régulières permettant de faire fonctionner, tout au long de l'année, et si possible sans à-coups, l'administration d'un parti. Certes les parlementaires cotisent, parfois à un taux élevé, mais ces rentrées sont insuffisantes, de même que celles provenant des adhérents.

Les besoins en financements administratifs varient considérablement selon qu'une organisation se situe dans l'opposition ou dans la majorité. Comment déterminer le nombre de cadres permanents qui sont employés par un parti au pouvoir ? Les cabinets ministériels d'une part, un certain nombre de sociétés nationales d'autre part, abritent en effet des hommes dont les tâches relèvent de la politique pure, mais qui n'émargent plus au budget de leur parti. C'est d'ailleurs à un résultat analogue qu'essaient de parvenir les partis d'opposition en faisant payer leurs permanents par des sociétés commerciales amies ou dont ils ont le contrôle. À cet égard chaque grande tendance de la vie politique française dispose de ses habitudes. Pour ne prendre que le secteur de la santé, qui constitue la « vache à lait » politique la plus généreuse, le partage des genres frise la caricature. Les laboratoires pharmaceutiques se montrent surtout généreux avec la droite, bien que sachant faire quelques gestes en faveur de l'autre camp. Ils salarient des cadres politiques ou transportent même Mme Barzach, ministre de la Santé, lorsqu'elle se trouve dépourvue d'appareil officiel, dans des avions privés. Au lendemain de 1981 ils ont contribué à sauver l'UDF de la banqueroute. En contrepartie, leurs hommes sont aujourd'hui puissamment implantés dans les cabinets ministériels où s'élaborent les politiques qui concernent ce secteur d'activité.

Autre secteur complaisant : la Sécurité sociale. D'un bout à l'autre de l'échiquier politique chacun s'accorde, au moins en privé, pour déplorer sa lourdeur bureaucratique et ses effectifs disproportionnés. Le suremploi y est évalué au tiers des effectifs, soit plus de quarante mille personnes. Pourtant rien ne change. Sans doute en raison du rôle décisif de Force ouvrière dans la gestion de cette institution et de la position charnière de cette centrale syndicale sur l'échiquier politique. Sûrement aussi en raison des pressions des innombrables lobbies de professionnels de la santé qui, tous, sont hostiles à une réduction des dépenses de la Sécurité sociale. Intervient, enfin, dans ce savoureux cocktail, le fait que l'ensemble des forces parlementaires disposent, grâce à la gestion laxiste des systèmes de protection sociale, de cadres rémunérés qui passent épisodiquement dans leurs bureaux professionnels et peuvent consacrer l'essentiel de leur temps à des activités politiques. Si la plupart des vedettes politiques abritent leurs activités derrière des groupes d'études ou de recherches à vocation économique et sociale, il s'en trouve, comme Jean-Pierre Chevènement, qui ont l'impudeur de se loger aux frais d'une association d'aide aux handicapés !

Il est bien évidemment impossible de disposer de données chiffrées précises pour mesurer l'ampleur du phénomène et sa répartition par courants de pensée. Si les partis de gauche sont probablement les mieux servis dans le secteur social, compte tenu des pesanteurs idéologiques du milieu, cela ne compense pas, et de loin, le déséquilibre au profit de la droite qui se constate dans les secteurs bancaire et industriel, y compris nationalisés.

Les groupes de pression

Il est clair que ni le socialiste Pierre Bérégovoy, cadre de Gaz de France, ni le gaulliste Claude Labbé, inspecteur à la Compagnie nationale Air-France, n'auraient pu mener les carrières politiques qui sont les leurs s'ils avaient dû réellement se consacrer à leurs activités professionnelles. Ils ont milité sur leur temps de travail, pas sur leurs loisirs. Dans leurs cas, comme pour beaucoup d'autres hommes politiques, l'entreprise qui les emploie ferme délibérément les yeux sur un manque évident de disponibilité en ayant conscience de réaliser un investissement qui se révélera peut-être rentable ultérieurement. La rentabilité est en revanche immédiate lorsque des sociétés privées ou nationales salarient des membres de cabinets ministériels afin de permettre aux gouvernants de tourner les règles limitant le nombre de collaborateurs qu'ils peuvent rétribuer. Ce genre de service rendu ne s'oublie pas. Le P-DG complaisant peut en espérer des retombées pour sa carrière ou son entreprise.

Nombreux sont les cadres de parti qui se font embaucher par des industriels. Il n'y a pas de raison de s'en offusquer, mais autant le savoir. Si de ce lien financier découle une dépendance dans le comportement, voire purement et simplement du « lobbying », il revient aux électeurs d'en juger et de sanctionner le cas échéant. Pour qu'ils puissent apprécier la réalité de la situation, mieux vaut arracher les masques, pour ne pas dire les cache-sexe. Puisque, à juste titre, un chœur unanime réclame la clarté, mieux vaut des groupes de pression contraints de salarier leurs hommes. Des propriétaires immobiliers aux pharmaciens, des bouilleurs de cru aux betteraviers, des taxis aux chasseurs, les pressions sont inévitables. Il est naturel que chaque groupe cherche à défendre ses intérêts. Les méthodes utilisées et les résultats obtenus méritent seuls de retenir l'attention. En pratique, force est de reconnaître que l'opacité la plus forte protège les lobbies qui sont intégrés au cœur même de l'appareil administratif. Comme le relève fort justement Yves Guihannec[8] : « Un vrai progrès ne sera réalisé que le jour où les Français comprendront que c'est sous le masque noble de "l'intérêt général" qu'agissent les groupes de pression les plus puissants de ce pays et qu'ils font le plus souvent partie intégrante de l'appareil d'État. » Il suffit, pour s'en convaincre, de penser aux ordres professionnels des médecins ou des pharmaciens. La société française, plus fondamentalement, est gérée presque entièrement par des corps administratifs autonomes greffés sur les secteurs professionnels correspondants. Ce n'est pas exactement un lobby à l'anglo-saxonne, mais certainement pas non plus l'expression de l'intérêt général. Comment pourrait-il être exprimé par des fonctionnaires appelés à travailler, des décennies durant, sur des sujets souvents étroits : équipements hospitaliers, constructions scolaires... Interlocuteurs du public et du privé se connaissent, se fréquentent, se ménagent, développent un phénomène de groupe. Et il en va de même au sein de l'administration où chaque cellule finit par s'identifier à une cause ou à des intérêts.

L'existence de toutes ces corporations soucieuses de préserver leurs avantages assurent aux ambitieux les moyens de leurs projets. L'accès à la politique est facilité quand on est propulsé sur le terrain avec des munitions. C'est le cas lorsqu'on appartient à un important cabinet ministériel. Sous tous les gouvernements, un pourcentage des « fonds secrets » s'évapore toujours dans le financement des campagnes électorales de la majorité du moment. Plus on est proche du bailleur de fonds, plus on peut espérer canaliser une fraction non négligeable de la manne. D'autres pratiques ont cours comme, par exemple, avoir servi de poisson pilote à un industriel. Tel fut l'itinéraire de l'ancien ministre gaulliste Paul Granet. Issu du corps préfectoral il sert, au lendemain d'un passage au cabinet du ministre de l'Intérieur, les intérêts de Francis Bouygues dont il dirige une entreprise jusqu'à son élection comme député. L'homme qui aura activement contribué à faire reculer les espaces verts face aux appétits des promoteurs immobiliers réussira même un petit passage au premier gouvernement de Jacques Chirac, notamment comme... secrétaire d'État à l'Environnement !

De telles pratiques, de même que la disponibilité de nombre de hauts fonctionnaires ou les facilités de mise à disposition d'enseignants dans de complaisantes structures associatives, expliquent que la pesanteur du système politique favorise le recrutement de cadres en provenance de la fonction ou du secteur publics. Les associations aux intitulés les plus innocents peuvent servir d'inattendue coquille protectrice aux bernard-l'ermite de la politique. Le trompe-l'œil est la règle. Les élus eux-mêmes ont souvent du mal à savoir qui se dissimule exactement derrière les sigles des sociétés qui viennent proposer leurs services. Comment un maire peu au fait de la vie financière aurait-il pu penser que, contrairement à ce que son nom semble indiquer, le « Foyer du fonctionnaire et de la famille » n'était pas l'émanation d'une mutuelle mais une filiale de la Banque de Paris et des Pays-Bas ? Comment deviner que la TEMA (Techniques et mathématiques appliquées) n'était qu'un rouage servant à renflouer les caisses du parti gaulliste ?

Tous les grands partis politiques s'appuient pour leur financement sur un certain nombre de bureaux d'études. Ils contrôlent diverses collectivités qui disposent de budgets parfois importants. Au premier rang figurent bien sûr les municipalités, mais aussi les comités d'entreprise. Celui d'Électricité et Gaz de France, qui, aux termes de la loi, bénéficie de 1 % du chiffre d'affaires de l'entreprise, se trouve à la tête d'une trésorerie équivalente à celle de bien des États du tiers monde. Il peut donc engager des dépenses importantes comme l'installation de colonies de vacances ou divers équipements sociaux auxquels s'intéressent les syndicats. Les partis tentent d'utiliser ces marchés. Est-ce malhonnête ?

En règle générale, non. Ayant des réalisations à effectuer, il n'est pas anormal qu'une collectivité prenne contact avec l'organisation politique nationale en qui elle a confiance, ne serait-ce que pour disposer de l'expérience de collègues qui ont pu se trouver confrontés au même problème. Pouvant ainsi peser sur les options de nombreux décideurs, le parti va chercher des interlocuteurs industriels privilégiés qui, en échange de cet apport de clientèle, consentiront des ristournes dont la formation politique bénéficiera. Les sociétés de travaux publics, par exemple, sont susceptibles de baisser leurs prix d'une manière importante, pouvant atteindre 15 %, si elles sont assurées d'un volume important de travaux répartis sur une longue période, car, en général, elles travaillent sur des commandes dont les délais n'excèdent pas dix-huit mois.

À tout seigneur — saigneur ? — tout honneur, ce sont les gaullistes qui officialisèrent, les premiers, la ponction nationale systématique sur les grands travaux par l'intermédiaire d'une société financière créée en 1959, la SÉDIMO. Le projet avorta dès l'origine mais le concept était né. Il ne tarderait plus à s'institutionnaliser. Des sociétés d'étude vont fleurir ayant pour vocation de drainer des fonds vers les caisses électorales. Gaullistes et communistes se sont d'abord montrés les plus actifs. Les gaullistes, en raison de leur puissance politique et administrative, les communistes en raison de l'ancienneté de leur réseau et du marché protégé dont ils bénéficiaient et qui subsiste encore dans des proportions non négligeables. Dans les années 70, le parti socialiste est venu puissamment se mêler à la concurrence, bien décidé à exploiter le pré-carré des municipalités que sa constante progression électorale lui avait permis d'enlever. L'UDF, en raison de sa structure éclatée, travaille dans la dispersion et certains notables préfèrent gérer leurs caisses de manière autonome plutôt que de passer par une organisation nationale fragile.

Bien que ce système de sociétés d'étude soit peu mystérieux, on ne peut citer pour chaque grande formation la liste des organismes dont elle est proche. Les partis sont en effet, selon la législation française, des associations de fait sans existence juridique. Il est dès lors impossible, sous peine de démentis immédiats, de prétendre que telle société est liée à tel parti, puisqu'il n'existe entre les deux entités aucun lien juridique. Il en va d'ailleurs de même des sociétés commerciales qui prennent en charge un certain nombre des activités des organisations politiques.

Pourquoi cette hypocrisie ? Parce que les citoyens répugnent à examiner sérieusement les difficultés matérielles qui assaillent des formations dont la Constitution reconnaît pourtant qu'« elles concourent à l'expression du suffrage ». La loi, elle aussi, contribue à ce mensonge puisqu'elle condamne les partis à ne vivre que des seules cotisations de leurs militants et des souscriptions qu'ils lancent périodiquement. Or, dans un pays où l'ensemble des adhérents n'atteint pas un million de citoyens — au grand maximum —, il est impensable que les partis puissent vivre des seules cotisations qu'ils encaissent. Des cotisations, qui plus est, sont souvent ridiculement faibles.

Les partis, toujours un peu suspects en France, sont tolérés plutôt qu'acceptés et condamnés pour survivre à une semi-clandestinité non seulement dégradante mais dangereuse puisqu'elle favorise à la fois les groupes de pression et les intermédiaires peu délicats. Ils sont nettement moins bien traités que les syndicats. La loi, qui favorise l'éducation syndicale du citoyen en le faisant bénéficier d'heures de liberté ou en autorisant le versement de subventions, ignore l'éducation civique et politique.

Le rôle des entreprises

Pour comprendre comment s'effectuent les versements d'argent à une organisation politique, il importe d'abord de se placer du point de vue de celui qui donne. Le rôle du quémandeur est simple et limpide. Il ne varie pas quelle que soit la formation politique. En revanche, qui sont les bailleurs de fonds et pourquoi ouvrent-ils leur caisse ? Passons d'abord sur les milliers de citoyens qui, périodiquement et à proportion de leurs revenus, versent de l'argent sous forme de cotisations, d'abonnements ou de dons à tel ou tel élu ou telle ou telle formation. Le phénomène est réel, non négligeable, financièrement marginal mais juridiquement essentiel. À partir du moment où ce courant spontané de ressources existe, rien n'est plus simple que de gonfler artificiellement son volume pour pouvoir prétendre qu'il assure l'essentiel des revenus du parti. Toutes les formations utilisent ce discours puisqu'il est impossible, par exemple, de contrôler combien rapporte une quête après un meeting ou une souscription qui recueille beaucoup de dons en liquide.

Bien sûr, lorsqu'on parle de bailleurs de fonds, ce n'est pas à ces citoyens engagés que l'on pense. Versent des financements significatifs ceux qui le peuvent et ceux qui y trouvent intérêt. Cela se résume d'un mot : les entreprises. L'idée d'une mystérieuse entité, dénommée patronat, disposant d'une sorte de service permanent de rétribution des partis politiques (de droite) est à la fois mythique et juste. Après tout d'anciens permanents du CNPF ont fait carrière, de la mairie de Louviers à la présidence du parti radical.

Certes, dans la ligne de l'Union des intérêts économiques avant guerre, le patronat organisé a toujours apporté un soutien matériel à ses amis politiques. Sous la IVe République, à force de distribuer de l'argent du CNPF à des hommes politiques, André Boutemy pensa même s'offrir un siège au Parlement et fut ainsi un éphémère ministre de la Santé avant que le PCF ne dénonce ce scandale.

Certes, certains patrons à titre individuel ont massivement et régulièrement alimenté les caisses politiques. Ce fut naguère le cas de Marcel Dassault, essentiellement au profit de sa propre formation, le RPR, mais également de quelques « amis » répartis sur la quasi-totalité de l'échiquier. Simca a été également un gros bailleur de fonds du gaullisme, en compagnie des industriels de la sidérurgie et du pétrole.

Sans changer de nature, les méthodes ont évolué dans la forme. Le saupoudrage est mal vu, de même que des versements aveugles. De plus en plus, les industriels qui se font les financiers occultes de la vie politique cherchent à lier leur contribution à une opération précise de manière à limiter les versements à fonds perdus et à responsabiliser l'interlocuteur politique en lui montrant que l'argent mis à sa disposition implique de sa part des attitudes compréhensives. Ce n'est plus une simple aide globale au nom d'une solidarité idéologique ou d'intérêts généraux, mais l'évolution s'effectue vers ce qui commence à friser le trafic d'influence. La méthode est trop efficace pour demeurer l'apanage des entreprises. Les gouvernements savent, eux aussi, associer carotte et bâton. Si le maire de Nice, Jacques Médecin, a obtenu la subvention du ministère de la Culture permettant de lancer le chantier d'un nouveau théâtre, ce n'est qu'après avoir publiquement déclaré qu'il ne donnerait pas sa signature à Jean-Marie Le Pen pour l'élection présidentielle.

Même les aides globales ne sont pas désintéressées. Elles s'inscrivent dans une stratégie de groupe de pression. Aider une force politique, c'est investir au nom d'une conception de l'avenir que l'on souhaite voir triompher. Certaines démarches d'apparence technique et sans dimension partisane visible reviennent, en pratique, à faire pencher par une injection financière la balance dans un sens plutôt que l'autre. La notion d'intérêt général est mise à rude épreuve dès lors qu'une corporation s'en saisit pour justifier ses analyses et légitimer ses revendications. Lorsque, durant la législature de gauche, la Fédération patronale des travaux publics, présidée par Jean-Louis Giral, s'offre une campagne nationale de publicité sur le thème « c'est maintenant qu'il faut aménager la France » et dénonce la faiblesse des crédits investis par les pouvoirs publics dans ce secteur d'activité, elle fait de la politique. Et même de la politique active. L'argent qu'elle dépense pour mobiliser contre le gouvernement les petits entrepreneurs en maçonnerie comme les usagers constitue aussi une fraction du financement de la vie publique. Il en va de même de la campagne de la Fédération nationale des agents immobiliers (FNAIM) contre la « loi Quilliot » sur le logement. L'Union nationale de la propriété immobilière, en s'offrant de pleines pages de publicité, faisait peser le poids de l'argent dans la controverse politique.

L'entreprise, soit qu'elle organise son intervention collective dans le débat, soit qu'elle embauche des hommes pour leur permettre de mener une carrière politique, soit qu'elle négocie individuellement avec des élus gérant des collectivités avec lesquelles elle souhaite contracter, est au cœur du financement politique. Lorsqu'on vante le système québécois qui interdit aux entreprises d'effectuer des dons aux partis, il ne faut pas perdre de vue que ce type de versements constitue l'aide la plus archaïque qui soit. Les acteurs économiques ont des modes d'intervention dans le financement politique bien plus habiles et diversifiés.

La généralisation des bakchichs versés parallèlement à la conclusion des contrats explique que, dans de nombreuses municipalités, les commissions en charge de la passation des marchés soient laissées entre les mains d'adjoints de seconde zone. Il faut qu'en cas d'incident un fusible puisse sauter et protéger le maire et ses principaux soutiens. Quand les administrations centrales sont en cause, les montants peuvent devenir extrêmement importants. Lorsque l'État français achète ou vend, en particulier à l'exportation, l'ordre de grandeur n'est plus de même nature qu'un supermarché qui s'implante sur une commune. Or, le pourcentage reversé pour un simple supermarché peut assurer le financement de trois salariés de bon niveau pendant un an. Ce n'est donc pas un hasard si à la veille d'une échéance électorale majeure, que ce soit en 1981 ou en 1986, le ministère du Commerce débloque d'importantes superficies pour l'ouverture de grandes surfaces. En croyant servir le petit commerce, le système de contingentement mis en place par Jean Royer aura surtout alimenté les caisses des partis politiques.

Si les formations au pouvoir étaient, au gré de la répartition des portefeuilles ministériels, les destinataires des retombées occultes des contrats passés par l'État, le système serait sans doute moralement contestable, mais à la fois simple et logique. Il se révèle en réalité beaucoup plus pervers puisque au fil des relèves d'hommes à la tête des ministères et en dépit des alternances politiques, l'habitude semble enracinée de laisser chaque ministre monter sa propre structure destinée à récupérer la manne. On en a eu encore une illustration avec l'affaire des ventes de munitions à l'Iran par la société Luchaire, dans laquelle le parti socialiste a été mis en cause. Ou il ne s'agit que d'un trafic. Ou l'État a fermé les yeux. Dans ce cas, le dossier illustrerait non seulement la pratique de ristournes sur les grands contrats mais aussi la nécessaire complicité de hauts fonctionnaires dans le montage de tels mécanismes. En effet, dans cet exemple précis, le rapport élaboré par le contrôleur général des Armées Jean-François Barba[9] montre que ces filières ne peuvent fonctionner sans que la commission interministérielle pour l'étude des exportations de matériels de guerre soit informée. Or, dans cette instance siègent le secrétaire général de la Défense nationale, le délégué général pour l'Armement et le directeur des affaires internationales à la Défense qui, tous trois, appartiennent à la haute fonction publique. Pourquoi ces hommes gêneraient-ils les fournisseurs de matériels militaires puisque le cours probable de leur carrière devrait les conduire à achever leurs activités comme salariés de ces entreprises ? Et ce qui est vrai à la Défense l'est également dans les autres départements ministériels.

Un passage à la tête d'administrations comme l'Équipement, la Défense, les PTT, est propice à la constitution de bas de laine confortables. En raison des négociations qu'elles conduisent et donc des dérogations qu'elles permettent

138

d'accorder, des administrations comme les Finances et l'Industrie laissent également des marges de manœuvre confortables si le titulaire en a le souci. Comment s'étonner dès lors qu'un ancien ministre puisse, après avoir quitté le gouvernement, racheter un quotidien national ? Lors de la campagne présidentielle de 1974, Valéry Giscard d'Estaing avait asséné à François Mitterrand : « Vous n'avez pas le monopole du cœur. » En cinq ans de pouvoir, les socialistes ont certainement perdu le monopole de la morale, si tant est qu'ils le détenaient.

Ce constat ne justifie pas, pour autant, le fait de traduire un parlementaire en Haute Cour parce qu'il aurait financé sa campagne électorale grâce à des fausses factures. Cette initiative provoque un trouble réel chez tous ses collègues, comme chez tous les imprimeurs qui travaillent pour des candidats. Il n'existe probablement pas un seul député qui n'ait, un jour ou l'autre, utilisé cette technique. En toute illégalité certes et en toute connaissance de cause. Dans la vie politique un tel délit peut être comparé au feu rouge brûlé par l'automobiliste qui a accéléré à l'orange au lieu de freiner. C'est à la fois grave et dérisoire. Grave en raison des conséquences possibles qui peuvent piéger l'élu dans des circuits financiers qu'il ne maîtrisera plus, dérisoire puisque la pratique sociale tolère un tel comportement. La technique des fausses factures est à ce point répandue qu'elle sert de base aux remboursements officiels des frais de campagne. Le ministère de l'Intérieur se montre en effet fort généreux pour apprécier les dépenses de propagande des partis ayant dépassé la barre légale de 5 % des suffrages. Écarté de la distribution, le PSU avait, lors des élections européennes de juin 1979, calculé que la marge entre les tarifs moyens des imprimeurs et le montant de la facturation acceptée par les services du ministère de l'Intérieur permettait aux formations politiques un gain de l'ordre de 30 %. À vrai dire ce ne sont pas les partis qui perçoivent la différence, mais cette surfacturation artificielle permet aux imprimeurs et aux sociétés d'affichage d'« offrir », en contrepartie, des prestations supplémentaires sur les réseaux de panneaux commerciaux qui ne sont pas censés bénéficier d'un financement public.

La facturation, si elle est habilement établie, est souvent incontournable. Il est beaucoup plus délicat de ne travailler qu'avec des liquidités. Certes, les contrôles fiscaux ou judiciaires deviennent difficiles quand ce n'est pas impossibles, mais cette pratique bute rapidement sur d'autres limites. Bien que toutes les entreprises possèdent une « caisse noire », son volume est souvent réduit et elles répugnent à en user pour de tels versements. Elles préfèrent financer sur la base d'écritures même si les prestations ainsi réglées sont imaginaires. En outre, les circuits d'argent liquide favorisent les fuites incontrôlées. En effet, l'argent collecté auprès de bailleurs de fonds par des intermédiaires, s'il prend la forme de versements en nature, est-il intégralement reversé ? Poser la question, c'est y répondre. Chaque parti sait bien qu'un pourcentage des sommes recueillies en son nom ne parvient jamais jusqu'à sa caisse. Comment mesurer cette évaporation ? C'est techniquement impossible, ne serait-ce que parce que les volumes sont fonction des périodes et des individus. Le phénomène n'en est pas moins suffisamment généralisé et volumineux pour que les trésoriers jugent nécessaire de tenter de le détecter afin d'éliminer du circuit les collecteurs par trop gourmands.

Dans tout circuit d'argent noir, d'argent qui n'existe pas, la régulation ne peut qu'être interne au système. Les intermédiaires indélicats savent qu'ils jouent gagnants. Au pire, ils seront exclus du milieu, mais en conservant leurs pourcentages. Ils ne risquent pas d'être poursuivis en justice, les industriels ne tenant pas à avouer l'existence d'une caisse noire et les dirigeants politiques ne souhaitant pas débattre de leurs sources de financement. Ils ne risquent pas non plus, dans une démocratie, les représailles physiques qui ont cours dans le monde des truands, lui aussi guetté en permanence par de telles « malhonnêtetés ».

La presse d'association et de parti constitue aussi un moyen d'assurer les transferts financiers. Elle peut être un gouffre financier comme un vecteur important de financement. Il arrive souvent qu'elle soit, alternativement, les deux. Passons sur l'aspect dépenses pour n'examiner que les recettes. Elles ont deux origines : les abonnements, la publicité. La publicité est un excellent moyen pour des entreprises d'apporter en toute légalité une aide financière qui peut être substantielle à une force politique dont elles souhaitent s'assurer la bienveillance. Les abonnements offrent un moyen de financement analogue, mais encore plus souple. Les giscardiens avaient fondé une grande partie de leur financement sur cette technique. Rien n'interdit au président d'une banque ou d'une grande entreprise de souscrire cinquante ou cent abonnements à telle ou telle publication, sous prétexte qu'il souhaite la diffuser auprès de ses cadres. Il s'agit là d'une pratique courante dont bénéficient notamment des revues très proches de la droite comme c'était aussi naguère un moyen pour l'Union soviétique de subventionner indirectement l'hebdomadaire d'Aragon *Les Lettres françaises*. Lorsqu'en 1968 le communisme à visage humain tchécoslovaque disparut derrière le blindage des chars soviétiques, Aragon protesta. Moscou résilia les abonnements à une publication qui contestait sa politique. *Les lettres françaises* moururent.

Le système peut être modulé à l'infini. Par exemple, si un gros souscripteur d'abonnements précise qu'il ne souhaite la livraison que d'un dixième de ses achats. Les comptabilités sont en règle et le profit important pour l'organisation ainsi aidée. Les dirigeants d'administration et surtout les responsables d'entreprises du secteur public pianotent avec doigté sur le clavier publicité-abonnement, en tentant de ne froisser personne tout en donnant aux vrais puissants, c'est-à-dire à ceux qui patronnent leur carrière. Il serait donc erroné de croire que la haute fonction publique ne participe pas à ce ballet financier.

Un nouveau style de vie

Jusqu'à une date assez récente, le style de vie de l'homme politique devait demeurer relativement modeste. Les élus évitaient les établissements haut de gamme, les voitures trop voyantes, les entourages pléthoriques. Tous les signes extérieurs de richesse étaient réputés faire mauvaise impression sur l'électeur. En 1976, le trésorier du parti gaulliste, Pierre Ribes, avait encore eu la possibilité de limiter les frais de restaurant des responsables de sa formation en jugeant qu'ils déjeunaient à des tarifs trop élevés. Héritier de cette tradition, mais épicurien logé avenue Foch, Edgar Faure défend la même philosophie. «Écoutez, explique-t-il, je suis comme tout le monde, je n'aimerais pas vivre dans la pauvreté [...]. Je dis toujours aux gens riches que je connais : tous ces yachts, toutes ces chasses à courre, les gens n'aiment pas ça. Ça les irrite. Je leur dis : il ne faut rien exagérer [10]. »

Les barrières culturelles ont peu à peu cédé. Elles achèvent de s'effondrer avec l'émergence de la génération des quadragénaires. Il n'est pas innocent d'observer qu'une simplicité apparente — même si elle était simulée — s'est estompée lorsque la haute fonction publique a totalement submergé le monde politique. Elle a transposé dans l'univers des élus le recours systématique à la voiture de fonction et à tout un confort de services qui n'avaient pas cours, de manière aussi généralisée, auparavant. L'élitisme social qui marque désormais le recrutement des principaux cadres politiques a éloigné leur mode de vie de celui de leurs compatriotes. Et, par mimétisme, ce phénomène se diffuse, y compris au sein d'un personnel dirigeant qui au départ n'appartenait pas socialement aux couches privilégiées.

La médiatisation du responsable politique l'entraîne également dans un univers du spectacle et de l'apparence dispendieux. Il faut s'habiller à la mode, fréquenter des lieux onéreux, rivaliser avec des journalistes au statut de vedette et aux salaires correspondants. Si, au sommet de la notoriété politique, il devient possible d'affecter le dédain et de se construire une image par opposition à ce style de vie — ce que font par exemple, dans des genres différents, André Lajoinie et Raymond Barre ou Pierre Messmer et Pierre Mauroy —, une telle attitude paraît suicidaire aux yeux des générations montantes. Non seulement ils cherchent encore à se distinguer, à se glisser parmi les premiers de la classe politique mais aussi, pourquoi le cacher, la plupart sont fascinés par les paillettes et n'aspirent qu'à s'intégrer dans cet univers en sacrifiant à ses règles, quel qu'en soit le coût. Lorsque, cédant aux pressions des producteurs d'une chaîne de télévision, l'intérieur d'un dirigeant politique s'ouvre aux caméras, il devient malséant qu'il puisse ressembler au domicile d'un citoyen moyen. Le cadre doit être aussi porteur de réussite et de rêve que la contemplation des photos des magazines d'ameublement.

Ce qui se modifie à travers l'évolution du comportement social des élus, c'est la nature du lien entre l'homme politique et le citoyen. Il n'apparaît plus capital de passer pour un homme du peuple, de se présenter comme son porte-parole. Au contraire, le style de vie adopté doit prouver qu'étant déjà partie prenante de l'élite on sera en mesure de participer à la prise de décision et donc de défendre les intérêts des électeurs. Il faut admettre que l'électorat semble intérioriser cette nouvelle culture puisqu'il privilégie les candidats hauts fonctionnaires. Alors qu'avec l'avènement de la Ve République le taux de réussite des enseignants candidats aux élections législatives est tombé de 2 à 1, celui des hauts fonctionnaires se situait, en 1978 à 5 pour 1, ce qui est proprement stupéfiant[11]. Par comparaison, le taux de réussite de la haute fonction publique n'était que de 2,5 en 1958. Aujourd'hui, il est inférieur à 1 pour les autres fonctionnaires et équivalent à 0,27 pour les ouvriers !

Au fur et à mesure qu'elle se «fonctionnarise», la classe politique s'échappe du monde des citoyens pour s'enfermer avec l'administration dans celui du tout-État. Car la fonction publique a été proclamée d'essence particulière. Ce qui n'est pas le cas des responsables politiques. À quelques exceptions près — la Haute Cour pour les fautes commises par les gouvernants dans le cadre de leurs fonctions ou l'immunité des parlementaires en période de session — ils n'échappent pas au cadre juridique commun. Il n'en va pas de même pour l'administration. Pour mieux asseoir l'autorité de l'État en soulignant sa singularité, elle a développé son propre droit, le droit administratif, et ses propres juridictions, couronnées par le Conseil d'État. Toute cette démarche fait apparaître la fonction publique comme appartenant à un univers différent de celui dans lequel évoluent les citoyens. Il en résulte une culture particulière, dans laquelle prennent un caractère «naturel», aux yeux des fonctionnaires, même de grade intermédiaire, des avantages matériels qui s'apparentent pourtant à des privilèges. Car la culture étatique française demeure fondée, sinon toujours sur la magnificence — les temps sont plus durs —, du moins encore sur la prééminence. Le caractère profondément aristocratique des administrateurs français découle plus de leur conception de la fonction sociale qu'ils assument que de leurs origines. Ce constat est ancien. Tocqueville déjà relevait qu'à la veille de la Révolution, en attendant seulement que la place se libère, les fonctionnaires administratifs, presque tous bourgeois, formaient une classe particulière ayant son propre état d'esprit.

Un surinvestissement généralisé

Le mauvais exemple de l'État a contaminé les conseils généraux et régionaux et la décentralisation a donné un essor supplémentaire à ces travers. Ce ne sont plus que puissantes voitures, collaborateurs pléthoriques et réceptions luxueuses. Un nouveau type d'élu reproduit à l'échelon local les comportements nationaux. Tant qu'il ne s'agit que de confort personnel, on pourrait hausser les épaules et considérer ces excès comme de simples gamineries. Ce qui est beaucoup plus grave, c'est que les mêmes pratiques s'observent en matière d'investissement. Dans de nombreuses collectivités l'ampleur de l'endettement est, pour une bonne part, fonction du surdimensionnement des équipements collectifs : piscines, stades, patinoires, usines d'incinération, etc.

Là encore, les élus locaux reproduisent, poussés d'ailleurs par des organismes publics comme la Caisse des dépôts, le mode de gestion qu'ils observent dans l'administration. Une enquête de Catherine Pegard[12] a recensé la folie des grandeurs qui a saisi nombre de Conseils régionaux. Elle observe d'ailleurs, au passage, que «quand le bâtiment va, les caisses du parti se remplissent». Du «Versailles régional» de 125 millions de francs élevé par Olivier Guichard à Nantes, aux 200 millions mobilisés par Jacques Chaban-Delmas pour installer la région Aquitaine dans ses meubles, la droite n'a rien à envier aux luxueux investissements lancés par la gauche en Midi-Pyrénées et Languedoc-Roussillon. Sans même parler de la résidence personnelle prévue pour le président de la région Rhône-Alpes qui a ému les contribuables lyonnais.

Cette volonté de rivaliser avec le modèle administratif des préfectures napoléoniennes va de pair avec une vieille habitude des conseils généraux : les élus régionaux se plaisent à voyager. L'un des responsables de la région Nord-Pas-de-Calais s'est rendu trois fois au Japon en deux ans sans avoir été vu durant cette période dans le Cambrésis. L'Asie, il est vrai, attire beaucoup. Si les Normands préfèrent Miami, les Provençaux vont au Japon, les Lorrains et les Lyonnais en Chine. La moitié des régions françaises est d'ailleurs en relation avec la Chine. Les affaires sont encore limitées mais, qui sait, demain peut-être... Car, derrière d'incontestables excès, ce goût pour l'exotisme peut contribuer, à terme, à rééquilibrer le déficit commercial chronique de la France.

Une générosité dans les indemnités versées aux élus s'observe également. Ce sujet est éminement symbolique. Le « parler vrai » a du mal à s'imposer. Michel Rocard, dans son dernier ouvrage, *Le cœur à l'ouvrage,* pense toujours nécessaire de glisser le petit couplet larmoyant sur ces indemnités qui « compensent à peine le temps passé ; on ne saurait en vivre ». Il s'inscrit dans une longue tradition. Au moment de la crise pétrolière, le préfet de l'Ariège avait proposé, à titre d'exemple, de réduire d'un tiers les versements que s'octroient les membres du Conseil général. Sa cravate-ficelle battant son imposante bedaine, Jean Nayrou, l'inamovible président de cette assemblée départementale, s'était alors dressé porteur de toute la tradition républicaine. Dans une envolée à tirer les larmes des participants, il évoqua l'enfant qu'il était regardant depuis le foirail, les jours de marché, les grosses limousines déposer devant la préfecture ces messieurs chapeautés et vêtus de noir qui gagnaient la séance du Conseil général. L'indemnité versée à l'élu est le symbole de la démocratisation. C'est pourquoi, dans sa péroraison en réponse au préfet, Jean Nayrou avait réclamé qu'elle soit augmentée d'un tiers.

Les parlementaires reçoivent près de 34 000 francs, ce qui n'est pas excessif, bien que cette somme ne soit imposable que dans la limite de onze vingtièmes. Les élus européens cumulent ce traitement avec des remboursements généreux. Les régions les plus peuplées, Ile-de-France, Nord-Pas-de-Calais, Rhône-Alpes, Provence-Alpes-Côte d'Azur mais aussi le Centre, sous prétexte de sa proximité avec Paris, ou la Bourgogne, versent des sommes qui permettent de vivre. Surtout pour les membres des exécutifs. D'autant que nombre d'entre eux cumulent ces rétributions avec d'autres mandats. Jean Lecanuet fait figure de modèle à cet égard puisqu'en étant simultanément maire, sénateur, député européen, président de Conseil général et conseiller régional, le total de ses indemnités doit dépasser chaque mois, 60 000 francs, c'est-à-dire 30 % de plus que la rémunération officielle du président de la République ou du chef du gouvernement.

Il ne faudrait pas croire que cette générosité demeure limitée aux responsables politiques. En principe, la décentralisation aurait dû s'effectuer par déconcentration des services de l'État et transfert d'une partie des effectifs aux collectivités élues. En pratique, les nouvelles structures territoriales ne cessent de recruter. Elles se font tentatrices pour les fonctionnaires en quête de détachement. En se plaçant au service d'une région, ils peuvent réaliser un gain moyen de pouvoir d'achat de l'ordre de 15 %. Sans parler des confortables appartements de fonction et autres facilités matérielles prévues pour attirer vers la province une fraction de l'élite administrative.

La flambée des dépenses de personnel qui en résulte menace le pays d'une nouvelle vague politico-administrative, répandant dans les provinces ce mal qui, depuis trente ans, affecte les structures gouvernantes de la capitale. Car, au vieux tête-à-tête ministres-haute administration remporté de haute lutte par les fonctionnaires, se substituent de nouvelles batailles mettant en cause cette fois l'administration territoriale et dont tout donne à penser qu'elles se solderont par le même résultat qu'au national. Un simple exemple suffit à l'illustrer.

Les assistants parlementaires

Parmi les formes de financement public indirect qui bénéficient aux partis politiques, s'inscrit la création, en 1975, des assistants parlementaires. Les groupes politiques organisés au sein des assemblées parlementaires récupèrent en effet le financement d'une partie des collaborateurs fournis par l'institution aux élus pour rétribuer certains de leurs permanents et faire prévaloir un strict encadrement politique des parlementaires.

Les assistants parlementaires[13] sont des collaborateurs politiques, et non un simple secrétariat, liés par contrat à un député ou un sénateur, mais rémunérés sur les crédits de chaque Assemblée. La France s'est convertie tardivement à une pratique utilisée depuis longtemps aux États-Unis et implantée en République fédérale d'Allemagne dès 1969. En 1979 (fin 1980 pour le Sénat), les parlementaires français ont pu disposer d'un second assistant. Cette nouvelle population politique représente déjà 2000 personnes et ce nombre ne peut qu'être appelé à augmenter dans les années futures. En 1985 plus de deux cents députés rémunéraient trois assistants et quatre-vingts en payaient quatre. Ces chiffres montrent que la fonction d'assistant parlementaire est en partie dévoyée puisque, sur l'enveloppe budgétaire dont ils disposent, il paraît impossible que des élus puissent payer plusieurs collaborateurs de haut niveau. Un secrétariat classique se dissimule derrière le vocable « collaborateurs ». Si on considère que la norme de deux collaborateurs par parlementaire était celle qui prévalait aux États-Unis avant la seconde guerre mondiale et qu'outre-Atlantique chaque élu compte à présent plus de vingt assistants, on évalue le raz de marée qui menace. Même si elle est partiellement endiguée, la tendance lourde demeurera à l'inflation des effectifs.

D'autant que l'on peut tabler sur les assistants parlementaires pour se constituer en groupe de défense de leurs intérêts collectifs. C'est d'ailleurs ce que les sénateurs ont redouté dès l'origine et qui explique leurs évidentes réserves face à cette innovation. Bien que la nature des contrats passés implique une myriade d'individus, toute l'action de ces nouveaux venus dans la classe dirigeante vise à se faire admettre comme un corps, cette suprême ambition de toute entité para-administrative. Un syndicalisme de fait s'est développé à travers deux associations reproduisant, schématiquement, le clivage droite-gauche du Parlement [14]. Les assistants socialistes ont même organisé un « sit-in » à l'Assemblée nationale en 1982 pour réclamer un statut. Un jour ou l'autre, de guerre lasse, ils obtiendront gain de cause et une nouvelle strate viendra figer un peu plus le personnel politique.

La création des assistants parlementaires, longtemps réclamée par le socialiste André Chandernagor, aujourd'hui premier président de la Cour des comptes, a été officialisée par Edgar Faure et étendue par Jacques Chaban-Delmas. Ce n'était pas un luxe. Les parlementaires français, en effet, ont longtemps été démunis. Ils ne disposaient ni de locaux de travail dignes de ce nom, ni de collaborateurs autonomes. Ils ne pouvaient compter, pour préparer leurs interventions ou étudier les textes en discussion, que sur leurs recherches personnelles ou l'aide fournie par les services administratifs de l'Assemblée au sein de laquelle ils siègent. Mille cent cinquante fonctionnaires à l'Assemblée nationale, neuf cent cinquante au Sénat, sont à leur service. Dans ce nombre, les administrateurs des services législatifs de l'Assemblée nationale ne comptent que pour quatre-vingt-sept. Recrutés sur concours, ils sont au moins titulaires d'un diplôme de sciences politiques ou d'une maîtrise en droit. Sans mettre en cause ni leur dévouement ni leurs capacités, les parlementaires se trouvaient néanmoins désavantagés dans ce tête-à-tête.

De fait, c'est souvent à l'échelon des administrateurs des Assemblées que nombre de lobbies choisissent d'agir. La stratégie est habile. L'intervention, si elle est conduite intelligemment, est beaucoup moins voyante que lorsqu'elle s'effectue auprès des parlementaires. Elle peut apparaître, y compris aux yeux de l'élu abusé, comme une réplique à la bureaucratie, une défense du citoyen, et bénéficier immédiatement d'un préjugé favorable. Vendu aux parlementaires sur des critères strictement techniques, au nom d'une compétence que l'administrateur serait seul à détenir, l'amendement soufflé par tel ou tel groupe de pression peut même, lorsque tout se passe bien, être pris en compte par des députés ou sénateurs de tendances politiques opposées.

Donner aux élus plus d'autonomie dans l'organisation de leur travail constitue donc un progrès, quoi qu'en pensent les fonctionnaires des assemblées parlementaires. Un progrès qui ne va cependant pas sans inconvénients. Le développement des collaborations techniques, tant au profit de l'exécutif que du législatif, conduit en effet à développer un travail strictement parasitaire. Il est, par exemple, plus que probable que l'augmentation constante du nombre des questions écrites posées par les parlementaires ne se justifie que par les disponibilités de leurs assistants. Depuis la mise en place de ces collaborateurs, le total des questions écrites est passé de 11 500 (en 1975) à 16 000 (en 1980) pour atteindre 18 000 (en 1986). Cette procédure, souvent à peine supervisée par l'élu, génère une structure administrative de réponses placées sous le contrôle politique des cabinets ministériels. Dans cette masse de questions, la plupart sont posées non pas pour l'intérêt d'une réponse déjà connue du parlementaire, mais pour justifier auprès des électeurs de l'intérêt porté à leurs préoccupations, à leurs revendications. Marginalement, une fraction de cette noria correspond toutefois à un réel contrôle parlementaire.

La caricature devient en revanche totale avec les interventions. Chaque parlementaire reçoit quotidiennement plusieurs dizaines de lettres lui demandant un coup de pouce pour le service militaire du petit, la pension du grand-père, un emploi, la mutation d'un fonctionnaire, etc. La quasi-totalité de ces demandes entraîne une correspondance en circuit fermé, c'est-à-dire sans véritable traitement du dossier. Le parlementaire écrit au ministre responsable de l'administration concernée et s'empresse de transmettre une copie de cette correspondance à l'électeur quémandeur. Le service du ministère spécialisé dans les interventions répond par une lettre type informant que la situation va être réexaminée et joint un double de cette correspondance de manière que le parlementaire n'ait même pas de photocopie à faire et puisse transmettre la réponse à son correspondant. Il ne s'est, en pratique, rien passé. Si ce n'est que l'idée, déjà si fortement ancrée, que les décisions ne se prennent qu'à Paris en sort renforcée. Des centaines de fonctionnaires ne sont employés que pour entretenir ce circuit parasitaire d'interventions formelles qui est dégradant pour le citoyen, l'élu et l'État. Seulement, personne n'a le courage de répondre aux solliciteurs que les passe-droits n'ont pas lieu d'être et que — sauf cas limites pour lesquels existe d'ailleurs un médiateur — leurs dossiers seront mieux réglés sur place qu'en encombrant les administrations centrales.

Création néanmoins souhaitable, l'institution des assistants parlementaires a été dès sa naissance marquée du double sceau qui génère les technocraties. Elle a été imposée au nom — une fois de plus ! — de la compétence et elle permet à « une nouvelle catégorie de fonctionnaires de se glisser au sein d'un personnel politique venant se superposer à la structure administrative existant depuis toujours dans les Assemblées [15] ». Toutes proportions gardées, on retrouve le schéma gouvernemental du cabinet ministériel coiffant les administrations centrales.

Et on retrouve, chez les assistants parlementaires, la même précarité que chez les membres de cabinet. Collaborateur de ministre ou collaborateur de parlementaire, le contrat qui vous lie à la personnalité n'a de valeur qu'aussi longtemps que le contractant occupe les fonctions qui lui ont permis de recruter. Le ministre s'en va, l'élu est battu, il appartient aux collaborateurs de se reclasser. Rien ne leur est dû [16]. Certes, juridiquement, les statuts des personnels de cabinets ministériels et des assistants parlementaires ne sont pas identiques. Les premiers sont des agents contractuels de l'État alors que les seconds, bien que rémunérés sur des fonds publics, n'ont aucun lien juridique avec les Assemblées et sont associés à un élu par un simple contrat de droit privé. En pratique, le caractère limité dans le temps de la fonction demeure. Dès lors, face à une telle instabilité, quel type de recrutement s'offre au parlementaire ? Il en existe quatre : la famille[17] ; des retraités qui utilisent ainsi leur temps disponible ; de jeunes diplômés qui tentent par ce biais de s'insérer dans la vie active (ils constituent le plus gros bataillon) et... des fonctionnaires garantis de retourner dans leur administration d'origine si les aléas de la vie publique l'exigent.

Les lois de décentralisation qui ont créé une fonction publique territoriale se sont efforcées de respecter une égalité de statut avec la fonction publique d'État, ne serait-ce que pour faciliter les transferts de l'une à l'autre. Ce qui veut, par exemple, dire que les détachements étaient également possibles pour les fonctionnaires territoriaux, y compris auprès de parlementaires. La droite est revenue sur cette facilité. Pourtant, les pesanteurs naturelles risquent fort, dans les prochaines années, de développer au niveau régional, départemental et local une évolution comparable à celle qui a transformé la nature de l'exécutif national. La fonctionnarisation du personnel dirigeant, du personnel politique, va se répandre dans l'ensemble du pays, se généraliser.

Comme les jeunes diplômés occupant des fonctions d'assistant sont obsédés, en règle générale, par la précarité de leur situation, ils consacrent l'essentiel de leurs efforts à mobiliser les relations qu'ils nouent au Parlement pour tenter de décrocher un statut stable. S'ils se sont mis au service d'un élu c'est, souvent, parce qu'ils n'étaient pas parvenus, durant leurs études, à intégrer la fonction publique d'État à un niveau correspondant à leurs espoirs ou à leur vanité. Ils utilisent donc le détour par la politique pour se donner une nouvelle chance et tenter de s'infiltrer dans l'encadrement de la fonction publique territoriale. Il y a, au Parlement, suffisamment de présidents de région, de Conseils généraux, de maires, pour que le calcul ne soit pas absurde et, avec le développement des effectifs entraîné par la décentralisation, que des postes se révèlent effectivement disponibles. La boucle se referme. Entre l'entrée des fonctionnaires d'un côté et la transformation des jeunes professionnels de la politique[18] en fonctionnaires de l'autre, la confusion des genres se poursuit allégrement.

Bien que le recul manque encore pour avoir une vue d'ensemble de la situation, les premières études partielles confirment cette hypothèse. Dans le travail qu'il a effectué sur les assistants parlementaires, Bertrand Kern[19] classe les emplois de reconversion des anciens assistants : 26 % appartiennent à l'administration, 13 % à des organismes parapublics, 5 % à l'enseignement, 5 % sont permanents d'une organisation politique et un peu moins de 5 % ont intégré des cabinets ministériels, ce qui est pratiquement automatique lorsque le parlementaire dont ils dépendent devient ministre. On retrouve donc la moitié de ce personnel dans un statut de fonctionnaire ou assimilé, étant entendu qu'une partie d'entre eux en bénéficiait déjà avant de devenir assistant parlementaire.

Dès l'élection législative de 1981, alors que les assistants parlementaires n'existent que depuis cinq ans, quatre d'entre eux changent de statut et deviennent députés. Il s'agit des socialistes Claude Bartolomé, Jean-Pierre Destrade et Paulette Nevoux et du RPR Bruno Bourg-Broc. Le phénomène s'est accentué en 1986 puisque trois ex-assistants ont, à leur tour, forcé les portes de l'hémicycle du Palais-Bourbon : Francis Saint-Ellier (UDF), Eric Raoult (RPR) et Jérôme Lambert (PS). Même si cette autosélection interne au Parlement devait demeurer d'une ampleur limitée, la conquête de mandats locaux ira inévitablement de pair avec l'incrustation des assistants dans des structures territoriales stables leur donnant non seulement un pouvoir administratif, mais le loisir de poursuivre une activité politique commencée dès la fin des études. Et, en dépit d'un culte démagogique de la jeunesse, rien ne prouve qu'un recrutement de cette nature ne risque pas, à terme, de susciter dans la gestion politique des réactions de rejet comparables à celles que la prolifération des *Golden boys* avait suscitées dans l'univers boursier.

Les collectivités territoriales sont l'enjeu des prochaines décennies. Tous les assistants parlementaires n'ont pas vocation à participer au vibrionnement parisien. Une nette majorité d'entre eux résident dans la circonscription de l'élu pour lequel

151

ils travaillent. La création du second poste de collaborateur avait d'ailleurs été justifiée par cette dualité assemblée parisienne-circonscription locale à laquelle doivent se plier les parlementaires. À l'inverse toutefois, de plus en plus d'élus cumulant un mandat national et un mandat local, utilisent comme assistant parlementaire à Paris des personnels des collectivités territoriales qu'ils dirigent. Ce système leur permet d'accroître le nombre ou le niveau de leurs collaborateurs sans qu'ils aient à se préoccuper de leur rémunération. Payés par des collectivités territoriales, ils viennent travailler dans la capitale avec leur député ou leur sénateur sous couvert d'un « contrat d'études » renouvelé tacitement qui leur permet de récupérer l'indemnité due à l'assistant par les Assemblées. Cette pratique très répandue chez les parlementaires n'en est pas moins une violation des textes. Elle permet en effet, derrière la façade de contrats d'études des plus symboliques, d'accorder un cumul de rémunération à des personnels qui souvent n'y ont pas droit. Car, comme par hasard, qui réapparaît à travers cette pratique juridiquement condamnable ? Essentiellement des fonctionnaires de l'administration territoriale ! La quasi-totalité des contrats d'études signés par des sénateurs correspondent à ce type de pratique illicite, constatait en 1983 le Sénat.

Chapitre 6

LIBÉRALISME

La fonctionnarisation de la vie politique n'est pas la simple résultante du développement des domaines d'intervention de l'État durant les XIXe et XXe siècles. S'il suffisait d'abandonner l'« État-providence » et de revenir au simple « État-gendarme » de naguère pour régler le problème, les libéraux seraient sur la bonne voie. Or, l'examen des politiques qu'ils mènent montre qu'ils sont bien loin de s'atteler à la question et qu'au contraire ils accentuent la dérive.

Certes, tous les programmes libéraux, de Washington à Paris, préconisent une réduction plus ou moins drastique du nombre des fonctionnaires. Les chiffres, en ce domaine, ne signifient pas grand-chose. On comptait encore, il y a peu, 50 000 agents dans le tri postal et chacun s'accorde à prévoir qu'en raison de la mécanisation de cette tâche ils ne seront, à terme, plus que 5 000. La diminution du nombre des fonctionnaires ainsi opérée ne change strictement rien au poids ni au rôle de l'État et de son administration.

En réalité, la réduction du nombre des agents de l'État ne fait que traduire l'abandon d'un certain nombre de politiques sectorielles, dans le domaine social en particulier. Elle ne modifie pas la relation de pouvoir qui s'est créée entre le pays d'une part, la haute administration et les équipes politiques qui gouvernent d'autre part. Un dépérissement des pratiques démocratiques se constate dans tous les grands pays occidentaux. L'exclusion du citoyen cantonné dans un rôle de spectateur, pour ne pas dire de téléspectateur, affranchit de plus en plus les gouvernants du contrôle populaire en les laissant en tête à tête avec une haute administration ou soumise ou complice. Et le plus grave est sans doute l'indifférence générale face à cette situation. Bien plus, tout un discours se développe tendant à présenter comme un progrès le fait que non seulement les options gouvernementales mais la définition même des politiques soient l'apanage de « professionnels ».

Idéologie de la compétence

Lorsque Jean-François Kesler[1] oppose, par exemple, les « politiciens professionnels qui n'ont pas d'autre métier que la politique et qui en vivent », au sens de l'État des énarques devenus ministres, à cette « nouvelle génération d'hommes politiques née de l'ENA, plus compétente et plus rigoureuse », comment ne pas frémir ? Voici un homme de gauche qui a consacré des années de sa vie à la formation des fonctionnaires et à l'étude de l'univers si particulier de l'énarchie, et pourtant lui aussi succombe à la mythologie de la compétence. Sauf à sombrer dans l'aveuglement partisan, en quoi dans leur action gouvernementale Jacques Chirac serait-il plus ou moins démagogue que Pierre Bérégovoy, Laurent Fabius plus ou moins cohérent que Michèle Barzach ?

De même, au fil d'une enquête du journaliste Michel Richard[2], des hauts fonctionnaires utilisent à deux reprises le terme « incompétence » pour récuser les nominations effectuées au tour extérieur. L'un d'eux ajoute même : « c'est la nomination de gens incompétents la seule vraie politisation ». Or, qui est ainsi décrété « incompétent » ? Les accusés sont en vérité clairement identifiables puisque certains ont même été montrés du doigt. Il s'agit d'hommes dont l'extraction sociale n'apparaît pas digne d'un accès au cénacle : un attaché de direction d'hôpital promu par Laurent Fabius, un intendant universitaire lié familialement aux propriétaires de l'hôtel de Château-Chinon où François Mitterrand séjourne, un ancien conseiller général du Nord ayant débuté comme coupeur dans le textile. De fait, certaines de ces promotions sont discutables dans leur principe même. L'élection confère une formation aux responsabilités et peut justifier de telles nominations. Les fidélités personnelles et les liens amicaux ne devraient pas suffire à ouvrir les portes. Tout aussi discutable est l'usage classique des tours extérieurs. Ils n'ont jamais favorisé une démocratisation, même au lendemain de la Libération. Comme ils reposent essentiellement sur des réseaux sociaux, ils servent surtout à la classe dirigeante pour se reclasser et notamment aux enfants de hauts fonctionnaires ayant échoué dans l'accès aux grands corps au moment de leurs études.

Ce qui trouble l'harmonie de l'aristocratie administrative, ce ne sont pas les analyses politiques de tel ou tel, mais une différence de mode de vie et de comportement. La lutte des classes passe aussi en son sein. Nommé au Conseil d'État après avoir été secrétaire d'État à la fonction publique dans les gouvernements de Pierre Mauroy, Anicet Le Pors a ainsi été convoqué un jour par le secrétaire général de l'institution. La veille, l'ancien ministre, interrogé sur une radio, avait répondu qu'il était solidaire du mot d'ordre de grève de vingt-quatre heures lancé dans la fonction publique et donc « moralement gréviste ». Un conseiller d'État gréviste, voilà qui posait un problème aigu aux « sages » du Palais-Royal. D'autant qu'il leur fallait, sur ce point, appliquer à Anicet Le Pors une circulaire qu'il avait lui-même signée naguère prévoyant la retenue d'une journée de salaire. Comme le conseiller d'État était en avance sur son planning officiel de travail, cette retenue ne pouvait guère se concrétiser. En réalité, la seule inquiétude du secrétaire général était de savoir si, parce qu'il aurait sanctionné un membre de l'institution, ce dernier l'attaquerait en retour... en Conseil d'État ! Anicet Le Pors en rit encore.

C'est bien le conformisme social qui, le plus souvent, s'abrite derrière la notion de compétence. Parfois aussi, elle ne sert de camouflage qu'aux options partisanes. Comment expliquer autrement l'usage qu'en a fait, en mai 1987, Jacques Chirac lorsque, invité à « L'heure de vérité », il a affirmé que les P-DG d'entreprises nationalisées remplacés en 1986 ne l'avaient été que sur des critères de « compétence » ? Au nombre des présumés « incompétents » se trouvaient donc une brochette de hauts fonctionnaires dont des hommes aussi peu marqués à gauche que Jean-Yves Haberer, directeur du Trésor sous les gouvernements de Raymond Barre, ou Jacques Mayoux, ancien patron du Crédit agricole et de la Société générale. On peut signaler, au « Premier ministre que la cohabitation a donné à la France », afin de l'inciter à modérer ses jugements, qu'une enquête effectuée en 1985 par le Congrès des États-Unis révélait que cinq cent mille faux diplômés exerçaient dans le pays, dont deux cents au sein d'organismes fédéraux, y compris la Maison-Blanche, les services secrets, et l'état-major des armées. Le Pentagone détenait d'ailleurs le record des faux diplômés avec un total de soixante-dix.

Au fil du reportage tendrement ironique qu'il a rapporté d'un vagabondage au sein de l'énarchie [3], le journaliste Michel Schifres relève lui aussi : « Force est d'avouer, qu'à l'ENA on enseigne moins qu'on ne donne un état d'esprit, voire une idéologie : celle de la compétence. » Cette idéologie est dominante dans les sphères dirigeantes de la société. C'est elle qui s'exprime lorsque le directeur général des programmes de RTL, Philippe Labro, précise que lui-même et ses journalistes ne sont ni de gauche ni de droite, mais des « professionnels ». C'est elle que l'on retrouve à la base des tentatives de « recentrage » développées au sein du parti socialiste. Les incontestables victoires idéologiques remportées, ces dernières années, au détriment de la gauche par les néo-libéraux en sont la conséquence. Elles sont le fruit de batailles non livrées, nombre de socialistes s'étant précipités vers leurs adversaires pour leur rendre les armes au nom de « la compétence ».

Accepter cette référence, c'est admettre le code de l'élite dirigeante et donc agir dans les limites du cadre qu'elle juge acceptable. Le vertige de l'intégration sociale est d'autant plus fort que la promotion est importante. Être qualifié par les cercles dirigeants et les médias de « grand économiste », parce qu'on met en œuvre la dérégulation boursière plus rapidement que dans une République fédérale d'Allemagne gérée par les conservateurs, constitue pour un autodidacte comme Pierre Bérégovoy un mirage auquel il ne peut résister. Si on permet à l'auteur un témoignage personnel, je conserve le souvenir — attendri — des visites périodiques qu'Alain Minc me rendait à Matignon lorsque j'occupais les fonctions de chargé de mission auprès de Pierre Mauroy. Inévitablement dans la conversation, l'inspecteur des Finances reconverti en industriel lançait à l'ancien journaliste entré dans le « tout-État » : « Alors te voilà devenu un pro. » Ou : « C'est fou ce que tu es vite devenu un pro. » Flatteuse sans doute — sinon je ne la raconterais pas ! —, l'anecdote est surtout révélatrice de la dimension prise en profondeur, même inconsciemment, par cette dimension de la compétence, du professionnalisme.

A travers ce culte de la méritocratie c'est une véritable régression de la démocratie qui se profile. On en revient ni plus ni moins à l'époque du suffrage censitaire, lorsque Benjamin Constant expliquait que le critère de l'âge était insuffisant pour donner accès au vote. Il y fallait en plus « le loisir indispensable à l'acquisition des lumières, à la rectitude du jugement — la propriété seule assure ce loisir ». On pourrait dire aujourd'hui, la haute fonction publique seule assure ce loisir ! Cette transposition serait d'autant moins excessive que l'étroite origine sociale de l'élite administrative corrobore le lien ainsi établi entre propriété et niveau d'instruction.

Il ne s'agit bien évidemment pas de nier les capacités techniques, souvent réelles, des administrateurs. Leur mission est, répétons-le, essentielle. La France possède, phénomène rare à l'échelle des nations, une fonction publique de qualité et de haut niveau. Raison de plus pour l'empêcher de déserter ses terrains naturels d'activité et de monopoliser les fonctions politiques, puisqu'en dépit de la qualité globale de l'administration, sur le terrain tout est loin d'être parfait.

Tout appareil administratif tend, en effet, à mettre en œuvre sa propre stratégie, relativement permanente et homogène, indépendamment des orientations gouvernementales successives. Lorsqu'une équipe ministérielle entend sortir du moule, si elle veut décentraliser, par exemple, le premier obstacle qu'elle rencontre a pour nom « compétence ». « Ce n'est pas possible », « nous ne savons pas le faire », vont affirmer, au nom de leur bagage technique, des cadres administratifs qui refusent en fait l'orientation tracée. Certes, les administrateurs sont fondés à défendre leur rôle de frein institutionnel. Il est vrai qu'ils épargnent ainsi à la collectivité les conséquences néfastes d'initiatives individuelles ou improvisées. Toutefois, les abus du pouvoir administratif utilisant sa fonction de rouage pour empêcher la mise en œuvre d'une décision prise par les gouvernants sont légion. Alain Peyrefitte a même fait de la collation de nombre d'entre eux un succès de librairie sous le titre *Le mal français*. Deux techniques sont prioritairement utilisées. La plus courante, parce que la moins engageante pour celui qui y recourt, tout en demeurant efficace, reste l'inertie.

Que de décisions, que de circulaires demeureront lettre morte ! Jean Le Garrec a été le dernier — pour l'instant — des ministres en charge de l'administration à tenter de mettre un terme à l'abusive règle de l'anonymat. Sans plus de succès que lors des tentatives précédentes. Dans combien de bureaux de poste les badges sont-ils portés, les chevalets nominatifs placés de telle sorte qu'ils soient visibles par l'usager ? Dans combien de tribunaux le greffe continue-t-il, jour après jour, à faire parvenir des convocations qui ignorent le patronyme du magistrat censé le signer ?

L'inertie peut, à la limite, prendre des allures de bravade. Telle est l'attitude adoptée, avec succès, depuis des décennies, par l'administration des Finances pour demeurer enkystée au sein du Louvre en dépit de l'intérêt général et contre la volonté des gouvernements successifs depuis plusieurs décennies. C'est de Gaulle en personne qui avait pourtant décidé le transfert au cours des années 60. Il comptait installer le ministère des Finances à la place des Halles. Le préfet de la Seine de l'époque se souvient encore d'avoir entendu, à la sortie de la réunion notifiant cette décision aux administrations concernées, le directeur du budget annoncer à ses collègues de la haute fonction publique :

— Cela ne se fera pas.

— Et pourquoi ? interroge le préfet.

— Parce que je ne veux pas, réplique, superbe, le représentant des Finances.

Le propos pouvait paraître prétentieux. Il n'aura été que prophétique. Alors même que la volonté de François Mitterrand semblait devoir faire du Grand Louvre une réalité, la morgue de l'administration des Finances l'emporte une fois de plus.

La « compétence » traduite en actes, c'est une administration engorgée par les litiges qu'elle suscite. Le conseil d'État met deux ans et demi à rendre un arrêt tandis que dix à vingt mille dossiers sont en attente et la situation est aussi bloquée au niveau des tribunaux administratifs. De ce fait, échappant en pratique à tout contrôle de légalité, les circulaires et autres notes internes, ignorées des citoyens, constituent la véritable nasse dans laquelle ils se débattent au gré d'un bon vouloir bureaucratique.

Michel Maffesoli[4] a bien décrit le piège qui résulte de l'usage simultané des deux notions de « cohérence » et de

« compétence ». « Au nom de l'impératif de la cohérence, écrit-il, le savoir technicien tend à contester ou à se substituer au politique de qui il dépend. La technologie du pouvoir devient dès lors le pouvoir de la technologie [...] Il ne faut pas oublier, ajoute-t-il, que le savoir technique lui-même, dans sa structure et dans son fonctionnement, obéit à des processus de mise en place, d'assignation, d'occultation, de réduction qui sont en fait du même ordre que les mécanismes qui régissent le politique. On peut d'ailleurs émettre l'hypothèse qu'il y a dans l'ordre du savoir (dans sa compétence, son efficacité...) un arbitraire incorporé et rationalisé, peut-être plus dangereux que l'arbitraire impuissant de l'ordre politique. »

Sans poursuivre plus avant le débat, il est clair que poussé jusqu'à sa limite extrême, le discours sur la compétence exigerait de substituer le concours aux élections. Le politique, y compris par son incompétence technique, pose sur l'action de l'administrateur professionnel, de l'ingénieur d'État, un regard extérieur qui seul permet une distance critique et évite une logique technicienne dont la démarche tendrait inévitablement à basculer vers le totalitarisme. La seule garantie réelle réside justement dans « l'incohérence » démocratique, dans la perturbation qu'elle introduit. Si trop de politiques raisonnent et agissent en techniciens, la coupure avec le pays est inévitable, avec tous les risques qui en résultent. « Il est important que le pouvoir relativise le savoir de la même manière que le savoir peut relativiser le pouvoir[5]. »

Le mythe de l'intérêt général

Le discours sur la compétence n'est pas le seul élément qui fonde la démarche technocratique. L'autre composante de cette idéologie est constituée par la notion d'intérêt général. La haute fonction publique, par sa permanence et son caractère non partisan, serait à même d'exprimer les orientations convenant le mieux au pays. A l'inverse, les élus, contraints par le clientélisme inhérent au suffrage universel, pressés par le temps et, parfois, aveuglés par un discours théorique ou des rivalités partisanes, ne viendraient que brouiller le jeu. Il est effectivement facile de montrer les limites de la liberté de choix dont disposent les élus. Qui oserait pour autant prétendre que l'administration n'est pas assiégée par des pressions contraires ? Certaines conceptions du corporatisme n'ont-elles pas des effets analogues au clientélisme ? Qui de l'administrateur ou de l'élu est le mieux à même de déterminer l'intérêt général en matière d'urbanisation, de logement social, de protection des sites, etc. ? Bien sûr de lui qui oserait trancher.

Toutes les études universitaires qui tentent désespérément de rationaliser les mécanismes de la prise de décision offrent, par rapport au réel, le même décalage que les tableaux du XVIIIᵉ siècle prétendant croquer la vie du siècle. « Qui a vu comment se prend une décision grave, qui engage personnellement ceux qui la prennent, est dégoûté à jamais de tout discours sur la rationalité des choix et la sociologie de la décision », écrit par exemple Guy Thuillier[6], ancien des cabinets d'Edgar Faure et de Robert Boulin. Cette appréciation pourrait probablement être contresignée par la quasi-totalité des véritables décideurs.

La référence à un mythique « intérêt général » qu'exprimerait l'administration n'est, elle aussi, que le reflet d'une conception élitiste et a-démocratique. Elle revient à ignorer, en pratique sinon en droit, la prééminence de la représentation populaire et s'inscrit dans la longue tradition aristocratique française. Elle est profondément enracinée non seulement chez ceux qui en profitent, mais aussi dans l'ensemble de la population. Sa répétition de génération en génération, son acceptation par le pays n'en font pas pour autant une vérité.

L'administration pour se targuer de vertus qu'elle est loin de posséder, au moins au niveau où elle le prétend, n'hésite pas à abaisser le politique. Elle le flatte par-devant, affecte la soumission mais ne se sent jamais autant épanouie que lorsque, dans la mise en œuvre, elle obtient les résultats qu'elle souhaitait en limant une décision, en l'ignorant, voire en modifiant son sens et sa portée par la manière dont elle est mise en œuvre. Il n'est pas question de refuser la fonction normative de l'administration, y compris dans ses effets seconds de pesanteur bureaucratique et de ralentissement de l'action publique. Ce qui est en cause est d'une tout autre nature. C'est la propension de la haute administration à s'ériger en un pouvoir technocratique autonome au nom d'un illusoire intérêt général. Car

162

l'intérêt général, tout le monde s'en prévaut : François Mitterrand dès son élection à la présidence de la République comme la plupart des jugements des tribunaux administratifs[7]. Peu de notions sont aussi changeantes et dépendantes d'une vision politique d'ensemble. L'intérêt général s'accroît, par exemple, au fur et à mesure que progresse le domaine d'intervention de l'État. La Culture et l'Environnement qui, naguère, n'en relevaient pas en font à l'évidence partie aujourd'hui. Il devient dès lors paradoxal de fonder un apolitisme de façade sur une notion dont les définitions sont aussi directement dépendantes de conceptions idéologiques. Car la référence à l'intérêt général fonctionne tout autant dans les pays communistes que dans les démocraties occidentales. Elle est brandie en période de conflits pour préserver un consensus et donc, le plus souvent, pour s'opposer à des minorités.

Ce qui aboutit à se réclamer de l'intérêt général surtout dans des batailles juridiques ou des polémiques politiques. L'usage que la haute administration fait de cette notion est, à cet égard, révélateur. Elle en use d'abord pour justifier sa recherche d'autonomie et sa volonté d'imposer son propre pouvoir aux structures politiques. Lui abandonner sans discussion une sorte de monopole de l'intérêt général reviendrait à une capitulation idéologique majeure, à l'abandon de l'éthique démocratique au profit des normes technocratiques. La légitimité se trouverait en effet transférée des élus aux fonctionnaires.

Ce que la haute administration comprend comme l'intérêt général se réduit, trop souvent, à un simple conformisme, à une prudence boutiquière tendant à gommer les aspérités de tous les programmes politiques pour s'en tenir aux formes de gestion qui sont les siennes et auxquelles elle tient plus que tout. Socialisme ou libéralisme, tout est accueilli avec un mélange de condescendance et de suspicion.

Le discours sur l'intérêt général développé par l'administration correspond-il au moins à une retenue réelle face aux affrontements partisans de la vie politique ? La réponse ne peut être que nuancée.

D'abord en ce qui concerne la vie politique elle-même. Entre l'image qui en est donnée et sa réalité, l'écart n'est pas mince. La France est bien loin de vivre en «guerre civile froide ». Au-delà des querelles entre les grandes formations, les points communs sont plus nombreux que les adversaires n'acceptent de le reconnaître. La droite peut, dans certains domaines, se montrer plus progressiste que la gauche. Chaque clientèle tend à figer la marge d'évolution du camp qu'elle soutient, que ce soit, par exemple, les enseignants pour la gauche ou les commerçants pour la droite. Il arrive que des idées transitent, au fil du temps, d'un camp dans l'autre. Ce fut le cas, au cours du siècle écoulé, du colonialisme comme de la décentralisation. Le caractère artificiel de certains affrontements politiques est d'autant plus inévitable que l'immense majorité de la population ne se sent pas impliquée et observe le combat en spectateur. Même en feignant d'accorder crédit aux niveaux d'effectifs dont se targuent les formations politiques, moins de 2% des Français sont inscrits dans leurs rangs. Et cette situation est immuable au fil des Républiques. Elle a même permis d'affirmer que la nation politique française, celle qui a un rôle actif, n'est pas plus large en cette fin de XXᵉ siècle qu'au temps de la monarchie de Juillet quand régnait encore le suffrage censitaire. Charles Maurras ne s'est d'ailleurs pas privé de railler une démocratie fondée sur 20 à 30000 citoyens. Et Théodore Zeldin[8] est allé jusqu'à écrire qu' «on pourrait démontrer qu'après 1848 la politique a cessé d'être une préoccupation majeure» des Français.

Il est vrai que la critique des partis, la dénonciation de leur rôle présenté comme néfaste, constituent l'un des thèmes récurrents de notre vie nationale. Dans ce domaine le général de Gaulle se bornait à faire écho à Napoléon III et à Pétain. Aujourd'hui encore, c'est en brandissant le «péril» que constituerait le renforcement de partis politiques exangues que sont menés les principaux assauts contre la représentaion proportionnelle. Le mode de scrutin pourtant le plus répandu — et de loin — en Europe et qui a été retenu, dès 1979, par les États membres de la Communauté européenne pour l'élection de l'assemblée de Strasbourg. Y compris dans le choix de ses systèmes électoraux la France montre ainsi son peu de goût pour une véritable démocratie. En cultivant complaisamment l'antique scrutin majoritaire de circonscription, elle accepte de laisser sans représentation parlementaire près de la moitié des électeurs quand ce n'est pas une majorité. Sous la IIIᵉ République, il était devenu de règle que les députés élus représentent une minorité d'électeurs, le plus grand nombre s'étant prononcé pour des candidats non élus. Ce n'est pourtant ni parce que les surenchères partisanes aiguisent artificiellement et déforment les véritables conflits de la société française ni parce que le système politique représente de manière biaisée la population qu'une catégorie socioprofessionnelle peut s'ériger en sage et prétendre être à même de décrypter les orientations véritablement souhaitées par la population.

Il est d'ailleurs assez piquant que cette idéologie de la haute fonction publique se soit fondue dans un discours libéral. Les hauts fonctionnaires français, qui encadrent les partis de droite et peuplent le gouvernement, réussissent sur ce point un numéro d'un rare brio. Alors qu'un peu partout dans le monde l'accent est volontiers mis sur l'inefficacité bureaucratique, notre élite administrative s'installe sur cette vague et en fait son nouveau cheval de bataille. Paradoxalement, elle récupère le discours libéral pour justifier l'élargissement de son emprise sur les sphères de décision sociale. Le décalage entre une véritable aristocratie et la masse des serviteurs de l'État et des collectivités territoriales, qui constitue l'une des caractéristiques de la fonction publique française, s'en trouve encore accentué.

L'expérience des années 80 prouve qu'il est inutile de compter sur les libéraux pour régénérer les pratiques démocratiques, définir et respecter les responsabilités réciproques de l'administration et des politiques et desserrer la contrainte que fait peser, en France, la haute fonction publique. Leur pratique gouvernementale, aux États-Unis comme en Grande-Bretagne, s'est soldée, dans les faits, par une accentuation du centralisme et une politisation de l'administration érigée en système. Force est de constater que nos libéraux français, si prompts à reproduire les textes de leurs homologues britanniques et américains et si sûrs, il y a peu, de révolutionner notre société jacobine, se sont curieusement montrés silencieux sur cette question de la haute administration. Tout comme ces pourfendeurs des empiétements de l'État n'ont pipé mot devant ce qui s'est passé ces dernières années aux États-Unis et en Grande-Bretagne. Les méthodes mises en œuvre dans ces deux pays et la conception qu'elles révèlent des rapports entre le politique et l'administratif méritent pourtant de retenir l'attention.

Il ne s'agit pas là, comme tentent parfois de le faire croire les libéraux, d'un débat à caractère théologique. Il est intellectuellement admissible que, pour eux, la notion de «service public» puisse n'avoir aucun sens. Ou du moins qu'ils ne parviennent pas à lui trouver une nature différente du service tel qu'il est compris par les entreprises du secteur privé. Ce qui est en cause est d'une tout autre nature. C'est la conception même de la démocratie.

Reagan et les manipulations politiques

A cet égard, la démarche de Ronald Reagan et de son équipe est particulièrement intéressante dans la mesure où leur ambition avouée, à l'aube du premier mandat présidentiel du vieux cow-boy californien, consistait justement à faire évoluer les mœurs politico-administratives américaines. L'idée centrale des nouveaux maîtres du pouvoir politique reposait sur un contrôle strict d'une administration fédérale regardée avec suspicion.

Pour comprendre la manière dont les libéraux reaganiens conçoivent l'art de gouverner, encore faut-il, en quelques mots, décrire le modèle administratif américain. Il ne se limite pas au fameux *spoils system*, ce «système des dépouilles» qui permet à la force politique majoritaire de s'adjuger, dans la foulée de sa victoire, la plupart des principaux postes administratifs. Une pratique qui semble, trop souvent, être la seule dimension méritant de retenir l'attention de l'opinion française.

Comme dans pratiquement toutes les démocraties occidentales, c'est la gauche qui, en raison de son souci constant de rationalisation, s'est efforcée de limiter les abus et de protéger les cadres de la fonction publique tout en garantissant l'efficacité de l'outil administratif. Jimmy Carter avait donc engagé, en 1978, une importante réforme en créant le *Senior Executive Service*[9]. Elle devait marquer, expliquait-on à l'époque, un rapprochement des systèmes américain et européen. Une thèse contestable dès l'origine. Certes, le *Senior Executive Service* a regroupé dans un même cadre quelque 7 000 hauts fonction-

naires américains correspondant, en gros, à nos administrateurs civils. En ont été exclus les emplois discrétionnaires auxquels les gouvernants nomment sur critères politiques. A première vue, il est donc exact que la réforme de Carter rappro-
chait l'administration américaine des normes européennes
puisque les postes concernés par ce nouveau cadre étaient
auparavant pourvus en fonction d'affinités partisanes et, en
pratique, guère accessibles aux professionnels de l'administration. En fait, Jimmy Carter avait cherché ainsi à lutter contre
l'une des plaies de l'administration américaine : l'hémorragie
des cadres qui, faute de pouvoir accéder aux plus hautes responsabilités à cause du *spoils system*, préfèrent quitter la fonction publique pour terminer leur carrière dans le privé.

La création du *Senior Executive Service* avait pour ambition de pérenniser un pouvoir administratif en précisant la
frontière entre les deux univers : politique et administratif. Il
cherchait à remédier au mal dont souffrent aujourd'hui les
démocraties occidentales, même si le déséquilibre entre administration et politique est inverse en France à celui constaté aux
États-Unis. Certes, en raison du conservatisme inhérent à tout
groupe social, les fonctionnaires américains ont accueilli avec
réticence cette innovation. Pourtant, la logique d'un tel cadre
commun aurait dû être de favoriser, au-delà de l'hétérogénéité
des agences gouvernementales américaines, l'émergence d'une
sorte de « corps » au sens européen du terme, donc de renforcer le rôle de la haute fonction publique.

Toutefois, dès l'origine, cette réforme administrative
s'effectuait sur des bases qui ont bien peu à voir avec notre tradition européenne. Non pas que les hauts fonctionnaires américains échappent totalement à la collusion avec les responsables politiques. Ils ont su tisser des liens avec les commissions
du Congrès qui leur permettent de répartir les crédits et de
moduler les décisions en fonction de leur propre conception de
l'intérêt général. L'imbrication demeure néanmoins plus limitée qu'en Europe et la démarche des gouvernants démocrates
américains restait fondée sur une conception marchande du
rôle des hauts fonctionnaires. A l'inverse de la situation que
nous connaissons, il n'a jamais été question de leur reconnaître
une compétence en quelque sorte « neutre » pour ne pas parler,
comme n'hésitent pas à le faire nombre de chantres de l'admi-

167

nistration française, de « magistrature morale ». Il est inconcevable, pour un esprit américain, qu'une administration puisse, en raison de son seul professionnalisme, exprimer un quelconque intérêt général. Sur ce point, l'attitude américaine est incontestablement d'essence plus démocratique que celle qui prévaut en Europe. Les Européens gagneraient à prendre exemple sur cette situation. Par exemple en s'efforçant, comme outre-Atlantique, de moduler les primes en fonction des mérites et non simplement des fonctions exercées. Des primes qui, au demeurant, ne sont pas semi-clandestines comme en France mais prévues par la loi qui fixe également le pourcentage du traitement qu'elles ne doivent pas dépasser[10]. Même si cette tentative d'organiser une rémunération au rendement dans la fonction publique a échoué aux États-Unis, notamment en raison de l'hétérogénéité d'une administration dépourvue de toute grille permettant une appréciation comparative des fonctions exercées, certains des éléments qui la composaient mériteraient de retenir l'attention des responsables des administrations européennes.

Certains théoriciens américains du droit administratif ont même, au moment de l'élaboration de la réforme Carter, poussé à la limite la conception d'une fonction publique simple agent de la nation en préconisant, par exemple, une administration qui soit sociologiquement représentative des composantes du corps social. Quant à V. Otrom, il proposait un système d'administration « à géométrie variable », doté de structures temporaires qui s'adapteraient à la variété et à l'évolution des sujets traités. Une telle proposition, pour aussi surprenante qu'elle puisse nous paraître, ne s'en situe pas moins dans le droit fil de la conception marchande américaine qui veut que l'acte l'emporte sur la structure, que le produit prime l'organisation. En dépit des réticences du Congrès et de l'hostilité des syndicats, les démocrates avaient appliqué à cette haute fonction publique ainsi institutionnalisée des critères d'évaluation individuelle des résultats qui non seulement n'avaient rien à voir avec notre dogme français de l'avancement à l'ancienneté, mais encore qui dissociaient les membres du *Senior Executive Service* de la masse des fonctionnaires subalternes à qui ces règles ne s'appliquent pas. Si, par son cadre, la réforme de Jimmy Carter pouvait se rapprocher du modèle européen, dans la conception même de la fonction administrative il n'en était rien.

Dans la pratique, le décalage par rapport aux normes européennes a été d'autant plus évident que la réforme conçue par l'équipe démocrate de Carter a été mise en œuvre par les libéraux de Reagan dans un contexte d'intense politisation de la haute fonction publique américaine. Comme celle de Margaret Thatcher un an plus tôt, la campagne présidentielle de Ronald Reagan en 1980 a été marquée par des critiques sévères de l'administration fédérale. En conséquence, dès son arrivée à la Maison-Blanche, le nouveau Président tend à dessaisir les hauts fonctionnaires jugés inertes et incapables de mettre en œuvre les principes du libéralisme. Ce qui se traduit concrètement par une diminution du nombre des décideurs, donc une centralisation du pouvoir. Un phénomène équivalent a, pour les mêmes raisons de suspicion, marqué les premiers mois de gouvernement de la gauche française en 1981.

Camouflée derrière le prétexte de la « dérégulation », dogme libéral par excellence, se met en place aux États-Unis, dès l'élection de Reagan, une méthode de gouvernement fondée sur quelques « administrations de mission », placées sous le contrôle direct du Président et, de ce fait, fortement politisées. C'est le cas, en particulier, des *Office of Policy Development, Office of Planning and Evaluation, Office of Management and Budget*. Il s'agit de structures verticales qui rompent totalement avec cette pérennité d'une administration horizontale souhaitée par Jimmy Carter. Pour apprécier à quel point Ronald Reagan entend politiser ces « administrations de mission » il suffit de noter que, lors de son premier mandat, neuf des hommes placés à la tête de ces structures n'avaient non seulement aucune expérience de l'administration au niveau fédéral mais encore s'étaient déclarés hostiles à cet univers. Quant au premier responsable de l'*Office of Parsonal Management*, le chef du personnel de l'administration donc, il s'était montré, durant la campagne, carrément hostile à la fonction publique. Il n'est pas surprenant que sa nomination ait contribué à une hémorragie de hauts fonctionnaires.

Au nom de ce discours critique, de la dénonciation de l'inertie administrative et de la bureaucratie, les libéraux pratiquent un entrisme politique à faire pâlir de jalousie n'importe quel cadre des Internationales communistes. Pour s'en tenir à l'exemple américain, c'est avec Ronald Reagan et son équipe que, pour la première fois et en rupture avec les traditions du pays, les inspecteurs généraux chargés du contrôle des administrations ont été, pour moitié, remplacés par des politiques.

Thatcher viole la constitution

Il serait erroné de voir dans cette évolution une sorte d'accident de parcours résultant des spécificités de la situation aux États-Unis. Bien que nourrie par une tradition toute différente, la Grande-Bretagne n'a pas échappé à une évolution de même nature. A l'inverse du système français, l'administration étatique britannique est quantitativement réduite. Il ne lui appartient pas, en effet, de mettre en œuvre les décisions gouvernementales. Cette responsabilité incombe aux collectivités locales. Ce qui exige pour la bonne marche de l'ensemble une forme de consensus, sinon sur les mesures ponctuelles, du moins sur le rôle de l'État. Une telle situation prévalait au temps de l'« État-providence » incontesté, à l'époque d'un *Welfare State* plus ou moins égalitaire et collectiviste selon qu'il était conduit par les travaillistes ou par les conservateurs mais qui permettait l'indispensable collusion des élites administratives sans laquelle le système britannique d'« asymétrie interdépendante [11] » ne peut que se gripper, voire se paralyser.

C'est ce qui s'est produit avec l'avènement du thatchérisme. Conformément à la tradition britannique, si les collectivités locales doivent mettre en œuvre la politique décidée par le gouvernement, tout se passe en fonction d'un code implicite, de conventions non écrites, d'accords tacites. La pratique quotidienne dépend peu des décisions juridiques. Les compromis politiques priment. Si l'administration locale est prisonnière de choix gouvernementaux sur lesquels elle a certes été consultée mais sans y avoir vraiment prise, en contrepartie le pouvoir central évite de s'immiscer dans les détails d'application. C'est la politique dite de *hands-off*. Ou plutôt c'était.

Dès son premier gouvernement, en 1979, Margaret Thatcher a entrepris de bouleverser ces pratiques [12]. Une série de textes, parmi lesquels le *Local Government Planning and Land*

170

Act et le *Housing Act* en 1980, auxquels vinrent notamment s'ajouter le *Local Government Finance Act* en 1982, ont bridé les collectivités locales, en particulier en les contraignant à réduire leurs dépenses. Bien sûr, ces textes visaient surtout les municipalités travaillistes décidées à contrecarrer non seulement la remise en cause, par les conservateurs, de la protection sociale, mais aussi l'incitation à privatiser de nombreux services communaux, comme le ramassage des ordures, les cantines ou le nettoyage des rues. La gauche britannique s'est donc attachée à maintenir les budgets de fonctionnement des villes qu'elle gère. Et ce, en dépit d'une législation imposée au nom de l'idéologie libérale par la « dame de fer » qui, pour contraindre les collectivités locales, les frappait de lourdes amendes lorsqu'elles dépensaient plus que prévu par le pouvoir central. Des pénalités qu'il était, bien évidemment, interdit de financer par des impôts locaux supplémentaires.

Ce dirigisme libéral, dont la seule évocation fait se dresser d'horreur les colbertistes centralisateurs que nous sommes, n'a pas résisté aux réalités politiques. Imposée par Margaret Thatcher contre la Chambre des lords elle-même — à l'aide du succédané britannique de notre célèbre article 49 alinéa 3 de la Constitution de 1958 [13] —, cette législation de combat a dû être supprimée en 1985. Il n'en demeure pas moins qu'au nom du libéralisme toute l'évolution récente de la Grande-Bretagne se traduit par un renforcement sans précédent des pouvoirs d'une administration centrale de plus en plus ouvertement politisée. Pour ne prendre qu'un seul exemple, les collectivités locales ont perdu, en 1984, le droit de fixer le taux de leurs impôts locaux, pouvoir qu'elles détenaient pourtant depuis 1601. Et l'on dit les Britanniques respectueux de la tradition !

Assimilable, aux yeux de nombreux juristes britanniques, à un véritable viol de la Constitution non écrite de la Grande-Bretagne, cette politique sape la base de l'autonomie communale. Le renforcement de l'emprise de l'État qui en résulte débouche, pour des raisons différentes, sur une évolution identique à celle qui se constate en France. Dans ces deux vieilles nations traditionnellement méfiantes face au pouvoir des juges, on observe un recours de plus en plus fréquent, dans des domaines qui leur échappaient jusqu'alors, à l'arbitrage des magistrats. Et, plus significatif encore, la résistance des collectivités locales travaillistes à ce dirigisme libéral contraint le gouvernement de Margaret Thatcher à empiler texte législatif sur texte législatif pour tenter de faire sauter les obstacles qui surgissent. Ce qui veut dire que, dans un royaume aux fortes traditions d'autonomie locale, la politisation libérale de la fonction publique provoque, en raison même des oppositions qu'elle suscite, une centralisation sans précédent des décisions. Le modèle britannique de démocratie, si longtemps cité en exemple, se transforme en système instable et arbitraire.

Cette dégénérescence n'est pas sans conséquences sur le fonctionnement de l'appareil politico-administratif central. Par tradition, en Grande-Bretagne, les ministres sont responsables de l'ensemble des fonctionnaires qui travaillent sous leur autorité. Jusqu'à une période récente cette notion était vécue comme contraignante. Aujourd'hui, il ne se trouve plus guère d'hommes politiques britanniques pour considérer comme une obligation morale le fait de remettre sa démission en cas de faute d'un de ses subordonnés. Ce recul de la véritable responsabilité politique allant de pair avec une mainmise partisane se retrouve un peu partout en Europe. Comme le note Christian de Brie [14] il s'agit d'« une tentative de rationalisation de l'appareil d'État que l'on retrouve depuis une trentaine d'années dans toutes les démocraties occidentales [...]. Elle s'explique, ajoute-t-il, par le développement des interventions de la puissance publique dans tous les secteurs d'activité et le transfert du pouvoir politique des Parlements aux bureaucraties gouvernementales ».

les « fonctionnaires politiques » allemands

Confrontées à l'instable équilibre entre la haute fonction publique et l'action politique, l'ensemble des démocraties occidentales se réfèrent, plus ou moins explicitement, à la description faite par Max Weber. C'est-à-dire qu'elles distinguent entre des fonctionnaires politiques, qui se caractérisent par le fait qu'ils peuvent être déplacés à volonté, et des fonctionnaires de carrière tenus à une attitude de neutralité. La République fédérale d'Allemagne a probablement poussé le plus loin cette distinction en reprenant la vieille institution prussienne des *politische Beamte*, des fonctionnaires politiques.

Il est vrai que l'administration allemande a aussi été la plus traumatisée par les contrecoups de la vie politique. La « dénazification » mise en œuvre par les alliés, et plus particulièrement par les Américains au lendemain de la seconde guerre mondiale, priva en effet l'Allemagne non seulement de la quasi-totalité de ses cadres administratifs moyens et supérieurs, mais encore de ses juges et de ses professeurs. Seuls étaient considérés comme innocents ceux qui n'avaient appartenu à aucune association liée au parti national-socialiste. Nombre des épurés pourtant ne s'y étaient inscrits que faute de pouvoir faire autrement et sans jamais y exercer la moindre responsabilité.

Soucieux de préserver l'administration d'une infiltration politique qui avait favorisé la conquête de la République de Weimar par les nazis, le nouvel État fédéral prévoit une catégorie particulière de fonctionnaires pour assurer la jonction entre le gouvernement et l'administration. Ces fonctionnaires politiques peuvent à tout moment être mis en retraite provisoire (c'est-à-dire bénéficier d'une disponibilité) par leur ministre, tant au niveau fédéral que des *Länder*[15]. La contrepartie de ce type de postes est qu'ils sont accessibles à tous, y compris aux personnes n'appartenant pas à la fonction publique, et qu'une fois nommés, les titulaires acquièrent le statut de fonctionnaires. En pratique, c'est le sommet de la hiérarchie administrative allemande, les secrétaires d'État[16] et les directeurs, qui est concerné par cette règle. Critiquée en RFA par certains juristes, celle-ci ne soulève en revanche guère d'émotion lors de sa mise en œuvre qui est loin d'être systématique. Le vrai reproche qui peut lui être adressé porte sur le fait que les postes concernés sont définis en fonction de leur situation dans la hiérarchie administrative, ce qui ne coïncide pas nécessairement avec la réalité d'un rôle politique.

Cette institution allemande originale n'empêche pas l'émergence de fait, en RFA comme d'ailleurs en Grande-Bretagne, d'ébauches de cabinets ministériels à la mode française. Dénommés « bureau du ministre » ils sont recrutés sur une base politique mais, comme en France, se composent essentiellement de fonctionnaires qui, comme en France, bénéficient en conséquence d'une accélération de carrière. La même évolution s'observe au niveau des *Länder.*

La distinction instaurée au sein de la fonction publique allemande n'évite donc pas que la confusion tende à s'instaurer. Il est vrai que la neutralité, proclamée à l'origine pour l'essentiel des effectifs, ne pouvait qu'être théorique. Jacques Ziller note à ce propos [17] : « Comme dans d'autres pays occidentaux, on a vu apparaître depuis trente ans un nouveau type de fonctionnaire, plus conscient de ses engagements politiques, moins méfiant à l'égard de la politique, fût-elle politique de parti. Il reste cependant difficile d'estimer la part de ces fonctionnaires d'un type nouveau et de celle des fonctionnaires classiques, du fait que dans bien des cas, la neutralité affichée par certains fonctionnaires recouvre en fait un engagement plus ou moins marqué pour les partis conservateurs, au motif que ceux-ci seraient plus soucieux que leurs opposants de garantir la neutralité. »

De nouvelles évolutions se dessinent qui brouillent encore un peu plus les cartes. La République fédérale d'Allemagne voit, elle aussi, croître régulièrement depuis trente ans le pourcentage des fonctionnaires élus au Bundestag. De 29 % en 1957, les fonctionnaires et assimilés devenus parlementaires sont passés à 40 % en 1980. Et ce sont les jeunes cadres moyens de l'administration allemande qui sont les plus concernés par cette évolution. Comme dans le cas de la France, l'administration allemande renoue avec une de ses traditions puisque aussi bien dans l'assemblée nationale allemande de Francfort, en 1848, que dans la chambre des députés de Prusse, les fonctionnaires constituaient la moitié des effectifs. Le système de la RFA connaît une évolution en deux temps. Les années 60 avaient surtout été caractérisées par la mainmise des partis politiques sur de larges secteurs de la fonction publique. Voici que, vingt ans plus tard, les fonctionnaires viennent empiéter sur le domaine des politiques.

Le pragmatisme italien

L'Italie, vieille culture mais État jeune, n'a pas, à l'inverse des autres démocraties européennes, développé une idéologie de l'intérêt général. La seule référence, aussi bien pour les responsables administratifs que politiques, demeure un solide pragmatisme qui conduit à ne considérer les règles que pour ce qu'en laisse subsister la pratique. Ainsi s'est épanouie une économie souterraine qui assure non seulement la relative prospérité du pays, mais permet en outre de solliciter auprès des autorités communautaires des aides puisque les statistiques italiennes n'enregistrent pas cette activité clandestine et font apparaître le pays comme en retard sur ses partenaires même lorsqu'une telle réalité est discutable. De la même manière il existe à Rome et dans la péninsule un *sottogoverno*, un gouvernement souterrain, qui illustre la confusion la plus poussée qui puisse s'imaginer entre haute fonction publique et activités politiques.

La Chambre des députés accueille, depuis la fin de la guerre, entre un quart et un tiers de fonctionnaires, surtout des enseignants. Ces élus constituent un groupe de pression efficace dès lors qu'il s'agit d'améliorer traitements et retraites de la fonction publique ou de lui accorder quelques faveurs particulières. Quant aux cabinets ministériels italiens, ils sont dominés par les membres du Conseil d'État et plus marginalement de la Cour des comptes. Compte tenu de l'instabilité gouvernementale, ils ont en outre tendance à demeurer comme une structure permanente, indépendamment de la personnalité des ministres qui se succèdent. Au moins aussi important que les cabinets ministériels est le réseau des *enti*, guetté par les assoiffés de pouvoir. Ces organismes publics italiens ont proliféré depuis les années 50 et constituent une véritable administration parallèle qui gère, hors du contrôle des administrations centrales, les actions économiques de l'État, qu'il s'agisse de la réforme agraire, des caisses de crédit, de l'assistance sociale ou des holdings d'État. La direction de ces différents *enti* est répartie entre les principales formations politiques italiennes.

L'administration italienne présente à la fois les aspects clientélistes typiques de la Méditerranée et une tendance au suremploi caractéristique des économies communistes ou du tiers monde. Non pas que la gestion des emplois publics ne soit pas également utilisée, dans les autres démocraties occidentales, comme un moyen de résorber marginalement le chômage. Cette démarche demeure toutefois limitée dans son ampleur comme dans ses effets. Pas question, comme en Italie, d'offrir systématiquement aux concours de recrutement plus de postes qu'il n'est nécessaire pour les besoins du service. Cette pléthore administrative italienne est surtout conçue comme l'un des moyens de résorber le surplus de main-d'œuvre qui ne cesse d'affluer du sud de la péninsule. Il en résulte une « méridionalisation » du personnel de la fonction publique qui contribue à accentuer certains travers culturels.

En premier lieu, ce que les Italiens appellent la « lotisation » et qui n'est que la forme politicienne du bon vieux clientélisme. C'est au nom de l'épuration du fascisme qu'au lendemain de la guerre cette méthode de gouvernement s'est institutionnalisée. La « lotisation » consiste à affermer à un parti, à un groupe, à une tendance, un secteur de l'activité du pays. La répartition est soit géographique, soit sectorielle, et les conflits sont arbitrés au sommet, en fonction d'une clé de répartition qui varie avec l'équilibre politique entre les cinq partis au pouvoir. Une clé au demeurant extraordinairement subtile puisqu'elle doit prendre en compte non seulement le rapport de forces entre les différentes formations politiques mais aussi la puissance des diverses tendances au sein de chacun des partis. Un art dont les dirigeants français sont loin d'ignorer les subtilités. La composition des gouvernements de coalition, de règle sous la Ve République comme sous celles qui la précédèrent, résulte des même dosages et la répartition des hauts postes administratifs ne peut ignorer les protections politiques des uns et des autres.

En Italie comme en France les conseils d'administration des centres hospitaliers sont présidés par des élus. Si, dans l'hexagone, la capacité de ces derniers à faire embaucher un de leurs protégés est limitée, il n'en va pas de même dans la péninsule où, parmi les critères de recrutement, figurera l'allégeance politique, au moins formelle, au président du conseil d'administration. Bien sûr, lorsque le suffrage universel vient modifier certains équilibres, des perturbations en résultent. Il n'est pas toujours simple pour des partisans d'accepter de perdre le pouvoir. Lorsque les communistes sont devenus majoritaires à Naples, la banque de la ville, toujours contrôlée par la démocratie chrétienne, a longtemps refusé de financer les nouveaux investissements souhaités par la municipalité. Il a fallu qu'un compromis intervienne, à Rome, entre les dirigeants nationaux de chaque famille politique pour sortir de l'impasse. De même, à partir de 1985, il fallut près de trente mois de tractations politiques avant de parvenir à attribuer près de 150 emplois publics d'encadrement.

L'immobilité foncière de la vie politique italienne, les tractations sordides qu'elle couvre, sans même parler d'une fâcheuse tendance à la corruption, ont provoqué un désintérêt des électeurs. Pour lutter contre cette tendance au repli, cette forme de dépolitisation, les listes des candidats s'ouvrent de plus en plus à des personnalités extérieures. On a même pu voir, à Milan, l'ancien président de la commission des opérations de bourse se présenter sur la liste du parti communiste! Ces dosages politiques conduisent, inévitablement, à surévaluer l'influence de groupes charnières qui vendent ainsi, au prix fort, leurs voix en échange de postes et prébendes. Les socialistes de Craxi en offrent une illustration saisissante. Leur secrétaire général utilise cette règle de conduite avec un tel cynisme qu'il n'est pas excessif d'affirmer qu'il est parvenu à éliminer tout débat idéologique au sein de sa formation en achetant par des postes et des avantages ceux qui étaient susceptibles de contester les orientations qu'il met en œuvre.

Une telle pratique, dont on mesure aisément les limites, n'est pourtant pas sans avantages. Elle favorise notamment une profonde homogénéité des couches dirigeantes du pays. Les méthodes italiennes font que l'opposition, c'est-à-dire pour parler clair le parti communiste, est pris en compte dans ce partage des dépouilles à l'échelle d'un pays. Les communistes italiens ont ainsi le contrôle de la troisième chaîne publique de télévision qui peut être assimilée à notre FR3 en plus culturel. Ils ont la maîtrise, dans certaines zones géographiques considérées comme leur appartenant, des caisses d'épargne. Cette politique de la «terre brûlée» revient à abandonner certains espaces à l'adversaire pour mieux le contenir. Pratiquée par la démocratie chrétienne et ses alliés, elle n'est pas sans rappeler la règle longtemps utilisée par la droite française vis-à-vis du PCF. En le laissant seul maître de certaines banlieues, certaines cités ouvrières, sans même chercher à vérifier des usages électoraux trop souvent marqués du sceau de la malhonnêteté, la droite cédait à l'opposition de son choix une part de terrain pour mieux asseoir son pouvoir sur le reste du pays.

Un PC puissant est en effet un facteur de succès électoral pour des partis de droite, alors qu'un parti socialiste dominant au sein de la gauche, parce qu'il ouvre des perspectives d'alternance, est beaucoup plus dangereux. Cette gestion partisane de l'espace a été acceptée par l'administration. Il faudra attendre que la gauche soit au pouvoir pour que la magistrature commence à s'intéresser sérieusement aux pratiques électorales de certaines municipalités communistes. Et il est bien difficile de croire que des arrière-pensées partisanes n'entraient pas en jeu. L'administration n'est ni innocente ni neutre face aux manipulations politiques. Il suffit d'examiner la localisation des foyers pour travailleurs immigrés pour constater que les communes de gauche ont été systématiquement utilisées comme bases d'accueil dans les années 60, quitte à ce qu'on leur en fasse reproche dans les années 80 en jouant des ressentiments xénophobes d'une fraction du prolétariat français touché de plein fouet par le chômage et menacé de marginalisation.

Les profondes différences de traditions et d'institutions entre les grandes démocraties occidentales limitent les possibilités de comparaison et pourtant, lorsqu'on examine l'évolution des États-Unis, de la République fédérale d'Allemagne et même de pays comme l'Italie ou l'Espagne, on voit se dégager des tendances lourdes analogues, sinon identiques.

Les Espagnols usent, pour désigner l'équivalent de nos carriéristes énarques, de la savoureuse formule de « malins officiels ». Elle a au moins le mérite de situer clairement les enjeux et d'appeler un chat un chat. Naguère, les ambitieux avaient à choisir entre le rouge et le noir, l'armée ou le clergé. Aujourd'hui, les postes les plus élevés de l'administration civile offrent l'équivalent au prix de bien moindres contraintes. La classe politique franquiste a été, comme dans l'État français de Pétain, prioritairement composée de hauts fonctionnaires. C'était le règne des avocats d'État et des inspecteurs des Finances. Comme en France, l'arrivée de la gauche au pouvoir à Madrid, en 1982, s'est moins traduite par un changement de la catégorie sociale dominante que par de simples transferts de prééminences au sein de l'administration. L'élite traditionnelle a reculé devant les bataillons d'administrateurs civils d'où sont issus la plupart des dirigeants du parti socialiste ouvrier espagnol (PSOE).

La France est toujours apparue comme le modèle le plus achevé dans lequel le centre de pouvoir et l'État se confondent. « Il n'y a de France que grâce à l'État, la France ne peut se maintenir que par lui », avait même expliqué de Gaulle au Conseil d'État.

Pour l'essentiel, même s'il a varié dans les modalités, le caractère déterminant de l'État a résisté à toutes les vicissitudes historiques depuis quatre siècles, c'est-à-dire du triomphe de la monarchie à nos jours. Cette situation n'en rend que plus artificielles — et attendrissantes — nos controverses électorales contemporaines sur le rôle de l'État. Nous sommes, comme nation, le produit d'un développement réfléchi et programmé du pouvoir administratif.

Comment s'étonner, en conséquence, que nous ne parvenions pas à imaginer un autre moule pour l'ensemble européen en gestation ? Une illustration en est fournie par les actuels débats sur la défense. Après l'échec, provoqué par la France dans les années 50, d'une première tentative de communauté européenne de défense, voici que renaît le projet d'une armée commune qui se bâtirait par l'adhésion volontaire des États concernés autour de l'axe franco-allemand. Au-delà des nécessités géopolitiques évidentes, au-delà du fait que 320 millions d'Européens ne peuvent éternellement exiger d'être défendus par 280 millions d'Américains à moins d'accepter toutes les conséquences de cette vassalisation, il n'en reste pas moins piquant de relever que la conception française d'un ensemble étatique européen passe nécessairement par la défense. Après tout, n'est-ce pas le pouvoir royal français qui, le premier, a mis en place une armée permanente ?

L'eurocratie

La proliférante énarchie nationale appartient certes à notre présent, mais déjà comme le témoignage d'une époque révolue. Nos lendemains seront eurocratiques. La République des fonctionnaires tend à se fondre, le plus naturellement du monde, dans l'Europe des bureaucrates. Si la confusion des fonctions administrative et politique ne cesse d'éloigner la France d'une pratique authentiquement démocratique, la même dérive se trouve inscrite au cœur du processus de construction européenne. Nombre des travers recensés au fil de ces pages découlent certes de spécificités hexagonales, mais ils ne sont malheureusement pas limités à la France. Un rapide coup d'œil sur nos voisins, sur nos principaux partenaires, révèle des dérèglements ou similaires ou équivalents.

Il ne s'agit pas de réduire à un même dénominateur les crises d'identité qui se manifestent au sein de la fonction publique d'autres démocraties occidentales. Les déséquilibres introduits dans la haute administration britannique et américaine par la gestion libérale ne sont pas assimilables à la situation française. Le rapport à l'État qui prévaut au sein de ces nations est fort différent de celui forgé par notre histoire. Parce que les peuples de culture germanique n'ont pas connu, à l'inverse de l'Europe latine, une atomisation de la souveraineté durant la période féodale, ils n'ont pas été amenés à bâtir des États fortement centralisés appuyés sur une administration omniprésente. La Grande-Bretagne demeure, à cet égard, le modèle inverse de la France. Il s'agit d'une nation qui s'est reconnue très tôt dans son souverain et qui, grâce à cette allégeance, a pu tolérer une large autonomie de gestion. Il en est résulté, contrairement à ce qui s'est passé en France, une alliance de l'aristocratie et des élites économiques conduites à diriger en commun une société peu étatisée. La prise de pouvoir par une technocratie, telle qu'on l'observe en France, ne trouve d'équivalent que dans l'Europe méditerranéenne.

Le processus d'intégration européenne favorise toutefois la généralisation des dérives de chaque système. Aussi bien, en raison de son juridisme et du recours aux « hommes de loi » à l'anglo-saxonne, que du fait d'un envahissement administratif à la française. Les péripéties de l'unité continentale ont en effet contraint le politique à s'effacer, des décennies durant, derrière une rationalisation technique et économique mise en œuvre par voie réglementaire. En clair, le creuset pratique de la construction européenne a moins été la volonté politique des gouvernements ou l'adhésion militante des peuples, que le cadre contraignant des textes communs imposés par la bureaucratie de

Bruxelles. A ceci près que pratiquement aucun suivi des décisions n'existe, pas plus qu'une évaluation réelle des résultats. La pratique administrative se dote d'un pouvoir d'appréciation au moins aussi important qu'au sein des États membres, mais sans disposer des qualités d'expertise et d'encadrement qui existent au niveau national.

Le problème n'est toutefois pas de discuter du bien-fondé technique des textes communautaires, ni même de la valeur historique de la démarche qu'ils provoquent. Les gestionnaires de la Communauté remplissent leurs fonctions et, comme tous les hommes, cherchent à atteindre les limites de leur pouvoir. Il se trouve qu'ils ne rencontrent guère d'autre obstacle que le raidissement périodique de tel ou tel État atteint dans ce qu'il estime être ses intérêts. La dimension communautaire du politique, en principe exprimée par l'assemblée parlementaire de Strasbourg, est confinée dans un statut strictement ludique. Autant dire que la Communauté européenne a institutionnalisé le modèle français en le poussant à la caricature : sous l'autorité théorique d'un Conseil des ministres épisodique et affaibli par ses rivalités et ses divisions, gouverne une administration autonome ; les élus du suffrage universel sont marginalisés et dépourvus de tout véritable pouvoir de décision ; la seule limite effective à la capacité d'action de la technocratie réside dans les lobbies, qui s'expriment à travers les États membres ou, de manière autonome, directement à Bruxelles.

Ces mécanismes ont souvent été démontés[18]. En pratique, les groupes de pression sont intégrés dans la bureaucratie européenne. Il s'agit notamment de l'Union des industries et du comité des organisations agricoles, mais aussi de la Confédération des syndicats libres (CESL). Les groupes économiques, qu'ils soient nationaux ou internationaux, travaillent en prise directe avec une administration, hors de tout réel contrôle politique. « Plus que les bureaucraties nationales, écrit Jean-Pierre Dubois[19], l'"eurocratie" reflète les intérêts des groupes économiques qui s'y manifestent. » Cette administration ne s'est développée qu'en vertu des demandes du pouvoir industriel et agricole, dans le contexte de libéralisme sauvage qui a présidé au développement du marché commun. Les industriels du sucre ont, par exemple, tenu pratiquement la plume pour mettre au point une réglementation européenne qui leur a permis d'éviter toute véritable concurrence, donc de préserver de confortables marges bénéficiaires. Autant dire que dans sa structure, et surtout dans sa pratique, l'eurocratie tend souvent à n'être qu'un prolongement des lobbies. Sa marge de liberté, elle ne la trouve que si elle parvient à jouer des contradictions entre les intérêts nationaux et les pouvoirs économiques transnationaux qui ne cessent de s'affirmer.

Simultanément, la construction européenne restreint la liberté d'action des administrations nationales par rapport aux intérêts économiques. Au nom d'une conception étroite de « l'intérêt national », les ministères se laissent mobiliser pour aller défendre à Bruxelles le point de vue de telle profession, de tel secteur, de tel groupe de pression. Les agriculteurs français, sous l'impulsion en particulier des groupes céréaliers, offrent l'illustration extrême de cette situation. Il en va de même pour la pêche, la sidérurgie, le textile, etc. La bureaucratie européenne qui a, elle aussi, besoin de se réclamer d'un certain « intérêt général », le découvre dans l'idéologie européenne qu'elle ne cesse de répandre et l'exprime concrètement dans les compromis dont elle accouche. Il ne s'agit en réalité que d'alliances, variables selon les sujets, passées entre des États membres dont les causes convergent. La situation intermédiaire que connaissent, depuis des décennies, les gouvernants des pays de la Communauté européenne dépouille et abâtardit leurs administrations nationales sans qu'un authentique relais d'arbitrage fonctionne à Bruxelles. Il en résulte une dégénérescence continue, camouflée derrière l'usage opportuniste d'un discours libéral à géométrie variable.

Après avoir triomphé au niveau communautaire, ce discours s'implante à présent de Londres à Bonn en passant par Paris. Ce curieux libéralisme peut se résumer en un refus de l'intervention communautaire pour réglementer les marchés, au nom du libre-échange, et à l'appel aux aides nationales ou communautaires si un secteur d'activité rencontre des difficultés. Force est de reconnaître que cette patiente et constante politique a été efficace puisqu'en 1992 les agents économiques de la Communauté devraient voir triompher la situation à laquelle ils aspiraient : un marché unique dépourvu de politique commune. Simultanément, l'ensemble des institutions communautaires et leurs relais habituels continuent de présenter cette étape comme une vitoire de « l'idéologie européenne ».

Tous ceux qui pensent que la dimension européenne ouvre la seule voie d'avenir réaliste peuvent certes se réjouir des avancées permises par les initiatives des services de la commission de Bruxelles. Il est incontestable qu'à de nombreuses reprises ils ont non seulement limité les conséquences des phases de paralysie politique, mais encore permis des progrès concrets qui font plus pour l'unité européenne que les discours dominicaux. Pourtant, en dépit de ces incontestables aspects positifs, comment ne pas s'inquiéter, à la lumière de l'évolution française, des conséquences de cette prééminence de l'administratif sur le politique ? Déjà Dominique de La Martinière, ancien directeur général des impôts, s'est alarmé [20] des projets de TVA européenne avancés par la commission de Bruxelles au nom de la suppression des frontières fiscales. Il a fait, à juste titre, remarquer que derrière une apparence de progrès se dissimule le détournement des recettes fiscales nationales au bénéfice du budget communautaire par un simple artifice administratif et sans que les citoyens aient eu à se prononcer. De tels changements, l'instauration en matière fiscale d'une véritable fédération ne sauraient, rappelle-t-il, « sauf à bafouer les principes élémentaires de toute démocratie, résulter d'une manœuvre technocratique. » La surévaluation des relations commerciales et économiques par les fonctionnaires européens est également une source de déséquilibres politiques. Les services de la Communauté se montrent, par exemple, plus attentifs à la Turquie qu'aux pays du Maghreb.

En ce qui concerne l'équilibre des pouvoirs, donc l'épanouissement de la démocratie, l'avenir de la Communauté européenne s'annonce sombre. A Bruxelles, Luxembourg et Strasbourg, s'est développée une eurocratie d'autant plus puissante qu'elle s'est structurée, pour l'essentiel, sur le modèle français. Elle occupe pratiquement seule le terrain et connaît, au fur et à mesure qu'augmente le nombre des États membres, une croissance exponentielle. Partie d'un seuil de 1 500 fonctionnaires en 1958, l'eurocratie franchissait la barre des 10 000 au milieu des années 70 pour atteindre aujourd'hui les 14 000 fonctionnaires (dont 8 000 pour la seule commission de Bruxelles), étant entendu que le recensement reste approximatif en raison d'une certaine dispersion des institutions communautaires : Conseil européen, commission, assemblée parlementaire, conseil économique et social.

Certes, dans son recrutement, l'administration de la Communauté européenne ne s'inscrit pas exactement dans le système du concours à la française, de la méritocratie. Des pondérations sont introduites afin de respecter un certain équilibre entre les langues et les nationalités. Toutefois, le statut dont bénéficient, depuis 1962, les eurocrates ne peut servir de véritable référence pour analyser la situation qui existe au sein de l'administration communautaire. Il est en effet encore moins respecté que le statut de la fonction publique française. La multiplication des auxiliaires de toutes sortes, notamment d'experts bénéficiant de contrats sur mesure, jointe aux équilibres nationaux — stricts pour les postes de direction, plus souples pour les grades inférieurs —, favorise le développement d'une subjectivité qui, dans les années 70, a commencé d'être dénoncée par les syndicalistes. Ils ont alors inscrit au nombre de leurs revendications la protection de l'indépendance des eurocrates par rapport aux États membres. Objectif qui peut sembler naturel et louable mais qui, en l'état actuel de la situation communautaire, reviendrait à renforcer encore le pouvoir technocratique au détriment des possibilités de contrôle qu'exige la démocratie.

Au fil de la construction européenne, simultanément bien que contradictoirement, tous les thèmes classiques du discours idéologique des fonctionnaires ont été mis en avant. Aussi bien la nécessité d'une démocratisation passant par la responsabilité de la commission de Bruxelles et de ses services devant l'assemblée européenne de Strasbourg, que la mythique neutralité d'institutions communautaires qui, du seul fait de leurs professions de foi européennes, seraient dépositaires de la définition de l'avenir commun.

En pratique, cette revendication d'indépendance formulée par le corps des eurocrates demeure illusoire, surtout dans le cas des fonctionnaires français qui, pour la plupart, sont simplement détachés de leur administration d'origine. De fait les eurocrates répugnent à rompre des liens avec leur pays d'origine dont peuvent dépendre la suite de leur carrière. En outre, le morcellement des secteurs d'intervention communautaire et l'interpénétration entre la bureaucratie européenne et les groupes de pression tendent à enfermer les fonctionnaires dans leur domaine technique sans qu'à l'inverse de leurs homologues des administrations nationales, qui peuvent toujours s'abriter derrière leur gouvernement, ils aient la possibilité de se référer à un quelconque «intérêt général» européen nulle part exprimé.

Le refuge a été trouvé dans le juridisme, c'est-à-dire dans la production sans frein de directives et de règlements qui justifient la bureaucratie à ses propres yeux. Bien évidemment, une telle accumulation durant trente ans a donné naissance à un impressionnant maquis qui nourrit, aux frais des industriels, une armada de conseillers juridiques spécialisés dans ce droit communautaire. Autant dire que l'opacité est de règle et que demain, lorsque le marché unique existera — au demeurant très progressivement et non, comme on le laisse croire, dès 1992 —, les citoyens consommateurs de la Communauté européenne ne seront au bout ni de leurs peines ni de leurs surprises.

Une fois encore, derrière une technicité compliquée à plaisir, derrière le paravent d'une compétence réservée à une caste de spécialistes, s'abritent non seulement l'autonomie de mouvement d'une technocratie mais aussi la gestion de ses intérêts personnels et catégoriels en complicité avec les forces économiques, voire sociales, campant au sein de l'institution. Lorsqu'on voit les difficultés que rencontrent les responsables politiques pour préserver leur domaine de compétence, on imagine combien de luttes, quels âpres combats, seront indispensables pour qu'émerge, face à la toute-puissance des fonctionnaires communautaires, un pouvoir politique européen digne de ce nom. Il ne devra pas seulement s'imposer aux gouvernements des États membres, il lui faudra aussi — et ce sera certainement plus difficile encore — conquérir un espace contre les services de la Commission de Bruxelles.

Voilà d'ailleurs pourquoi il est si important pour les Européens de réfléchir aux origines et aux conséquences du déséquilibre qui s'est institutionnalisé au bénéfice de l'administration et au détriment des représentants du peuple, donc de la démocratie. Car, pour l'instant, la construction européenne joue surtout un rôle d'accélérateur dans le développement de la technocratie. Il suffit de lire les circulaires bruxelloises pour être saisi par la suffisance des rédacteurs. Ils possèdent l'intime conviction d'être, face à l'égoïsme des États membres, les seuls détenteurs d'une vérité collective. C'est dire que, dans l'organisation pratique comme dans l'idéologie mobilisée, la France a transposé à la tête de la Communauté les pires travers de sa technocratie nationale.

Chapitre 7

RÉPONSES

Le choix, la décision relèvent du politique, la mise en œuvre de l'administratif. Tout paraît simple. Seulement, entre la décision politique et la coordination administrative il ne peut exister de cloison étanche. Les deux univers ont besoin d'échanger des informations, de travailler ensemble. L'efficacité politique ou, si l'on préfère, la capacité de mobilisation électorale d'une équipe ministérielle, tient beaucoup à la manière dont l'administration aura compris ses décisions, admis ses choix et mis en œuvre ses directives. Un gouvernement sans administration est un gouvernement inefficace. Une administration affranchie des directives gouvernementales bascule dans l'oligarchie.

Il n'est pas inconcevable que l'administration soit à la fois un outil au service des dirigeants politiques et, simultanément, un contre-pouvoir. Il n'est pas acceptable, en revanche, qu'elle soit devenue *le* pouvoir. Chacun à sa place donc, sûr de ses prérogatives, mais n'ignorant jamais l'incontournable partenaire.

Pour que le jeu puisse être conduit au mieux des intérêts de tous, encore faut-il s'entendre sur les règles. Aujourd'hui, nul ne sait plus ce qu'elles sont. Nombre des normes qui figurent dans les textes sont depuis longtemps oubliées dans la pratique. La seule loi qui paraisse s'imposer est celle du plus fort. Il ne suffit pas de se référer dans les discours à l'État de droit, il faut le faire vivre. Rien n'est pire que les textes inadaptés qui, faute de pouvoir être appliqués, laissent le champ libre à l'arbitraire. L'ordonnance de 1944 sur la presse a ainsi servi de référence formelle sans interdire le moins du monde la pratique des concentrations. Il en va de même des dispositions tendant à préserver l'administration des abus du « pantouflage ». Comme toujours, parce que de telles pratiques sont devenues dominantes, elles se trouvent justifiées a posteriori par un discours idéologique. Les noms d'Auguste Comte et de Saint-Simon servent à baptiser des fondations qui, plus ou moins consciemment, cultivent une technocratie chère à leurs modèles. On y retrouve les trois milieux qui ont toujours milité en faveur de telles conceptions : la fonction publique, l'armée et les dirigeants d'entreprise, pour ne pas user du vétuste terme de patronat. Or, à tous les âges de notre histoire, les progrès de la technocratie sont allés de pair avec un recul du politique, avec un discours tendant à discréditer sinon les élus du moins les structures partisanes qui leurs sont indispensables. Certes, la démocratie n'est plus une idée à la mode. En ces temps d'efficacité technicienne, elle évoque de lourdes procédures poussiéreuses. Prononcer les mots « instruction civique » relève ou de l'incongruité ou de l'inconscience, d'un goût délibéré pour la plaisanterie ou d'un attendrissant archaïsme. Le ministre de l'Intérieur d'un gouvernement s'étant affirmé libéral peut déclarer que la démocratie doit s'arrêter là où commence l'intérêt de l'État sans provoquer plus qu'une ride éphémère à la surface de notre complaisant miroir médiatique.

Fidèle à la fonction d'intégration que remplit toute bureaucratie en enfermant dans un étroit corset de règlements les divers constituants d'une société et en limitant ainsi leurs affrontements, la République des fonctionnaires émascule tout autant le pouvoir libéral d'aujourd'hui que le pouvoir socialiste d'hier. Si le rôle temporisateur d'une administration est indispensable, et même bénéfique pour la stabilité sociale, il ne peut en revanche résumer une gestion gouvernementale, s'identifier à une politique. Ou alors la temporisation se transforme en immobilisme. Les nécessaires évolutions sont paralysées et les réformes souhaitables interdites. L'équilibre économique et social se fige pour le plus grand profit des nantis. S'il importe tant de libérer la politique et de replacer l'administratif à sa place, certes essentielle mais seconde, c'est en raison du profil « moyen » imposé à toutes les équipes gouvernementales par les pesanteurs inhérentes au personnel qu'elles mobilisent. Les citoyens français n'ont plus à choisir entre des politiques, donc entre différents projets sociaux, entre différentes manières de se projeter dans l'avenir. Ils assistent, passifs et sceptiques, à une gestion au jour le jour. En matière de débat politique, leur est servie, au mieux une confuse mêlée autour de données statistiques dont la perception est d'autant plus abstraite qu'elles ne cessent d'être manipulées, au pire un puzzle de « petites phrases » artificiellement fabriquées par un système médiatique ayant sombré, sous l'influence de la télévision, dans le spectacle (dont on évitera, par simple charité [1], de juger la qualité).

Pendant ce temps, la haute administration gouverne, imposant sa régulation par le biais de ses cadres répartis au sein des différents partis susceptibles de contrôler une majorité. Imposer sa régulation signifie un refus instinctif de modifier ses habitudes, d'accomplir des actes que la fonction publique n'effectue pas ordinairement. C'est la pesanteur conformiste. S'y ajoute la pesanteur corporatiste. Au nom d'une conscience aiguë de leur pouvoir et de leurs intérêts, les hauts fonctionnaires ne cessent de contrarier certains projets. Pas question de laisser le repli de l'État, voulu par les libéraux, restreindre le champ de leurs prébendes. Pas question de permettre aux socialistes d'abaisser — à soixante-cinq ans! — l'âge de la retraite des hiérarques des hautes juridictions ou de limiter les cumuls entre une retraite de la fonction publique et de juteuses sinécures dépendant de l'État.

Le débat politique se referme car des pans entiers de la société ne se sentent plus ni représentés ni surtout exprimés. Et ce reproche vise essentiellement le parti socialiste, en voie de conversion à l'idéologie technocratique et qui semble vouloir mettre les bouchées doubles pour rattraper son retard. Il n'est pas question de verser dans un populisme démagogique. Nul ne peut perdre de vue l'impasse sur laquelle a débouché le PCF en raison d'une sélection des cadres dirigeants fondée sur un ouvriérisme systématique joint aux méthodes du centralisme démocratique. Nul ne doit oublier que les principaux dirigeants des grands partis de gauche d'Europe occidentale, de Togliatti à Léon Blum, d'Olof Palme à François Mitterrand, sont sortis des rangs de la bourgeoisie. Il n'en reste pas moins que si le parti socialiste ne prend pas conscience de l'extraordinaire rétrécissement de la base sociale et professionnelle de ses principaux dirigeants, la dégénérescence de son discours et de sa pratique politiques deviendront inévitables.

Près de vingt ans avant de prendre en charge la direction du gouvernement, Léon Blum s'était penché sur le mauvais fonctionnement technique des équipes ministérielles et avait proposé une réforme d'ensemble dont nombre d'éléments, à commencer par le secrétariat général du gouvernement, sont, au fil du temps, entrés dans les faits. Pour parer, en partie, au danger immédiat qui, à l'époque, était celui de l'instabilité ministérielle, «nous pouvons, expliquait-il[2], modifier les méthodes de travail, les instruments de travail. Nous pouvons dégager un certain nombre de principes clairs et pratiques, évidents pour toute intelligence de bonne foi, et les substituer aux règles faussées, aux conventions vieillies de notre jeu gouvernemental [...]. La réforme bien délimitée que nous préconisons, si elle laisse de côté tant de questions essentielles, offre en revanche un avantage qu'il ne faut point mépriser. Elle peut être entamée sans retard, elle peut être réalisée vite et à peu de frais, elle peut rallier l'accord général. Elle est pratique, non pas idéale ou chimérique, elle s'accommode au présent et n'attend pas nécessairement l'avenir. Un effort toujours difficile aux hommes est de concevoir d'autres règles d'action que celles qu'ils pratiquent quotidiennement, qu'ils ont toujours vu pratiquer autour d'eux. La rupture soudaine avec les habitudes acquises est pour chacun de nous comme un effort révolutionnaire. Il faut pourtant, d'un coup de reins violent, sortir de ces routines qui embarrassent, qui alourdissent chacun de nos pas».

Il est, soixante-dix ans plus tard, à nouveau temps que le fonctionnement gouvernemental fasse l'objet d'une réflexion collective puisqu'il est, au premier chef, l'un des principaux outils au service du pays. Or, paradoxalement, le débat sur l'État qui oppose la gauche et la droite, les socialistes et les libéraux, se borne à répéter mécaniquement une argumentation vieille de plus d'un siècle sans que les pratiques gouvernementales soient non seulement réformées, mais même évoquées. Les pourfendeurs de l'invasion étatique n'ont en rien diminué le nombre des ministères ou fait reculer la mainmise administrative sur les rouages de la décision politique.

La haute fonction publique n'a pas de raison de se sentir menacée par les thèses libérales puisque, en pratique, leur mise en œuvre lui permet de poursuivre l'investissement des centres de pouvoir de la société en l'affranchissant, qui plus est, des tutelles gouvernementales. Il n'est donc pas surprenant que tant de hauts fonctionnaires se fassent les propagandistes zélés de la nouvelle idéologie dominante. Face au flot montant de la fonctionnarisation du personnel politique, il n'est pas temps de crier « aux canots » et de faire la place aux femmes et aux enfants. La marée peut encore être endiguée sans que le monde politique soit, pour autant, asséché des compétences administratives et techniques. Il ne s'agit pas, non plus, de prétendre imposer aux cadres politiques un illusoire égalitarisme. Entre eux joueront toujours les différences de la fortune et du talent. En revanche, il est important d'assurer à l'entrée dans la vie publique une relative égalité des chances.

En conclusion de cette exploration de la complexité des relations entre les structures politiques et celles de gestion, nous ne proposerons pas les énièmes éléments d'une réforme administrative, toujours annoncée et toujours attendue. À vrai dire son caractère illusoire découle du fait qu'elle semble n'appartenir qu'aux fonctionnaires. Et, trop souvent, tout ce qui est nouveau leur apparaît comme une menace. « En fait, l'administration coexiste en permanence avec les réformes, elle spécialise même quelques-uns des siens dans la volonté de réformes, elle fait place aux tempéraments "réformateurs" pour mieux les surveiller ; elle *utilise* à ses propres fins la pulsion réformatrice, elle la transforme en habitude : il faut bien vivre avec ses maladies[3]. » D'où la référence périodique aux réformes administratives dans l'intitulé du ministère de la fonction publique. Guy Thuillier, s'efforçant, avec ce pessimisme lucide corollaire de l'intelligence, de répertorier les origines de la crise de l'administration, en distingue six :

1) elle est de moins en moins assurée de posséder la réponse technique incontournable aux problèmes posés ;

2) elle souffre d'une pénurie de cadres intermédiaires aggravée par la tendance des organismes ministériels à distinguer entre des tâches de conception, seules jugées nobles, et la simple gestion ;

3) elle se situe de plus en plus difficilement dans la société, notamment par rapport à ses partenaires privés ;

4) elle se trouve, pour la grande masse des fonctionnaires, déclassée socialement ;

5) elle est morcelée et affaiblie par les rivalités de corps ;

6) elle fonctionne à l'envers, affectant ses meilleurs élé-

ments à des tâches de contrôle alors que les agents qui connaissent bien la province n'ont pas accès aux administrations centrales. Il en résulte que les décisions non exécutées sont de plus en plus nombreuses et qu'une fraction non négligeable des circulaires émises par les administrations centrales ne quittent pas le domaine de la fiction.

Cet affaissement de la cohérence administrative, indépendamment de la crise d'identité qu'il génère parmi les fonctionnaires, contribue à expliquer à la fois la fuite des principaux cadres de la fonction publique vers la politique mais aussi le fait que l'appareil de gestion du pays ne fasse plus obstacle aux thèses et aux discours libéraux. Alors qu'une certaine anarchie se constate dans l'action de l'administration, le libéralisme peut aider à dissimuler cette défaillance technique en apparaissant comme une réponse intellectuelle valorisant le repli de l'État devant les partenaires privés et notamment les entreprises. Trop d'échecs hier dans des choix d'investissements conduisent aujourd'hui à un abandon, à un simple accompagnement des entreprises, à la passivité face aux équilibres d'un marché nécessairement sensible au court terme. Dès lors, cette crise administrative affecte le gouvernement du pays en tendant à rendre myopes des équipes ministérielles qui, depuis trop longtemps, n'ont comme seule véritable politique que celle produite par leurs services.

L'acte de gestion, qu'il soit d'ordre administratif ou politique, repose bien plus sur des intuitions, sur une démarche artisanale, que sur un code professionnel rigoureux. Sa dimension morale ou idéologique — qu'importe le terme puisque au bout du compte il s'agit de la référence à une vision de la société et à un code éthique — est capitale et échappe au conditionnement universitaire. Si une « rationalité objective » avait pu être dégagée, si des « lois générales d'évolution », des « règles pratiques à appliquer » pouvaient être établies, bref si le gouvernement des hommes pouvait se réduire à une technique, à une « compétence » comme on se plaît trop souvent à le dire, il y a beau temps qu'elle se serait imposée. Les décideurs politiques ont en commun, entre eux comme avec l'administration, le souci de « l'intérêt général ». Le problème découle du fait que tout le monde ne place pas le même contenu derrière ces deux mots.

Autant, dès lors, revenir à des notions simples. En démocratie « l'intérêt général » est, en fin de compte, défini par le suffrage universel. Que le peuple puisse commettre, en en usant, des erreurs « objectives » que l'avenir vérifiera est exact. Tout autre mode d'arbitrage n'est pas à l'abri d'erreurs comparables. Sur le fond et à partir de l'analyse de leur formation et du déroulement de leurs carrières, une armada de sociologues, de Bourdieu à Suleiman en passant par Birnbaum, ont contesté le contenu de cette compétence administrative en observant que, plus ils se situent haut dans la hiérarchie administrative, plus les fonctionnaires sont des généralistes. Une réalité corroborée au demeurant par les témoignages de nombreux membres de l'élite de la fonction publique.

Alors qu'il est de bon ton de s'étonner qu'un homme politique puisse, au fil d'une carrière ministérielle, passer des Affaires sociales à la Défense, ou de l'Agriculture aux Transports, nul ne semble s'étonner des parcours au moins aussi zigzagants des hauts fonctionnaires. Un homme comme Marceau Long, l'un des plus brillants hauts fonctionnaires qui, aujourd'hui, est vice-président du Conseil d'État, a successivement travaillé au cabinet d'Edgar Faure lorsqu'il était secrétaire d'État aux affaires marocaines et tunisiennes, dirigé la fonction publique, présidé aux destinées de la radio et de la télévision d'État du temps de feu l'ORTF, assumé la tâche de secrétaire général du gouvernement, présidé successivement les compagnies aériennes Air-Inter puis Air-France, sans parler d'innombrables fonctions annexes allant de l'enseignement (à l'Institut d'études politiques de Paris et à l'ENA bien sûr !) à l'aménagement du territoire en région parisienne, en passant par des postes d'administrateur dans le secteur public et, à présent, la présidence de la commission des sages chargée de réfléchir sur l'opportunité d'une réforme du code de la nationalité.

De tels itinéraires distinguent en réalité, dans le monde administratif comme dans le monde politique, des individus bien plus qu'un niveau de formation. Tout polytechnicien qu'il est, Jean-Jacques Servan-Schreiber a pu être un brillant patron de presse ; cela ne l'a pas empêché d'échouer non seulement comme responsable politique, mais même comme gestionnaire du Centre mondial de l'informatique. Michel May a été un directeur général de l'administration et de la fonction publique aux talents reconnus, il s'est révélé inapte à piloter TF1. Mieux vaut laisser la pratique démocratique réguler les inévitables défaillances individuelles de certains gouvernants que de prétendre s'y soustraire au nom d'une illusoire technicité qui interdirait au citoyen ordinaire l'accès aux sommets de l'État. Il est de l'intérêt de la gestion du pays d'ouvrir le plus largement possible les voies d'accès aux responsabilités politiques afin que le brassage permette de jouer sur une gamme plus large de compétences professionnelles plutôt que d'imposer progressivement la norme administrative aux principaux secteurs d'activité du pays.

Or, dans une période où l'on se plaît pourtant à vanter, à juste titre, les charmes du pluralisme, la base de recrutement de l'ensemble des élites dirigeantes ne cesse de se réduire. Et, ce qui est au moins aussi grave, l'essentiel des fonctions d'information et d'analyse sur la société — dirigeants politiques, parlementaires, médias — tendent à n'être plus contrôlées que par ce même corps social : la haute fonction publique. Ce qui signifie que la marge d'appréciation politique ne peut plus, dès lors, sortir du cadre de ce que les administrateurs professionnels jugent admissible. C'est à ce niveau sans doute que se situe le facteur le plus profond et le plus préoccupant de dépolitisation de la vie nationale. Plus le pouvoir politique est faible, embarrassé, paralysé, plus la haute administration trouve à s'y glisser toujours davantage et renforce ainsi son emprise. Elle se trouve justifiée dans sa conception du service de l'État qui est aussi une manière de se servir de l'État. Or, qui oserait encore affirmer que la période dite de « cohabitation », inaugurée au lendemain des élections législatives de mars 1986, s'est traduite par un renforcement du politique ? Deux fonctionnaires, au demeurant spécialisés dans l'étude des relations entre la politique et l'administration, Herbert Maisl, professeur à l'université Paris X, et Céline Wiener, inspecteur général de l'administration de l'Éducation nationale, se réjouissaient par avance de cette situation[4]. Ils voulaient même y voir, fidèles en cela aux tropismes de leur catégorie professionnelle, « la fin — provisoire ou durable — de la politisation » sous prétexte que le compromis politique indispensable entre le chef de l'État et le

Premier ministre conduirait à prendre davantage en compte « la compétence et le professionnalisme ». « L'administration en sortirait gagnante et renforcée, concluaient-ils, et les grands corps de l'État en particulier. »

La tendance, on le voit, n'est donc pas à freiner l'appropriation de la vie politique par l'élite administrative. Pour renverser le courant il faudrait d'abord, contre les élites sociales, convaincre les Français que la préparation à la gestion de l'État peut aussi bien s'effectuer à la tête d'une municipalité conséquente ou d'un Conseil général que sur les bancs de l'ENA. Plus directement encore, pour enrayer la fonctionnarisation de la vie politique et donc, par ce biais, protéger la haute fonction publique de ses propres démons et d'une politisation dont elle est le premier vecteur, il est indispensable d'agir aux deux bouts de la chaîne. Il faut d'une part freiner le mouvement qui porte les cadres de l'administration vers le parlement et le gouvernement, d'autre part inciter d'autres catégories de citoyens à s'engager plus activement dans la gestion de la cité. Concrètement, cela signifie une retouche du statut de la fonction publique limitant notamment les aspects les plus abusifs des privilèges consentis aux fonctionnaires et, simultanément, d'une part une réforme des méthodes du travail gouvernemental et, d'autre part, l'ouverture de la vie politique par un statut de l'élu et un financement public permettant à l'ensemble des citoyens d'envisager sérieusement de se présenter face au suffrage universel.

I. Limiter les privilèges des fonctionnaires

Rendre sa sève à la démocratie en redéfinissant la frontière entre la politique et l'administration passe inévitablement par une remise en cause du statut de la fonction publique. Bien qu'en apparence il s'agisse de la réponse la plus limitée dans sa portée, elle est la plus difficile à prendre. L'encadrement politique du pays, déjà assuré par la haute administration, perçoit une telle revendication comme un crime de lèse-majesté. Et comment faire prendre en charge par les citoyens une demande que ne peut relayer un appareil politique composé, de droite à gauche, au sommet comme sur le terrain, de fonctionnaires ?

Toute proportion gardée, la mise en œuvre de la « perestroïka » chère à Mikhaïl Gorbatchev se heurte à des blocages de même nature : comment réformer un système contre ses privilégiés ? Faute de trouver la solution surgissent les révolutions. « Une fonction publique hautaine et dominatrice est devenue positivement insupportable dans un pays qui n'est plus celui de la Libération. [...] Le pays, adulte, ne supporte plus qu'on lui explique, de haut, ce qu'il faut faire ou ne pas faire. [...] Si la fonction publique n'opère pas cette reconversion, elle sera éjectée comme un bouchon de champagne. » Celui qui s'exprime ainsi, Simon Nora[5], n'est pas à proprement parler un gauchiste, même si dans sa jeunesse il a fait sauter des trains autour du Vercors. Confortablement installé à présent dans la banque, son diagnostic peut se résumer en une phrase : « Il faut obliger les hauts fonctionnaires à prendre des risques. » Pour en finir avec le corporatisme, le protectionnisme, le « côté rentier » qu'a pris une fonction publique, « devenue rigide et pléthorique », Simon Nora ne va quand même pas jusqu'à toucher aux grands corps qui ont abrité sa carrière.

Le problème posé à la nation française peut se résumer simplement : mettre un terme à la confusion systématique de l'administratif et du politique en limitant l'accès des fonctionnaires aux responsabilités politiques sans priver pour autant le Parlement et le gouvernement de leurs qualités et de leurs connaissances. Il ne faudrait pas en effet bloquer les sorties précoces du système administratif. Elles permettent une promotion d'éléments jeunes, donc une revitalisation plus rapide de l'ensemble bureaucratique. Ce à quoi il importe de mettre un terme, c'est au jeu sans risque fondé sur la cooptation et les garanties de retour au bercail.

Première règle donc : supprimer le billet de retour automatique dans la fonction publique.

Le laxisme actuel dans l'application du statut de la fonction publique fait que de détachements en mises à disposition sans parler des congés spéciaux il est possible de conduire des carrières complètes hors des tâches administratives sans perdre pour autant les avantages conséquents dont bénéficient les fonctionnaires. Les sorties de toute nature, que ce soit en direction du parlement, des cabinets ministériels ou des entreprises, devraient conduire à la prise de risque minimum qui consiste à donner sa démission de la fonction publique, ne serait-ce que pour recréer une certaine égalité avec les cadres du privé placés face à une concurrence déloyale.

Après tout, depuis 1949 et l'adoption du *Hatch Act*, les hauts fonctionnaires britanniques sont contraints de quitter la fonction publique lorsqu'ils se portent candidats à une fonction politique. Et cette démission ne permet aucun regret car aucun retour. En conséquence, entre 1945 et 1974, on n'avait dénombré que 50 fonctionnaires parmi les 1 758 députés élus aux Communes. Il ne serait pas réaliste de préconiser, en France, une telle rupture avec nos pratiques. Pourtant, entre les excès actuels et le rigorisme britannique, un moyen terme est aisé à trouver. Chacun peut comprendre qu'à une période aiguë de la vie nationale — 1958 ou 1968 par exemple — un citoyen décide de s'engager en briguant un mandat électif même si un tel projet ne l'avait pas jusqu'alors mobilisé. En revanche, s'il s'engage dans un second mandat, s'il s'installe dans son statut de parlementaire pendant dix ans, c'est donc bien qu'il a changé de rôle social, qu'il mène une carrière politique. Il devrait, en cas de réélection, être contraint de choisir entre son mandat et son appartenance à la fonction publique.

Seconde règle : rendre la République moins bonne fille en début de carrière.

Serait-il monstrueux d'exiger des fonctionnaires membres des grands corps, comme les enseignants, qu'ils effectuent réellement le travail pour lequel ils sont payés ? Les mobilités sont accordées — même en imaginant que les règles officielles soient respectées — de manière trop laxiste et il n'est pas sain, à gauche, que des milliers d'enseignants peuplent le monde associatif, mutualiste et syndical, c'est-à-dire qu'ils amorcent pour la plupart des carrières politiques. Il n'est pas sain, à droite, que les structures de gouvernement, et en particulier les cabinets ministériels, servent de cellules de formation et de sélection pour les futurs dirigeants politiques sans qu'à aucun moment ils ne soient contraints de voler de leurs propres ailes et d'abandonner le giron protecteur du statut de la fonction publique. Contraindre à la prise de risque personnel et obliger à un certain délai d'attente avant d'atteindre les sommets de l'État ; ce n'est pas pénaliser c'est, tout au contraire, se prémunir contre des ambitions trop impérieuses et trop juvéniles et limiter ainsi les risques.

Si on examine la carrière des hommes d'État qui ont su marquer leur époque, on constate que ce n'est que sur la durée et par une sélection fondée sur l'échec qu'ils ont su émerger. Ceux qui, parce qu'ils ont trébuché, parce qu'ils sont tombés, apparaissent incapables de se relever sont éliminés. Seuls ceux qui savent surmonter leurs défaillances, y puiser un surcroît d'expérience et des forces nouvelles peuvent atteindre à la dimension d'homme d'État. De Gaulle ne peut se comprendre sans la « traversée du désert » de Colombey-les-Deux-Églises ni Mitterrand sans le discrédit de l'Observatoire[6] et ses défaites électorales. Giscard d'Estaing, au lendemain de son échec de 1981, en trouvant en lui les ressources humaines lui permettant de briguer un siège de conseiller général puis d'enlever une présidence de région, illustre également ce phénomène.

Troisième règle : limiter le nombre des emplois laissés à la discrétion des gouvernants.

S'il importe de freiner les fonctionnaires, il convient également de mieux les protéger de certains abus politiques. Car la tentation existe de transposer en France le « système des dépouilles » américain. Dans son ouvrage *Profession fonctionnaire*, François Bloch-Lainé rapporte que Valéry Giscard d'Estaing, convaincu de l'inéluctable évolution présidentialiste des institutions françaises, en concluait : « Les équipes dirigeantes sont appelées à changer avec l'élu du peuple au pouvoir exécutif. » Cette adaptation du *spoils system*, Valéry Giscard d'Estaing avait commencé de l'acclimater en entrant à l'Élysée. Tout au long de son septennat, il n'a cessé d'apporter la plus extrême vigilance aux nominations passant en Conseil des ministres. Cette pratique n'a pas été abandonnée par son successeur. À leur décharge, il convient d'admettre que ni l'un ni l'autre ne se trouvaient face à un terrain vierge, à une haute administration neutre. « L'État-gaulliste », « l'État-UDR » n'ont pas été de simples slogans de propagande politique. Ils exprimaient une réalité bâtie par quinze années de monopole d'une seule famille politique sur la réalité du pouvoir exécutif.

À la lumière de son expérience de l'administration, Jean-François Kesler s'était risqué à proposer une « charte administrative ⁷ » dans laquelle, partant du constat que « la politisation de la haute fonction publique existe », il proposait « de la connaître pour mieux la circonscrire ». Ce qui le conduisait notamment à préconiser à la fois une meilleure sélection des emplois laissés à la discrétion du gouvernement et la nécessité, pour les nouvelles équipes ministérielles, de procéder à leur changement en une seule fois plutôt que d'égréner les nominations au fil des mois. « Cela obligerait les nouvelles équipes au pouvoir, écrit-il, à avoir préparé sérieusement l'alternance et éviterait de procéder à des révocations et à des nominations au coup par coup sous l'influence des syndicats, des partis, des groupes de pression... ou des ambitions individuelles. » S'il est difficile d'imaginer qu'une liste d'une centaine de responsables soit trop préétablie et figée, il n'en demeure pas moins exact que la définition actuelle des emplois laissés à la discrétion du gouvernement n'est pas satisfaisante.

Il est inévitable qu'une équipe ministérielle souhaite disposer sur certains créneaux administratifs d'hommes en qui elle a confiance et qui partagent ses analyses politiques. Le principe d'emplois politiquement sensibles n'est donc pas contestable. En revanche, la répartition telle qu'elle s'effectue en France est des plus discutables. On raisonne en effet par catégories d'emplois (les préfets, les recteurs, les ambassadeurs), comme si tous les postes ainsi recensés étaient politiquement comparables. Autant on peut comprendre qu'un gouvernement choisisse, sur des critères qui lui sont propres, y compris en dehors de la fonction publique, son représentant diplomatique à Washington ou à Moscou, autant cette règle ne devrait pas jouer pour l'ensemble des ambassades. Les gouvernants ne devraient pas disposer librement de catégories entières d'emplois mais simplement de cinquante à cent postes précisément définis et dont la liste serait périodiquement adaptée. Si des emplois comme le secrétaire général du gouvernement, le commissaire au plan, les délégués ministériels et les grandes directions des finances (Trésor, Budget, Impôts) y figureraient évidemment, des directions plus subalternes devraient être préservées. Il y va non seulement de la protection des fonctionnaires contre des interventions abusives du pouvoir politique, mais aussi d'une nécessité d'efficacité. Les directeurs d'administration centrale changent trop souvent, tous les trois ou quatre ans, et n'ont pas la possibilité d'apprécier, voire de subir, les conséquences des actions qu'ils mènent. On peut également s'interroger sur la brièveté des périodes que la plupart des préfets et ambassadeurs accomplissent dans un poste. Éloigner les gouvernants de ces catégories de hauts fonctionnaires, c'est sans doute stabiliser leurs carrières et améliorer leur travail.

II. Ouvrir la vie politique

Aux États-Unis comme en Grande-Bretagne, le pouvoir n'appartient pas à l'État et à ses services, mais à diverses élites sociales autonomes, à ce que l'on nomme souvent « la société civile ». Les agents de la vie économique y jouent le rôle prédominant, y compris lorsqu'il s'agit de juristes beaucoup plus étroitement liés à la vie des affaires que les avocats français devenus des professionnels de la vie politique. Si l'on souhaite sérieusement « désétatiser » la France il faut donner aux élus des garanties suffisantes pour qu'un cadre du commerce ou de l'industrie accepte de prendre ce risque en sachant que, pour autant, il ne met pas en danger l'avenir de sa famille et l'éducation de ses enfants.

Quatrième règle : prévoir un statut de l'élu prenant réellement en compte le fait que la gestion politique exige des professionnels à plein temps.

Les éléments qui, bon an mal an, tiennent lieu de statut de l'élu local sont devenus caducs avec la mise en œuvre de la décentralisation. Si tout le monde en convient, la définition d'un nouveau cadre n'a pu être réalisée. Le sénateur socialiste Marcel Debarge s'était vu confier la mission de proposer des solutions permettant à la fois aux élus d'assumer effectivement leurs responsabilités et à de nouvelles catégories professionnelles et couches sociales d'accéder à ce type de responsabilités. Il préconisait[8] notamment une formation des élus permettant d'effacer progressivement la tutelle à caractère «technocratique» que les services, qu'ils dépendent ou non du pouvoir central, imposent. Pour permettre cette mise à niveau, un crédit de 210 heures[9] de «congé-formation» serait accordé par les employeurs aux intéressés ne disposant pas de plus de 60 jours de congé consécutifs chaque année. Le financement reposerait sur une contribution des collectivités locales de plus de 2 000 habitants et de l'État.

Parallèlement, il serait mis fin au mythe de la gratuité des fonctions électives en généralisant et en réglementant les indemnités qui sont versées. Le système actuel qui lie l'indemnité accordée aux maires à l'importance de la commune et à un indice de la fonction publique a le mérite d'être clair. Les abus permis par les cumuls de mandats pourraient être supprimés par un plafonnement limitant à une fois et demie l'indemnité parlementaire la masse globale des sommes qu'un élu peut percevoir du fait de ses diverses fonctions électives. Ces indemnités, comme celle des parlementaires, seraient, au-delà d'un certain seuil, soumises à l'impôt sur le revenu et permettraient une affiliation au régime général de la sécurité sociale.

Pour ce qui est des assemblées régionales et départementales, chaque conseil a bâti ses propres règles. Le système des vacations a, dans la plupart des cas, été tourné et de véritables mensualisations fonctionnent. Des inégalités sensibles se constatent d'un département à l'autre qu'un système de péréquation régional ou national permettrait aisément de réduire. Là encore mieux vaudrait prendre en compte la réalité et verser clairement une indemnité en référence à un indice de la fonction publique.

Il serait naturel que l'ensemble des élus territoriaux disposent d'une caisse de retraite digne de ce nom. Déjà les conseillers généraux ont multiplié les structures privées pour tenter de pallier cette carence.

Le système des autorisations d'absence qui permet aux élus locaux de remplir leurs mandats n'est guère appliqué que dans le secteur public. Il en résulte une fonctionnarisation croissante du personnel politique territorial. Des élus travaillant dans le secteur privé renoncent parfois à briguer un nouveau mandat en raison des obstacles matériels et psychologiques qu'ils rencontrent dans les entreprises dont ils sont salariés. Pourquoi ne pas remplacer les autorisations d'absence par l'élargissement aux élus locaux de la notion de « crédit d'heures » dont bénéficient déjà les représentants du personnel et les délégués syndicaux pour exercer leurs responsabilités ? Afin de limiter la charge des entreprises, ces heures seraient rémunérées par une caisse de compensation alimentée par les cotisations des collectivités locales.

Pour les élus responsables de collectivités importantes et remplissant leur mandat à temps plein — c'est-à-dire renonçant effectivement à toute activité professionnelle — un statut analogue à celui des parlementaires est possible. Le contrat de travail est suspendu pendant la durée du premier mandat, l'élu retrouvant alors son emploi. S'il décide d'entreprendre un second mandat, il perd cette garantie de réembauche pour ne plus disposer que d'une simple priorité. Les salariés du secteur privé ne retrouvant pas leur emploi pourraient bénéficier, durant une période transitoire, du maintien d'une partie de leurs indemnités antérieures.

Ce n'est qu'à partir du moment où les élus disposent, grâce à l'exercice de leur mandat, de ressources financières stables qu'il devient possible de limiter de manière drastique le cumul des fonctions et d'exiger l'exercice personnel réel des charges acceptées. Encore que, dans le phénomène français de l'abus du cumul des mandats il ne faille pas perdre de vue le rôle du mode de scrutin. Le refus de la représentation proportionnelle entraîne que toutes les élections se déroulent à partir d'une même base territoriale limitée. Il devient, en conséquence, délicat pour un député de laisser émerger sur ses terres un rival potentiel. En cumulant les fonctions, il limite les risques.

Il ne suffit pas d'offrir un statut à l'élu, encore faut-il pouvoir le devenir, donc avoir réellement accès à la candidature face au suffrage universel.

Cinquième règle : faciliter l'accès au scrutin pour tous les citoyens.

À travers cette pétition de principe se trouve posé, en réalité, le problème du financement de la vie politique. Depuis la fin de la première guerre mondiale, le remboursement de certaines dépenses de propagande électorale par l'État est institutionnel. C'est dire qu'il y a déjà près d'un siècle que le principe d'un financement public de la vie politique est admis. En pratique, la France en est demeurée à ce stade premier tout juste complété par des créneaux réservés à l'expression des partis politiques sur les chaînes publiques de télévision.

Périodiquement, le débat est relancé et s'enlise. Il porte presque toujours sur le financement des partis politiques, ce qui traduit le conservatisme profond d'une couche dirigeante obnubilée par son souci de statu quo. Une telle méthode tend en effet à rigidifier le système en figeant un peu plus les rapports de forces. C'est la formule qu'avait pourtant retenue Raymond Barre lorsqu'il était Premier ministre. Le projet de loi qu'il avait déposé prévoyait que l'État participe annuellement aux frais de personnel, de locaux et d'imprimerie des partis politiques sur la base d'une dotation dont la répartition serait effectuée conjointement par les bureaux de l'Assemblée nationale et du Sénat proportionnellement au nombre des parlementaires se déclarant rattachés à telle ou telle formation. Ce financement public aurait été réservé aux « grands » partis, c'est-à-dire à ceux qui disposent d'un groupe d'au moins trente parlementaires.

On voit mal ce que la démocratie gagnerait à financer des bureaucraties partisanes. Un tel financement public concomitant de la présence de hauts fonctionnaires à la tête des partis pourrait même, au contraire, favoriser la résurrection de ces « associations subordonnées » créées naguère par l'État français du maréchal Pétain. Le seul critère indiscutable devrait demeurer le suffrage universel. C'est d'ailleurs en proportion des suffrages recueillis qu'en République fédérale d'Allemagne comme au Québec sont remboursés les frais des candidats. Ce système évite d'avoir à interférer dans le fonctionnement même des organisations politiques. Il ne pénalise pas les grands partis puisqu'en définitive ils recevront la plus grosse part du financement. Il laisse le jeu ouvert en permettant à toute nouvelle force ou à tout citoyen de se lancer dans l'arène s'ils disposent d'un soutien populaire minimal. Il évite que des candidats ne se présentent sans réellement faire campagne, simplement pour toucher un dédommagement, ce qui risquerait d'être le cas avec des remboursements forfaitaires. Ce financement des campagnes à proportion du nombre des suffrages obtenus implique bien évidemment un plafonnement, donc un contrôle des dépenses électorales.

D'autres formes d'aides publiques sont au demeurant envisageables en vue de soutenir l'action des partis sans qu'il soit besoin d'entrer bien avant dans leur fonctionnement. La reconnaissance d'utilité publique ou un statut de fondation pourraient leur permettre d'accueillir des dons ou des legs et de bénéficier, comme en République fédérale d'Allemagne par exemple, de privilèges fiscaux. Le financement des activités de formation, notamment pour les jeunes, est possible sur le modèle de ce qui existe déjà pour les syndicats et les associations (dont certaines servent d'ailleurs de façades à des mouvements politiques). Enfin, et c'est l'une des formules les plus simples, pourquoi ne pas apporter, comme en Suède, un financement public à la presse des partis ? La proposition en a été faite par Léon Blum dès... 1928 !

Sixième règle : une République plus généreuse pour les éclopés du suffrage universel.

Attendre de connaître le verdict des urnes avant d'exiger la démission du fonctionnaire réélu n'est pas seulement une facilité supplémentaire qui lui est consentie. C'est aussi un moyen d'éviter que ne se pose en trop grand nombre le problème de la reconversion des laissés-pour-compte du suffrage universel.

Échouer lors d'un scrutin n'a rien de déshonorant et ne doit pas devenir un handicap à ce point invalidant qu'il écarte de l'engagement politique tous les citoyens incapables de garantir leurs arrières et légitimement inquiets du risque excessif qu'ils menacent de faire courir à leur famille. Le nombre de parlementaires qui ne retrouvent pas leur siège lors d'un scrutin législatif est à vrai dire limité. Ce n'est guère qu'une trentaine de personnes qui, en principe tous les cinq ans, risquent de devoir être reclassées. Si la République se montre trop bonne fille dans la mobilité de ses fonctionnaires surtout motivés par une ambition politique, elle ne doit pas, en revanche, être pingre avec les éclopés du suffrage universel. Une solution est possible grâce aux tours extérieurs. Cette pratique a été généralisée en 1984 puisqu'elle s'applique à présent à tous les corps d'inspection et de contrôle général. Cette possibilité avait été ouverte dans la diplomatie en 1972, à l'inspection des Finances en 1973, dans les tribunaux administratifs en 1975, etc. En fait, les tours extérieurs ont surtout permis à des énarques qui n'avaient pu intégrer les grands corps au terme de leur scolarité de se rattraper grâce à un bon coup de piston politique. C'est ainsi, par exemple, que les deux tiers des emplois de conseillers à la Cour des comptes attribués au tour extérieur continuent de tomber dans l'escarcelle de fonctionnaires du ministère des Finances bien que, depuis 1978, ils aient perdu leur monopole d'accès.

Pourquoi ne pas recruter les anciens parlementaires en quête d'une situation grâce aux tours extérieurs ? Pourquoi ne pas leur donner une priorité, ou même, pour ne pas désespérer la haute fonction publique, une priorité alternative, c'est-à-dire un poste sur deux ? Le tiers des emplois dans un corps d'inspection ou de contrôle peut en effet être pourvu discrétionnairement par les gouvernants. Ce type de recrutement dans des corps de contrôle présenterait deux avantages. D'abord il permettrait à des hommes et des femmes disposant d'une expérience juridique mais n'appartenant pas au monde de l'administration d'en vérifier le fonctionnement. Ce ne pourrait qu'être positif pour l'administration et les corps concernés. À l'heure actuelle, la réalité du contrôle est très variable selon les secteurs de l'administration. Des branches telles que la santé, la fiscalité directe et même l'urbanisme sont sous-contrôlées. À ce manque quantitatif s'ajoute le fait que les contrôleurs ne doivent surtout pas devenir une voie hiérachique parallèle, ce qui menace toujours de se produire lorsque, comme aujourd'hui, ces fonctions de supervision sont confisquées par les chefs de corps. Des personnalités extérieures à l'administration seraient moins tentées par cette dérive et respecteraient sans doute mieux la règle qui veut que l'inspecteur se borne à référer en constatant les manquements mais en laissant à la hiérarchie administrative la responsabilité de donner les ordres nécessaires pour redresser la situation. Associer d'anciens responsables politiques à ce travail permettrait de mieux comprendre le fonctionnement de l'appareil et de limiter les déformations dans la mise en œuvre des politiques gouvernementales. Sachant qu'après coup son action serait susceptible d'être vérifiée par d'anciens responsables politiques, l'administration chercherait à échapper à la critique en se montrant plus neutre dans l'exécution et en biaisant donc moins qu'à l'heure actuelle les textes d'application.

Le second avantage de cette formule serait de permettre, lors des alternances politiques, un exercice de cohabitation très sain pour l'esprit démocratique. La nouvelle équipe se verrait contrainte de nommer ses adversaires. Il est vrai qu'en Italie des tensions avec l'administration ont résulté des nominations, jugées excessives, de députés non réélus au Conseil d'État ou à la Cour des comptes. Il ne peut y avoir de notion d'abus dès lors que cette pratique devient non seulement officielle, mais strictement contingentée. Et après tout, à l'heure actuelle, l'usage des tours extérieurs n'est-il pas l'officialisation du « copinage » qui profite essentiellement à des hauts fonctionnaires ayant occupé des fonctions politiquement sensibles ? Il ne faut pas se leurrer, une telle réforme ne peut être réalisée qu'au prix d'un affrontement avec l'administration. Un questionnaire diffusé par Jean-François Kesler pour réaliser son monumental ouvrage, *L'ENA, la société, l'État*, fait apparaître qu'une majorité d'énarques sont favorables à un élargissement du recrutement de la haute administration. Ils estiment, eux qui en forment pourtant la colonne vertébrale, qu'elle demeure menacée de sclérose, d'« esprit technocratique » et qu'il serait souhaitable de la faire davantage correspondre à la réalité nationale. Bref, ils portent un regard lucide sur leur propre réalité.

Ce souci les conduit à plébisciter une ouverture vers les cadres supérieurs du privé, voire, avec déjà des réserves, vers les universitaires. Jean Le Garrec, lorsqu'il avait en charge la fonction publique, avait préparé un projet de loi permettant aux cadres du privé d'être placés en détachement, pour deux périodes de deux ans au maximum, au sein de la haute administration. Ils auraient ensuite réintégré leurs entreprises. Le Premier ministre, Laurent Fabius, a refusé ce texte. Une courte majorité d'énarques demeurent favorables à l'accueil des syndicalistes. En revanche, le mouvement s'inverse dès qu'il est envisagé de recruter des hommes politiques au sein de la haute fonction publique : 69 % des énarques se déclarent hostiles et 25 % seulement émettent une opinion favorable. Ce résultat mérite d'être souligné car il émane d'une caste qui ne cesse d'effectuer le mouvement inverse, c'est-à-dire d'assumer des responsabilités politiques. L'hypocrisie est à son comble lorsque le conseil d'administration de l'association des anciens élèves de l'ENA ose adopter un texte [10] dans lequel on peut lire : « Pour les anciens élèves, l'administration et la politique ne doivent pas se confondre : la fonction publique ne doit pas courir le risque de devenir le refuge d'élus éventuellement sanctionnés par le vote des citoyens. » Ce qui signifie concrètement que ces hauts fonctionnaires trouvent naturel de tenter leur chance dans la politique et de retrouver, en cas d'échec, le confort de leur carrière administrative, mais qu'ils jugent offensant qu'un autre élu du suffrage universel puisse bénéficier de ce filet de sécurité.

III. *Réformer les méthodes du travail gouvernemental*

« L'organisation du travail gouvernemental touche déjà à l'art de gouverner. » Ce constat est dressé par un expert : Marceau Long [11], ancien secrétaire général du gouvernement durant le septennat de Valéry Giscard d'Estaing comme durant les premiers pas de celui de François Mitterrand et actuel vice-président du Conseil d'État. De fait, la manière de tracer la frontière entre la politique et l'administratif dépend pour une large part des structures gouvernementales elles-mêmes. À cet égard, et n'en déplaise à la haute fonction publique, la fonctionnarisation de la vie politique ne s'est pas traduite par une amélioration du professionnalisme des gouvernants, bien au contraire. Des dysfonctionnements graves se manifestent indépendamment de la nature des équipes politiques installées au pouvoir, au point même que la section du rapport et des études du Conseil d'État s'est penchée sur le sujet [12].

C'est à la veille de quitter Matignon que Pierre Mauroy a demandé une analyse des « questions que pose l'articulation entre les compétences gouvernementales et l'organisation des administrations centrales ». Le groupe de travail mis en place était composé de praticiens de haut niveau puisqu'il était dirigé par Bernard Tricot, ancien secrétaire général de la présidence de la République durant le second septennat du général de Gaulle, et qu'il comprenait notamment Étienne Burin des Roziers, lui aussi ancien secrétaire général de la Présidence sous de Gaulle, Anicet Le Pors, ancien ministre communiste chargé de la fonction publique, et d'anciens directeurs de cabinets ministériels, de droite comme Francis de Baecque ou de gauche comme Jean-Paul Costa. Dans sa lettre au vice-président du Conseil d'État, Pierre Mauroy mentionnait explicitement, parmi les sujets qu'il souhaitait voir aborder, les rôles respectifs des cabinets ministériels et des directions d'administration centrale. Il s'agit en effet d'un des points clés de la confusion entre le politique et l'administratif. Le phénomène de dépossession des directions administratives au profit des entourages ministériels est la première cause de politisation de la fonction publique et de fonctionnarisation des cadres politiques. Elle constitue une source permanente de troubles dans le travail des services.

Septième règle : mettre un terme à l'usurpation de pouvoir par les cabinets ministériels.

Le cabinet ministériel, c'est-à-dire le groupe, par nature éphémère, des collaborateurs directs d'un gouvernant, est progressivement devenu une institution administrative de fait. Non pas qu'elle dispose d'une quelconque réalité juridique. En dépit d'un siècle d'existence, le cabinet en tant que tel n'a pas plus de personnalité qu'un parti politique. Pas moins non plus ! Bien qu'aucun pouvoir ne lui soit dévolu dans les textes, il est identifié à la décision suprême. Cela suffit.

À l'origine, le cabinet ne s'occupait que des dossiers personnels du ministre, c'est-à-dire, en pratique; de sa circonscription électorale. En s'étoffant, il s'est constitué en cellule de conseil destinée à rappeler à l'administration les données psychologiques de la politique : éviter que telle décision, certainement logique et sans doute souhaitable, ne mette à feu et à sang une région ou ne fasse descendre dans la rue une catégorie sociale ; veiller, à l'inverse, à ce que telle mesure ponctuelle ne soit pas oubliée, à ce que le projet gouvernemental d'ensemble s'inscrive progressivement dans la réalité. Le cabinet a donc vocation à travailler avec l'administration, mais non à sa place. Il est là pour orienter et superviser, non pour effectuer les tâches qui incombent aux directions d'administration centrale. Au fil des ans, et surtout depuis l'avènement de la Ve République, les cabinets ont totalement changé de vocation. De structures de conseil politique et de supervision de l'administration, ils sont devenus un outil de mise sous tutelle des ministres par l'administration.

Le mouvement s'est amorcé sous la IVe République. La faiblesse des politiques, l'instabilité gouvernementale chronique ont offert un champ d'intervention inespéré à l'administration. C'est à cette époque que se déclenche le mouvement des hauts fonctionnaires vers les cabinets ministériels qui s'institutionnalisera avec la Ve République. Jean-François Kesler a calculé que, dans les années 50, l'inspection des Finances double sa représentation dans les entourages ministériels, notamment en 1955 au moment de la formation du gouvernement Edgar Faure. Née à gauche, parlant majoritairement à gauche pendant ses études, l'énarchie a commencé d'investir la sphère du pouvoir par la gauche également. Avec l'installation de Pierre Mendès France à l'Hôtel Matignon, quatre énarques viennent s'installer dans les bureaux voisins : Simon Nora, Jean Serisé, Michel Jobert, et Georges Gorse. Tous les quatre poursuivront des carrières plus politiques qu'administratives, les deux derniers devenant même ministres. À l'époque, l'ENA ne fournit que 9 % des membres des cabinets ministériels. À l'aube de la Ve République, la proportion n'est encore que de 11 %. Lors du départ du général de Gaulle le nombre des énarques dans les cabinets ministériels a triplé. Depuis, il continue de tourner autour de 30 %[13].

Ils sont plus de cinq cents — officiellement — à se glisser ainsi dans le sillage des ministres, à recevoir par procuration un peu de leur prestige et de leur autorité et beaucoup de leurs servitudes. Des sociologues auscultent périodiquement cette micro-population pour vérifier si le nombre des membres de la

Cour des comptes a varié de plus ou moins zéro virgule epsilon pour cent ou si le pourcentage des fils d'industriels s'est modifié au détriment des fils de hauts fonctionnaires. La minutie de ces enquêtes a quelque chose d'aussi dérisoire que ces sondages d'opinion qui font frémir sous prétexte que la cote de telle ou telle vedette varie d'un point ou deux. Au fil des savants tableaux ressort toujours la même conclusion : les fonctionnaires représentent les trois quarts du personnel des cabinets ministériels et l'élite administrative à elle seule le quart. Un pourcentage qui traduit, depuis 1981, un certain recul de l'hégémonie administrative puisque le septennat giscardien avait vu des cabinets ministériels composés à plus de 90 % par les fonctionnaires.

Si la proportion de fonctionnaires demeure écrasante, les ministres ont manifestement ressenti le besoin de se donner un peu d'air. Ils ont, sur ce point, tiré des leçons de l'alternance de 1981 et renforcé le secteur politique de leur entourage. Les membres du gouvernement de Jacques Chirac ont recruté parmi les professions libérales et les cadres du privé : 14 %, ce n'est pas franchement, en dépit des credos libéraux, un raz de marée. De Chirac à Fabius, de Barre à Mauroy, on ne relève en définitive que des variations marginales dans la composition des entourages ministériels, pas de renversement de tendance. Certes, comme on pouvait s'y attendre, la proportion d'enseignants dans les cabinets cuvée 1986 diminue des deux tiers par rapport à 1981. En revanche, contrairement aux idées reçues, le privé n'est pas mieux représenté au sein du cabinet personnel de Jacques Chirac qu'il ne l'était dans celui de Pierre Mauroy, et l'entourage du maire de Paris à Matignon comprend même nettement plus de permanents politiques (élus, assistants parlementaires, employés de parti, de syndicat ou d'association) que celui de Pierre Mauroy : 18 % contre 11 % dans l'entourage du Premier ministre de l'union de la gauche[14]. Les filières de recrutement sont plus personnelles que partidaires. La solidarité d'organisation ne joue plus comme sous la IIIe et la IVe République. Les appartenances à une formation politique sont lointaines et ne prennent souvent que la forme d'une référence et non d'un engagement militant.

L'univers des cabinets ministériels a d'autant plus perdu sa vocation initiale que le personnel qu'il regroupe ne se sent plus lié à une personnalité. Seuls comptent les profils de carrière et les perspectives d'avancement. Les ministres peuvent passer, les membres des cabinets s'efforcent de rester. Et ils y parviennent. Avant que l'alternance de mai 1981 ne vienne brouiller les statistiques, on constate que sur les 1850 personnes qui, depuis 1958, avaient appartenu officiellement à un cabinet ministériel, 25 % ont appartenu à un autre cabinet et 28 % à, au moins, deux autres cabinets. Et cette permanence s'ancre en dépit de différences politiques qui peuvent être assez marquées. Sur les 35 membres du cabinet de Raymond Barre, Premier ministre, 13 avaient travaillé au cabinet de son prédécesseur Jacques Chirac. La politique qu'il avait menée a été très sévèrement jugée par Raymond Barre, cela n'a pas empêché plus du tiers de ses collaborateurs de participer à l'action conduite par son censeur. Cela signifie, concrètement, qu'alors qu'ils ne sont pourtant, en théorie, que les collaborateurs temporaires d'un homme de gouvernement, plus de la moitié des membres des cabinets ministériels ne se sentent pas responsables de la politique mise en œuvre, ni engagés par elle. N'est-ce pas Michel Jobert qui, dans ses *Mémoires d'avenir,* explique qu'il n'est entré au cabinet de Georges Pompidou qu'à la condition « de ne pas y faire de politique » ! Dès lors, comment justifier un engagement qui n'est que de façade pour prétendre ensuite aux plus hautes responsabilités, aux portefeuilles ministériels ? Même une avocate de la haute administration comme Marie-Christine Kessler admet[15] : « Le fait que beaucoup de hauts fonctionnaires voient leur collaboration à des cabinets en termes de participation technique et non d'engagement politique a fait d'eux des collaborateurs tièdes, peu inspirés, réagissant plus en fonction de leurs affinités personnelles, de leurs soucis de carrière que par rapport à la réalisation d'un projet politique. [...] Un certain manque d'imagination et de ferveur dont ont souffert les septennats antérieurs peut être en partie attribué à l'aspect routinier et administratif des cabinets ministériels. »

En revanche, parce qu'ils ont échappé aux hiérarchies administratives officielles et qu'ils se situent dans la sphère du pouvoir politique, les fonctionnaires présents dans les cabinets ministériels vont utiliser leur position et leur pouvoir provisoire pour préparer soit leur retour à la tête d'une administration, soit leur détachement dans une fonction valorisante. Dès lors, sachant que les membres des cabinets ont vocation à devenir leurs futurs chefs, les services se montrent non seulement dociles mais volontiers courtisans. Et, réciproquement, sachant que la suite de sa carrière s'effectuera au sein de l'administration qu'il supervise, le fonctionnaire présent dans un cabinet est porté à défendre son corps aussi bien en ce qui concerne les analyses que développe ce dernier que les avantages dont il bénéficie. Luttes de clans et favoritisme politique deviennent inévitablement la règle. Cette évolution est doublement négative pour l'administration. À la fois elle perturbe sa hiérarchie et la prive de l'apport d'une vision qui lui soit extérieure, qui échappe à ses canons et s'insère dans la réalité sociale. Nombreux sont les hauts fonctionnaires à se plaindre de l'usurpation de pouvoir par les cabinets ministériels. Jacques Fournier, ancien secrétaire général du gouvernement, note que « les cabinets ministériels prennent trop de place [16] ». « Ils tendent à monopoliser les tâches les plus intéressantes, ajoute-t-il. Ils deviennent la filière principale de promotion aux hautes responsabilités administratives [17]. Il est souhaitable que cette situation change. Il faut réenchérir la tâche des administrations centrales. Il faut aussi que, à côté de leurs collègues passés par les cabinets, des fonctionnaires qui ont choisi de servir l'État sans s'engager préférentiellement en faveur d'une force politique déterminée puissent prétendre accéder aux échelons administratifs les plus élevés. »

Aussi abusive soit-elle, cette mise en cause des responsabilités qui doivent incomber à l'administration est moins la conséquence d'une volonté politique que d'une pratique des hauts fonctionnaires eux-mêmes. À partir du moment où, par calcul au moins autant que par conviction, pour accélérer et améliorer leur plan de carrière plutôt que par adhésion personnelle profonde à telle ou telle politique conjoncturelle ou sectorielle, les fonctionnaires ont monopolisé les cabinets ministériels, il devenait inévitable qu'ils conçoivent leur fonction comme une sorte de super-direction administrative. Non seulement ils dépolitisaient ainsi l'activité gouvernementale, mais ils alourdissaient la pyramide administrative et y introduisaient un trouble permanent, les services se trouvant placés devant une double autorité. Comme toujours dans ce genre de situation, les rivalités sont fréquentes et les courts-circuitages constants.

La gangue administrative s'est tellement refermée sur les ministres qu'eux-mêmes ont cherché à se redonner un peu d'air, à retrouver des interlocuteurs politiques en créant une sorte de «super-cabinet», c'est-à-dire un groupe restreint de collaborateurs échappant à la hiérarchie du cabinet et directement rattachés «auprès» du ministre. Ce phénomène est ancien, en tout cas nettement antérieur au passage de la gauche au pouvoir. En 1976 déjà, Michel Debré et son fils Jean-Louis relevaient cette réinvention du cabinet politique au sein des cabinets ministériels qui n'est qu'une conséquence de la mutation de cette structure. «Les collaborateurs des ministres, écrivent-ils[18], apparaissent comme des tuteurs de l'administration. Leur rôle est désormais avant tout, en fonction des directives du ministre, de contrôler, surveiller, diriger les directeurs des ministères et à suivre, pour informer le ministre, l'action de tel ou tel service administratif. De moins en moins, ils interviennent pour formuler des avis politiques, par exemple en se prononçant sur l'opportunité politique de telle ou telle réforme envisagée, et peu nombreux sont ceux qui osent s'aventurer dans un domaine qui échappe à leur compétence technique.»

Il est d'autant plus important de mettre un terme à cette dérive des cabinets ministériels que c'est au sein de ce petit peuple que s'est déjà en grande partie constituée la classe politique d'aujourd'hui et que se forme, plus sûrement encore, celle de demain.

Lorsque, fait rare, des députés se préoccupent de vouloir légiférer sur les cabinets ministériels, ce n'est pas tant de leur composition dont ils se préoccupent que des rémunérations. D'où la cocasse proposition de loi déposée en juin 1987 par deux députés RPR, Jean-Pierre Delalande et Michel Hannoun. Ils s'inquiètent du trop grand nombre de jeunes fonctionnaires dans les cabinets ministériels, «sans doute compétents pour leur âge, précisent-ils, mais dont l'ambition principale est surtout de faire accélérer leur carrière». Aussi proposent-ils simplement de laisser les membres du gouvernement fixer librement, dans le cadre de leur budget, les rémunérations de leurs collaborateurs. Car, à l'heure actuelle, ces défraiements seraient peu attractifs en particulier «pour les fonctionnaires qui ne sont rémunérés que sur la base de leur traitement, majoré d'une indemnité de cabinet ». Ces deux députés n'ont donc pour seule ambition que de remplacer de jeunes fonctionnaires par des collègues plus âgés. Il est vrai que Jean-Pierre Delalande a fait carrière au Quai d'Orsay avant d'entrer au cabinet de Jean-Philippe Lecat et que Michel Hannoun est davantage devenu un permanent politique qu'il n'est demeuré médecin. Leur texte traduit la réelle difficulté qu'éprouvent les membres de l'élite gouvernante à prendre une certaine distance par rapport à leur statut.

Or, d'autres réponses sont envisageables :

Pourquoi ne pas limiter à 50 % des effectifs des cabinets le nombre des fonctionnaires ? Une telle proportion serait bien suffisante pour apporter aux gouvernants les concours techniques nécessaires et assez vaste pour laisser place aux fantasmes ministériels de la haute fonction publique.

Pourquoi ne pas limiter aussi dans la durée la période durant laquelle un fonctionnaire peut être membre d'un cabinet ministériel ? Il convient en effet d'éviter de transformer une fonction temporaire en métier. Si la durée dans des fonctions de cabinet donne à l'intéressé un surcroît indiscutable de compétence technique, elle lui permet du même coup d'exercer une influence croissante, donc de peser de plus en plus sur la politique gouvernementale. En demeurant parfois une dizaine d'années dans un cabinet ministériel, un fonctionnaire change inévitablement d'éthique. Il n'appartient plus intellectuellement à la fonction publique, mais s'est mué en cadre politique. Il conviendrait, dès lors, de faire correspondre le droit au fait. Au-delà d'un certain temps de présence dans un entourage ministériel (trois ans, durée moyenne confortable pour un gouvernement ou, au maximum, cinq ans, durée d'un mandat législatif), le fonctionnaire, s'il tient à prolonger l'expérience, devrait donner sa démission de la fonction publique.

Conséquence de la règle précédente, il importe de rétablir l'autorité des directions d'administration centrale.

Elles incarnent en effet, du moins en principe, l'administration même si, dans la pratique, leur statut est doublement contesté. Il l'est, bien sûr, par le ministre et son entourage. Il l'est également par les subordonnés. Le directeur d'administration centrale n'a pas de pouvoir sur ses sous-directeurs. Il ne les a pas choisis et peut difficilement les muter. Il lui faut donc, par son comportement, conquérir son autorité. Dès lors, le chef administratif se trouve placé dans une position fragile qui le rend malléable. Abusivement dépossédé par les cabinets ministériels, il doit retrouver la maîtrise de ce qui fait l'intérêt de sa tâche et non être cantonné en exécutant passif des impulsions de fonctionnaires plus jeunes qui, parce qu'ils se sont glissés dans le sillage d'un responsable gouvernemental, se pensent en situation de détourner à leur profit les hiérarchies administratives.

Ces directeurs doivent conserver l'accès au ministre, ils doivent travailler avec lui. L'écran du cabinet ne peut disparaître que si, non seulement ses effectifs sont revus à la baisse, mais surtout si dans sa composition il ne fait pas la part belle aux fonctionnaires. Un cabinet non administratif se montre beaucoup plus coopératif et soucieux de prendre le conseil et l'avis des directions d'administration centrale que des collaborateurs eux-mêmes issus de la fonction publique et qui pensent savoir.

S'il importe de redonner une pleine maîtrise de commandement aux directions d'administration centrale, encore convient-il de ne pas se leurrer. Sur l'autre versant, par rapport aux services qu'elles dominent, ces administrations centrales se montrent elles aussi excessivement jalouses de leur autorité et de leurs prérogatives. L'indispensable déconcentration des administrations parisiennes au profit de la province, qui doit conforter la décentralisation en permettant à l'État d'être davantage présent sur les lieux de la décision, ne pourra qu'être imposée aux directions centrales. Le préfet Maurice Doublet témoigne[19] : « J'ai personnellement participé à de multiples commissions de réforme administrative ; notamment une à l'échelon national, qui a présenté des propositions nullement révolutionnaires, mais ô combien simplificatrices ! Sur cent propositions, quatre-vingt-dix ont été rejetées par les administrations centrales qui craignaient qu'on empiète sur leur domaine de compétence et qu'il en résulte pour elles une perte d'autorité ! »

En outre, les directions ont pris, à l'exemple des ministres, de mauvaises habitudes. La concentration parisienne de l'énarchie s'explique bien évidemment par la répugnance de ces messieurs à gagner la province mais aussi en raison de la prolifération des cabinets. Ils ne sont plus réservés aux membres du gouvernement. Les directeurs d'administration centrale ont également constitué des groupes de collaborateurs, repaires privilégiés des énarques. Cette pratique est très rarement mentionnée alors que des critiques sont régulièrement adressées aux maires, présidents de Conseils généraux et régionaux qui se sont, à leur tour, dotés de cabinets. Le groupe d'étude du Conseil d'État qui a travaillé sur les structures gouvernementales et l'organisation administrative[20] recommande pourtant d'«inviter les directeurs à cesser de s'entourer de cabinets superposés aux services ou sous-directions et qui tendent à traiter, à la place de ceux-ci, la part la plus intéressante de la tâche. «Ce mal, constatent les rapporteurs, se répand aujourd'hui au niveau des sous-directeurs eux-mêmes.» L'ombre propice de l'administration permet impunément des pratiques que la lumière de la scène politique amène à discuter. Car s'il peut se produire que des cabinets d'élus locaux soient trop nombreux et contestables dans leur recrutement, par quel miracle les directeurs des ministères seraient-ils exempts de tels travers?

Si l'aspect extérieur de l'administration est apparemment lisse, si les rouages paraissent huilés, sa fréquentation conduit rapidement à déchanter. Le caractère disparate des structures, les contenus variables de termes identiques selon les ministères constituent une véritable jungle. Le groupe d'étude mis en place par le Conseil d'État est, sur ce point, catégorique. Il invite à renoncer aux répartitions d'attributions entre les directions ou les services qui distinguent entre objectifs, programmes et moyens, comme si l'acte administratif était divisible à l'image des étapes d'un raisonnement. «Des schémas de ce genre, notent les auteurs, suscitent plus de malentendus et de mésententes qu'ils ne créent les conditions d'un traitement rationnel des affaires.»

Plus grave encore, au cours des dernières décennies ce phénomène s'est étendu des administrations centrales aux services extérieurs, c'est-à-dire aux directions départementales. On assiste à une prolifération anarchique des antennes locales d'administration centrale, du commerce extérieur à l'artisanat en passant par la recherche et la maîtrise de l'énergie. Bien que, depuis les décrets d'application de la décentralisation en mai 1982, les préfets aient autorité sur la quasi-totalité de ces services extérieurs (alors qu'auparavant ils n'en étaient que les animateurs, les coordinateurs), ils se trouvent dans l'impossibilité de remplir cette mission en raison de la multiplicité des conflits de compétences et des chevauchements d'attributions. Ils ont d'autant moins la possibilité de s'imposer que, comme le ministre, leur présence est temporaire. Apportés par un mouvement préfectoral, ils seront dans quelques mois, emportés par un autre. Les chefs des services dissidents le savent et s'appliquent à temporiser en évitant le conflit frontal, persuadés qu'ils sont d'avoir gain de cause sur la durée. D'autant qu'ils bénéficient de la complicité de leur administration centrale, toujours ravie de disposer sur le terrain d'hommes « à elle » plutôt que de devoir transiger avec le corps préfectoral. Cette situation, soyons clairs, date d'avant les lois de décentralisation et résulte de la prolifération anarchique des services, missions, centres et autres délégations. Moins accentué mais néanmoins comparable, un dérèglement s'observe également dans l'action de l'État à l'étranger où les ambassadeurs, pas plus que les préfets en province, ne sont en situation d'exercer l'autorité théorique dont ils disposent sur les antennes mises en place par les ministères de la Défense, de l'Économie et des Finances, de l'Industrie, de l'Agriculture...

Huitième règle : centraliser le travail interministériel.

L'invasion, à travers les cabinets ministériels, de la sphère de décision politique par les fonctionnaires a une première conséquence technique immédiate. Le nombre des instances politiques de décision est réduit à sa plus simple expression. Concrètement, il n'en existe plus d'officielles. Il reste, dira-t-on, le Conseil des ministres. Certes, mais contrairement à ce que le citoyen peut penser, ce n'est pas un lieu de décision. Il fonctionne comme un simple organisme d'enregistrement. Lorsqu'un dossier est inscrit à son ordre du jour, c'est que les arbitrages ont été rendus. Dans le cas contraire l'examen du projet est différé.

Le travail s'effectue dans des réunions interministérielles

pratiquement composées de fonctionnaires. Quant aux comités interministériels qui se tiennent, en principe, au niveau des ministres, leur participation personnelle effective est orientée à la baisse. Au fil de la Vᵉ République, les membres du gouvernement ont en effet de plus en plus tendance à se faire représenter par un collaborateur qui, le plus souvent, est un haut fonctionnaire. Pour 83 % de ministres personnellement présents, en 1961, lors des comités interministériels, on en compte moins de 70 % en 1971. Les Premiers ministres sont même, parfois, contraints d'annuler des réunions lorsqu'ils estiment que trop de membres du gouvernement sont absents. Ce phénomène s'explique pour deux raisons. L'une, évidente, est l'augmentation sans frein du nombre de ces réunions. Elles ont quadruplé au cours des vingt dernières années[21] ! L'autre tient à la soif de pouvoir qui habite chaque ministre. Or, le travail interministériel réduit son autonomie et contribue à centraliser à Matignon la décision. L'absence peut parfois servir de moyen de sauvegarde de l'autonomie politique.

Nous pouvons nous consoler — sinon nous rassurer — en observant des dérives analogues chez nos voisins allemands et italiens. Lorsqu'il était chancelier de RFA, Willy Brandt avait même dû supprimer l'autorisation accordée aux ministres de se faire représenter par leur « secrétaire d'État » (fonctionnaire) lors des réunions de travail interministérielles. En Italie, la haute fonction publique s'est fait déléguer, depuis l'*alta dirigenza* de 1972, une partie des pouvoirs des ministres aussi bien en matière d'arbitrage que de représentation juridique. À tel point que les chambres parlementaires italiennes préfèrent auditionner directement les fonctionnaires. La démission des responsables politiques est telle que, bien que les ministres conservent le droit de contrôler a posteriori ce qui se décide en leur nom et de l'annuler, les études effectuées en Italie prouvent qu'ils n'en usent pas.

La France se trouve, par rapport aux démocraties voisines, dans une situation archaïque pour ce qui concerne le fonctionnement de son exécutif. L'ancien secrétaire général du gouvernement, Jacques Fournier, note au terme d'une comparaison technique[22] avec la situation qui prévaut aux États-Unis, en Grande-Bretagne et en République fédérale d'Allemagne, que là où ces pays ont centralisé la coordination du travail gouvernemental, la France se complaît dans l'éparpillement. Outre le secrétaire général de la présidence de la République et le secrétariat général du gouvernement, deux autres secrétariats généraux à vocation interministérielle existent : celui de la Défense nationale (SGDN) et celui du comité interministériel pour les questions de coopération économique européenne (SGCI). À ces quatre structures administratives s'ajoutent les cabinets du chef de l'État et du Premier ministre.

Cette dispersion est à l'évidence une source de malentendus et peut provoquer des difficultés. Elle a été maintenue car elle offre à la présidence de la République une marge de jeu plus grande que si, comme dans les autres démocraties, le chef du gouvernement maîtrisait seul l'ensemble de ces rouages. Il n'y a pas dyarchie au sommet de la Vᵉ République, affirmait le général de Gaulle. C'est faux. Cette dyarchie existe et pèse lourdement sur les structures gouvernementales. Non pas une opposition politicienne illustrée par le caricatural régime de la cohabitation, mais une division beaucoup plus profonde qui conduit la présidence de la République à maintenir une dispersion excessive du travail interministériel afin de conserver sa liberté de manœuvre dans les secteurs qu'elle considère comme siens : la défense et les affaires extérieures. L'action de coordination du travail gouvernemental, qui revient en propre au Premier ministre, interfère en effet inévitablement avec la conception que tout président de la République a de ses pouvoirs.

Cette rivalité Élysée-Matignon profite, en pratique, essentiellement au ministère des Finances. D'une part parce qu'il est le seul ministère à voir passer, comme le sommet de l'État, l'intégralité des dossiers gouvernementaux. Tous ont en effet une dimension budgétaire. D'autre part, parce que les hommes des Finances sont présents aussi bien à la présidence de la République que chez le Premier ministre et que leurs relations avec la maison mère perdurent même si elles ne sont pas toujours coordonnées. Le rôle temporisateur, bénéfique, de l'administration est particulièrement net en matière financière. Il est normal et sain que les fonctionnaires de la Rue de Rivoli imposent aux gouvernants eux-mêmes des règles de rigueur et de modération. Il est anormal que, de ce fait, ils aient élargi leurs compétences sans frein et se soient dotés de statuts sur mesure. Il est anormal que l'arrogance qu'ils ne cessent de manifester depuis des siècles puisse être un obstacle à l'organisation du travail interministériel qui constitue la quintessence de l'activité gouvernementale. Il est anormal que décennie après décennie, ils dépouillent de leurs préorogatives les autres départements ministériels.

La Rue de Rivoli a, par exemple, à ce point saigné le Quai d'Orsay qu'elle n'éprouve même plus le besoin de déléguer certains des siens au sein de la diplomatie. Les relations économiques internationales sont tombées sous sa coupe. La direction du Trésor a repris à la Coopération l'essentiel de la gestion du fonds créé pour aider les pays associés à la France. On en arrive à la situation absurde qui consiste à voir des fonctionnaires du Trésor se spécialiser par zones géographiques tandis que les fonctionnaires du ministère de la Coopération ne peuvent que les regarder agir et obtempérer. Avec la cohabitation, le ministère des Finances exerce enfin la direction effective de l'action gouvernementale. La logique de Colbert triomphe. Car qu'est-ce que le colbertisme ? La prise du pouvoir, en 1661, par le ministère des Finances au détriment de celui de la Justice. Trois siècles plus tard, les effets de cette révolution administrative demeurent. Profitant de cette vigilante rivalité, au sommet de l'État, l'administration des Finances ne cesse d'étendre son empire.

Cette puissance excessive pourrait être réduite au nom et au profit d'une meilleure coordination interministérielle. À cet égard la maîtrise du budget pourrait tout aussi bien relever de Matignon que de la Rue de Rivoli. Les rouages budgétaires constituent en effet la meilleure régulation technique des mécanismes administratifs. À tout le moins, le budget des charges communes du ministère de l'Économie et des Finances s'est révélé un excellent mode de coordination d'opérations complexes comme le programme des grands travaux d'architecture et d'urbanisme voulu par François Mitterrand.

Aux perturbations provoquées par la dyarchie au sommet de l'État, inhérente aux structures de la Ve République, s'ajoute l'alourdissement excessif du nombre de comités, commissariats, conseils, missions, instituts, délégués, groupes, commissions... rattachés au Premier ministre. Au cours des vingt dernières années le nombre des organismes qui ont proliféré autour de Matignon a été multiplié par quatre ou cinq. Sur les trente-deux comités interministériels permanents qui, par exemple, dépendent du Premier ministre, sept ne fonctionnent plus depuis des années, sept autres ne s'étaient, en 1985, pas réunis depuis cinq ans, onze seulement avaient travaillé au cours de l'année de référence! Et encore, un examen plus détaillé serait indispensable car ce n'est pas parce qu'une structure a été convoquée pour une réunion qu'elle fonctionne.

Cette inflation n'est pourtant pas la plus pernicieuse. Il y a plus grave.

Neuvième règle : stopper l'inflation ministérielle.

Ils sont quarante, autour de Jacques Chirac, à pouvoir se faire appeler « Monsieur (ou Madame) le ministre », à bénéficier lors de leurs déplacements officiels de la présence dévouée d'un préfet, à goûter de temps à autre aux charmes des escortes motocyclistes, bref à être membres du gouvernement de la République. La quarantaine, c'est la norme française contemporaine. Les libéraux qui brocardaient vertement le goût des honneurs de la gauche et l'inflation ministérielle socialiste sont, une fois revenus au pouvoir, retombés dans le même travers. L'augmentation des effectifs gouvernementaux correspond à une évolution historique constante. Alors que six ministres suffisaient à gouverner la France au XVIIIe siècle et sept à la fin du premier Empire, ils sont déjà douze lors de la première guerre mondiale. Depuis, l'augmentation est foudroyante : plus de trente gouvernants en 1936. Sous la IVe République, les effectifs gouvernementaux ont varié de manière importante, allant de douze à vingt-cinq. Le gouvernement dirigé par Guy Mollet a, en 1956, consenti l'effort de rationalisation le plus sensible en concentrant les grands départements sur neuf ministres. Edgar Faure, à l'inverse, dispersera au maximum avec vingt-cinq ministres dont des vice-présidents du Conseil et des ministres d'État. Avec les années 80, la norme est de quarante dont une quinzaine de secrétaires d'État alors qu'ils n'étaient que quatre en 1958, mais plus de vingt dans le premier gouvernement de Jacques Chirac en 1974. Cette flambée a correspondu, au départ, au passage de l'État-gendarme traditionnel à un État-providence intervenant dans de nouveaux secteurs comme l'instruction publique, la politique sociale, les télécommunications. À l'heure actuelle, la progression correspond surtout à une dégénérescence.

Les responsables politiques français se révèlent de gros consommateurs de maroquins. Les États-Unis se contentent d'une quinzaine de ministres, la Norvège, les Pays-Bas et le Danemark de quinze à vingt, la Grande-Bretagne et la République fédérale d'Allemagne d'une vingtaine (mais avec autant de secrétaires d'État), l'Italie enfin talonne la France avec sa trentaine de ministres et sa dizaine de secrétaires d'État. Cette inflation des effectifs gouvernementaux se traduit par une incontestable baisse dans l'efficacité du travail. Non pas tant en raison du nombre des réunions. Force est de constater que même lorsque les effectifs gouvernementaux amorcent une décrue temporaire, les séances interministérielles peuvent continuer d'augmenter. La volonté de restreindre les effectifs est de règle à chaque changement d'équipe. Sincèrement. Chargé, en mars 1983, de former son troisième gouvernement, Pierre Mauroy s'était rendu à l'Élysée avec en poche un projet réduisant d'une bonne dizaine de postes sa précédente équipe de quarante-quatre membres. Au terme d'une longue et laborieuse tractation avec François Mitterrand, il ressortait du palais présidentiel à la tête d'un gouvernement de quarante-cinq membres. Profitant du délai nécessaire pour joindre téléphoniquement les heureuses excellences, le Premier ministre parvenait, dans un ultime sursaut, à arracher au chef de l'État une double radiation pour qu'au moins symboliquement son équipe compte un membre de moins que la précédente.

Pour caricaturale qu'elle puisse paraître — et qu'elle soit — cette anecdote n'est que l'illustration des extraordinaires pressions et contraintes qui pèsent sur les responsables de l'exécutif lorsqu'il leur faut composer un gouvernement. Dans « La réforme gouvernementale », Léon Blum s'inquiétait — déjà ! — de l'augmentation, liée à la guerre, du nombre des départements ministériels. La quinzaine venait d'être atteinte. « J'estime, pour ma part, écrivait-il, que le nombre des ministres à portefeuille ne devrait jamais dépasser dix, et cela pour une raison d'ordre purement pratique. C'est que je tiens pour une condition essentielle, primordiale du gouvernement, le travail direct du président[23] avec chacun de ses ministres, et qu'une dissémination excessive des départements ministériels imposerait à ces colloques une périodicité trop espacée, en même temps qu'elle entraînerait comme une dispersion fatale de l'esprit.» Dans la réforme gouvernementale de Léon Blum il n'était fait appel à aucune modification organique ou constitutionnelle. Si on veut, sérieusement, mettre un terme à une inflation devenue une source permanente de dysfonctionnement, il faut protéger le chef de l'État et le chef du gouvernement.

La multiplication artificielle des postes ministériels est une source de dépenses non négligeable pour un État dont les gestionnaires ne cessent pourtant d'affirmer qu'ils réduisent son train de vie. D'abord en raison du coût d'entretien du ministre et de sa suite. Car qui dit ministre dit cabinet. Et ce n'est pas parce que le travail est limité que les effectifs le sont. Il y a beau temps, là encore, que les règles restreignant le nombre de collaborateurs sont transgressées. Le vibrionnement politique qui en résulte est souvent inversement proportionnel à l'importance des ministères. L'autre source de dépenses et de perturbations résulte, plus profondément encore, de l'instabilité de certains services qui ne cessent d'être rattachés tantôt d'un côté tantôt d'un autre. Cette situation génère un attentisme chronique qui nuit à leur efficacité. En raison de l'urgence qui préside toujours à la composition des gouvernements, personne ne prend en compte le temps qu'il faudrait pour qu'une administration dont on modifie les structures s'adapte réellement à son nouveau cadre. Toujours la logique politique, l'opportunisme conjoncturel primeront sur la réalité des rythmes administratifs et les critères d'efficacité technique.

Il importerait donc, sur ce point, d'armer les politiques contre eux-mêmes. Lorsque le président de la République et son Premier ministre composent une équipe gouvernementale, ils sont soumis à tant de pressions qu'ils ne peuvent que céder du terrain. Il convient en effet que les différentes régions se sentent représentées, que les équilibres politiques internes à la majorité du moment se retrouvent, que les femmes soient présentes, les francs-maçons pas ignorés, que tel groupe social dont le soutien a été important sente qu'un de ses porte-parole est entré dans la place, que la sourde hostilité de telle administration pour une personnalité par ailleurs incontournable puisse être prise en compte. Seulement, déplacer un pion revient à en bouger plusieurs par contrecoup, car si Un tel ne peut prendre tel poste et qu'on y nomme tel autre, qu'advient-il de, etc.

Les solutions sont inévitablement trouvées dans une inflation des effectifs et une imagination fertile dans l'intitulé de fonctions sans contenu. L'éphémère ministre des réformes du premier gouvernement Chirac, Jean-Jacques Servan-Schreiber, en avait offert en son temps l'illustration la plus achevée. Des postes comme les secrétariats d'État aux droits de l'homme ou au Pacifique sud prolongent la tradition. Souvent dépourvus de véritables budgets, donc de pouvoir, ils sont définis en termes vagues, répétés machinalement de décret d'attribution en décret d'attribution. Seule une loi organique limitant à une vingtaine le nombre des ministres et à cinq environ celui des secrétaires d'État permettrait non seulement de freiner les ambitions personnelles et de faciliter la composition des gouvernements, mais surtout stabiliserait les structures en permettant d'améliorer leur rendement.

Pourquoi continuer de maintenir pour les agriculteurs (moins de 10 % de la population active) un ministère qui ne constitue en réalité qu'une simple structure d'encouragement et de subvention ? Comment ne pas voir qu'un ministère du Commerce et de l'Artisanat ne peut qu'être l'ossification administrative d'un groupe de pression dès lors que le mouvement des échanges extérieurs lui échappe et que les consommateurs sont absents ? La liberté d'un ministre n'existe que s'il peut jouer de forces antagonistes. C'est dans leurs oppositions qu'il trouve sa marge de manœuvre. S'il est condamné à un tête-à-tête avec un secteur homogène, il n'a d'autre choix que d'en devenir le porte-parole, donc l'otage. C'est le triste statut des ministres ou secrétaires d'État qui se succèdent aux anciens combattants comme aux rapatriés. La lourdeur excessive des effectifs ministériels a d'ailleurs conduit à des palliatifs peu honorables pour les individus et peu respectueux de l'esprit de la Constitution. Tel est le cas des secrétaires d'État autonomes. N'étant pas rattachés à un ministre, ils pilotent librement une administration. Pourtant, parce que leur présence hebdomadaire à l'élyséenne table ne paraît pas indispensable, ils ne sont convoqués qu'au coup par coup. Jack Lang eut longtemps à souffrir de cette situation de ministre au rabais. Cette pratique, plusieurs fois relevée par le Conseil d'État, n'apparaît guère conforme à la

Constitution dans la mesure où il ne devrait pas exister d'administration sur laquelle aucun des ministres réunis en Conseil n'ait autorité.

L'inflation dans les effectifs ministériels va de pair avec l'instabilité des structures. C'est d'ailleurs l'une des meilleures preuves que nombre de ces portefeuilles n'ont guère de raison d'être, qu'aucune logique imparable ne les justifie puisque leur contenu, leurs contours sont à géométrie variable. « Il est anormal, coûteux et préjudiciable à l'harmonie nécessaire des services, que chaque changement de gouvernement et parfois même un remaniement ministériel, entraîne des bouleversements, des transferts, des mutations, des suppressions, des créations de services, perturbant non seulement le fonctionnement administratif mais aussi les usagers et les finances publiques. Les conflits de compétence, les cafouillages, les retards supplémentaires qui en résultent ne contribuent ni à magnifier l'image de marque de notre administration, ni à renforcer son efficacité bien que ce soit souvent le but visé ! » Ce diagnostic réaliste de Maurice Doublet[24] rejoint les observations du groupe d'étude du Conseil d'État sur « Structures gouvernementales et organisation administrative ». Non seulement trop de ministères ont une silhouette d'autant plus imprécise que chacun la sait fragile, mais encore même les bastions qui semblent solides sont régis par un enchevêtrement de textes qui provoquent incertitude et confusion. L'organisation du ministère de l'Industrie remonte, par exemple, à un décret de 1965 non délibéré en Conseil des ministres. Depuis, une série de simples décrets ont modifié au gré des administrations ce texte initial qui sert toujours de référence. Que pèse dès lors le décret d'attribution d'un ministre, et comment établir sérieusement les champs de compétence et les domaines d'autorité ? Il suffit d'ailleurs de constater la diversité des formules utilisées pour définir les tâches d'un secrétaire d'État[25] pour comprendre que le malheureux ne disposera que de l'espace qu'il se révélera capable de conquérir.

Il n'est pas rare de découvrir dans l'entrelacs administratif qu'un même service se trouve dépendre de plusieurs ministères dans des conditions au demeurant variables. C'est le cas notamment en matière de commerce extérieur où un vague — ô combien ! — décret de février 1975 crée une structure qui emprunte aux finances comme aux affaires étrangères et au commerce si ce département existe. De même, en matière de recherche, l'industrie et les affaires étrangères sont concernées. Quant à la coopération elle recourt également à des services d'un ministère des Affaires étrangères qui ne cesse d'ailleurs de se laisser progressivement démembrer. Des constructions politiques éphémères, destinées soit à un simple effet d'annonce, soit à régler un problème personnel, contribuent à une désorganisation de l'appareil gouvernemental et à une perte sensible d'efficacité. Des « coups » politiques comme le ministère de la Qualité de la vie ou celui du Temps libre se sont rapidement effondrés, à l'image des châteaux de cartes qu'ils étaient. Le ministère de la Mer fait déjà eau et menace de sombrer. Au lieu d'être mobilisées vers l'extérieur, vers l'objet de la mission officielle, les énergies se concentrent sur des luttes de pouvoir internes à l'appareil administrativo-gouvernemental.

Les ministres, consciemment parfois, les administrations, en sous-main plus souvent, s'attachent très vite à regagner le terrain perdu en raison des arbitrages politiques. En principe les attributions d'un ministre, ce qui relève donc de sa responsabilité, sont définies par un décret adopté en Conseil des ministres après que le Conseil d'État a donné son avis. En temps ordinaire ces textes sont mécaniquement répétés à chaque changement de gouvernement, parfois des décennies durant. En pratique, de simples décrets d'organisation des ministères, échappant au conseil des ministres et donc à un véritable contrôle politique, viennent fixer les compétences que souhaitent ou les services ou tel ministre. Certains secteurs d'activité sont coutumiers de tels détournements de pouvoir. C'est le cas notamment du ministère de la Coopération. Sous prétexte de réorganiser sa direction générale des relations culturelles, scientifiques et techniques, il s'était par exemple, en 1982, octroyé des compétences plus larges que celles qui résultaient du décret d'attribution du ministre. Alors qu'il n'avait, en raison d'arbitrages gouvermentaux vieux comme la Ve République, autorité que sur les États francophones au sud du Sahara, il s'était donné les moyens administratifs d'intervenir dans l'ensemble des pays en développement. Un changement pas vraiment de détail !

L'Urbanisme, le Logement et les Transports sont cycliquement regroupés et séparés, ce qui, à chaque fois, entraîne un délai important entre la création de la structure gouvernementale et la mise en place de la réalité administrative correspondante. La nomination du gouvernement Fabius, le 19 juillet 1984, n'a été suivie qu'un an plus tard du décret organisant ce secteur ministériel d'activité. C'est-à-dire que plus de la moitié de la vie de cette équipe gouvernementale s'était déjà écoulée avant que les rouages de travail effectif soient définis. Les mêmes délais se constatent, pour cette équipe ministérielle, avec les ministères de la recherche, de l'industrie et du commerce extérieur! Un an plus tard, tout pouvait, une nouvelle fois, être remis en cause. Ce n'est plus le gouvernement de la République, c'est le royaume d'Ubu.

Il est clair qu'une équipe ministérielle réduite et stable dans son découpage ne doit pas interdire à l'appareil gouvernemental de s'adapter aux missions ponctuelles que la gestion exige. Rien n'oblige à figer ce type d'actions ni, surtout, à les couler dans le marbre pour l'éternité. Les anciens combattants avant-hier, les rapatriés hier, exigeaient une grande mobilisation de moyens. Des administrations de mission, à caractère interministériel, peuvent s'en charger. À la limite un secrétaire d'État, dépendant du Premier ministre, pourrait en assurer la responsabilité politique et y gagner éventuellement ses galons de ministre. Une fois le problème crucial réglé, le suivi ne relève que d'une routine administrative et n'exige pas une structure politique particulière. Verser des pensions, traiter des dossiers d'indemnisation sont du domaine de compétence d'une simple direction du ministère de la Défense pour les uns, d'un ministère civil du type Population pour les autres. Après tout, les structures ministérielles pour le ravitaillement, les déportés, les prisonniers, l'Afrique du Nord... ont bien disparu. Le système clientéliste lorsqu'il est maintenu ne fait qu'installer des groupes de pression officiels au cœur de l'État.

Dixième règle : supprimer le monopole des grands corps sur le pouvoir d'expertise.

À l'abri du discours de la compétence s'est développé un pouvoir que certains appellent d'«expertise», qui revient à définir des orientations au nom d'une connaissance technique des dossiers sans que, dans la pratique, les responsables de la décision politique — ministres et parlementaires — puissent disposer d'une véritable « contre-expertise ». L'histoire des grands investissements imposés par la technocratie d'État, de la carte des centrales nucléaires à la sidérurgie sur l'eau en passant par « Concorde » ou les super-pétroliers, offre une illustration de la difficulté pour les décideurs politiques de ne pas accepter dans toutes leurs dimensions les dossiers techniques qui leur sont soumis. Leur seule marge de liberté est un « non » global qui, le plus souvent, ne serait pas plus satisfaisant que leur « oui » global. Olivier Guichard [26] le reconnaît d'ailleurs en posant la question : « Lorsque les techniciens ont parlé, qui peut vraiment aller contre ? »

La gauche a été, cinq années durant, accusée d'incohérence. Derrière cet argument polémique se cache une vérité profonde dont n'avaient pas conscience ceux qui l'utilisaient. Dire d'un gouvernement qu'il est incohérent revient en effet à énoncer une évidence. Et ce quelle que soit l'équipe en charge des responsabilités. D'abord parce que la cohérence ne peut être jugée que par rapport aux orientations politiques affirmées par les gouvernants. Ensuite, et surtout, parce que dans l'action, seules quelques décisions obéissant à une logique interministérielle tendent à s'inscrire dans la cohérence initiale. Pour le reste, les ministères agissent au coup par coup, répondent aux sollicitations de la vie, arbitrent des conflits, bref gèrent leur département selon une logique dite « du souk [27] ».

Dans ces conditions, au-delà même de la cohérence, tous les discours sur l'intérêt général, le sens de l'État ou l'intégrité administrative doivent être pris pour ce qu'ils sont : des professions de foi bien plus que des réalités.

Même lorsqu'un ministre parvient à imposer, contre l'administration, le vote d'un texte de loi, il lui restera encore à franchir la redoutable épreuve des décrets d'application. Compte tenu des délais, il n'est pas impossible que le ministre auteur de la loi ait plié bagage lorsque vient le moment de mettre au point ses modalités d'application. En toute hypothèse la marge d'appréciation dont va disposer l'administration pour interpréter la pensée des législateurs demeure importante. Il lui faut en effet faire en sorte que la nouvelle loi se révèle, sur le terrain, compatible avec la réglementation déjà accumulée par le pouvoir administratif. Est-il besoin de demander qui va plier devant qui ? C'est ainsi que les fonctionnaires construisent et confortent des bastilles alors même que les législateurs ne pensaient pas leur offrir de telles ouvertures. L'État est, par exemple, représenté de manière minoritaire au conseil d'administration de l'Agence France-Presse. Il dispose de trois administrateurs, l'un nommé par le Premier ministre, le second par les Finances et le troisième par les Affaires étrangères. On est en droit de supposer que chacune de ces personnalités aura à cœur de déléguer dans cette fonction une femme ou un homme digne de l'exercer. Comme apparemment l'administration n'en est pas sûre, elle a mis en place une réglementation réservant ce type d'emploi à des fonctionnaires ayant au moins une dizaine d'années de service.

À tout moment les gouvernants sont ainsi placés dans la quasi-impossibilité matérielle d'associer à leur travail des professionnels du privé, ou alors il faut que ces derniers acceptent de prendre d'importants risques de carrière. À l'inverse, tout le système tend à ramener les ministres dans le giron administratif. Les participants, majoritairement marqués à gauche, à un colloque sur les relations entre le gouvernement et la haute administration organisé par l'Observatoire de la décision publique[28], sont parvenus à la conclusion que seuls de puissants cabinets politiques étaient susceptibles de protéger l'administration et les entreprises du secteur public de la politisation partisane. C'est à ces cabinets qu'incombe en effet la responsabilité de définir les directives sur lesquelles l'administration va œuvrer. Cette règle n'est pas fausse, mais elle souffre d'un défaut qui n'est pas mince. Elle suppose résolu le problème initial : le recrutement de ces cabinets politiques.

Éclairer l'horizon

Partant du principe qu'il appartient aux responsables politiques de travailler sur le moyen et le long terme en orientant la société et qu'il revient à l'administration de gérer le quotidien, le problème de la coordination administrative et du contrôle politique avait paru pouvoir se régler par la planification. Les années 60 ont vu effectivement le triomphe de formes de planification intégrées. C'est l'époque où s'imposent les conceptions les plus « instrumentales » de la gestion politique. On voit fleurir, avec de nouveaux concepts, des sigles mystérieux comme la RCB (Rationalisation des choix budgétaires). La planification financière et matérielle paraît pouvoir maîtriser les processus sociaux. La secousse de mai-juin 68, les chocs pétroliers de 1972 et 1979 ont dissipé cette illusion. Si elles font encore saliver certains dirigeants politiques à commencer par Jacques Delors ou Michel Rocard, force est de constater que le déclin de ces planifications intégrées, durant les années 70, a autant été le résultat de leurs insuffisances que d'a priori idéologiques. Certes, c'est le nouveau pouvoir chrétien-démocrate fraîchement investi qui, en octobre 1982, en République fédérale d'Allemagne, supprime l'autonomie de la division de la planification de la Chancellerie pour la rattacher à la direction générale des Affaires intérieures et sociales. Certes, c'est un Premier ministre conservateur, Margaret Thatcher qui, en 1983, supprime, en Grande-Bretagne, le *Central Policy Review Staff*, qu'avait créé le travailliste Harold Wilson. En France, la gauche au pouvoir n'a en rien freiné le déclin d'un commissariat au plan qui ressemble de plus en plus à un simple alibi.

Dès lors, l'horizon des gouvernants tend à se rapprocher toujours plus. D'autant que les règles de la comptabilité publique n'aident pas à lever la tête. À l'heure actuelle, tout l'appareil réglementaire qui enserre les agents de l'administration n'a pour seul objectif que de prévenir la fraude et le coulage. Certes, il est important d'empêcher de chaparder un stylobille ou de gaspiller des ramettes de papier. Mais force est de constater que l'administration n'y parvient guère mieux que les entreprises et que les fonctionnaires comme les salariés du privé s'appliquent à prélever, lors des rentrées des classes par exemple, le maximum de matériel au sein de leur structure professionnelle. Lorsqu'en bas de l'échelle administrative, un agent se pense autorisé à économiser une partie des frais de la rentrée scolaire, son geste ne correspond-il pas à l'attitude de toutes ces gloires temporaires de la République qui, des années parfois après avoir quitté leurs fonctions, utilisent encore du papier à en-tête, négligemment biffé, du temps de leur splendeur ? Quant au rapport annuel de la Cour des comptes, il offre, à un autre niveau, l'illustration des limites des méthodes tatillonnes actuelles. Le contrôle a priori des comptables ne cesse, au sein des ministères, de les placer en situation d'opposition avec des équipes politiques ministérielles qui ont, de la gestion, une vision plus prospective. Tout se joue, dans la pratique, sur un rapport de forces entre le ministre et son contrôleur financier. Qui prendra l'ascendant sur l'autre ? La réponse ne dépend que des individus, guère des institutions.

Non seulement ces règles, héritées des comptables royaux, n'atteignent que très imparfaitement leurs objectifs, mais surtout elles interdisent toute projection dans le futur. En ce sens, il est impossible, en l'état actuel du fonctionnement de l'appareil politico-administratif, d'établir des coûts et, en définitive, d'apprécier l'efficacité réelle de l'action conduite.

CONCLUSION

L'État moderne doit être un État efficace. Ce qui passe moins par son effacement de tel ou tel secteur de la vie sociale que par l'amélioration de ses techniques de fonctionnement. Cette réforme ne peut se faire que si l'obscurité actuelle est levée, que si les corporatismes reculent devant la démocratie.

La véritable faiblesse de la gauche est de ne pas savoir de quel type de société elle entend ac oucher. Dès lors, par conformisme, par prudence, par timi té, elle ne parvient pas à s'extraire des mécanismes actuels. Si on compare l'œuvre historique de la gauche ré oublicaine — les radicaux de la IIIe République notamment — et celle de la gauche anticapitaliste qui lui a succédé — socialistes et communistes essentiellement —, quel abîme ! Là où les uns ont su renverser l'idéologie monarchiste dominante, imposer un nouveau régime constitutionnel, laïciser l'État, bref opérer une authentique révolution, les autres n'ont à se mettre sous la dent que quelques grandes réformes sociales au premier rang desquelles demeurent les congés payés. Et encore ne doivent-ils pas perdre de vue que, pour imposer ces mesures contre les arguments techniques des économistes libéraux, ils ont bénéficié du soutien décisif du catholicisme social. C'est surtout lui, en effet, qui a converti l'élite dirigeante à la nécessité de faire diminuer la misère et qui a ainsi puissamment contribué à la mise en place de l'État-providence. Quant aux gaullistes, ils ont à leur actif les institutions de la Ve République et la défense nucléaire. Ce n'est pas si mal.

Et si les forces politiques proposaient à présent aux Français une modernisation de l'État qui permette sa démocratisation ? Orfèvre en utopies réalistes, Jules Verne n'écrivait-il pas que « tout ce qui s'est fait de grand dans le monde s'est fait à partir d'espérances exagérées » Une gestion technocratique de l'État, une pratique de la communication sacrifiant au spec tacle, tout le fonctionnement du système pousse à la dépolitisation, donc à l'affadissement démocratique. Il est devenu urgent de rétablir la politique dans ses prérogatives. Quelle belle « espérance exagérée » !

Paris, novembre 1987

NOTES

CHAPITRE 1 — INVASION

1. In *Le Monde* du 6 juillet 1987.
2. Titre du tome 2 de son ouvrage *La fin des notables*, 1944.
3. Jean-François Kesler, *L'ENA, la société, l'État*, 1985.
4. Chiffre donné par F. de Baecque et J.-L. Quermonne in *Administration et politique sous la Ve République*, 1982.
5. *Les sommets de l'État*, 1977.
6. In *Sociologie des fonctionnaires*, 1980.
7. In *L'ère des organisateurs*.
8. Alexandre Wickham et Sophie Coignard, *La nomenklatura française, pouvoirs et privilèges des élites*, 1986.
9; Cf. *État modeste, État moderne*, 1987.
10. In *Paris-Match* du 26 juin 1987.
11. Cf. *Sociologie des fonctionnaires*, de Jean-François Kesler, 1980.
12. P. Heller et A. Tait, in « Government Employment and Pay : Some International Comparisons », Fonds monétaire international, mars 1984, repris par *Le Point*, 12-18 octobre 1987.
13. Voir l'article de Thierry de Beaucé in *Le Monde* du 5 septembre 1987.
14. In *Le savant et le politique*, 1959.
15. Cité par Michel Schifres in *L'énaklatura*, 1987.
16. In *Regards sur la haute administration en France*, 1979.

CHAPITRE 2 — CORPORATISMES

1. Blandine Barret-Kriegel, « Rapport au président de la République sur l'État et la démocratie », conclusion d'une mission confiée en décembre 1984.

2. Marie-Christine Kessler, *Les grands corps de l'État*, 1986.

3. In Préface à Guy Thuillier, *Regards sur la haute administration en France*, 1979.

4. Jean-Michel Gaillard, *Tu seras président, mon fils*, 1987.

5. Mais en seconde dans le troisième gouvernement Mauroy car Jacques Delors, lui non plus, n'est pas insensible à l'ordre protocolaire.

6. Denis Richet, « La France moderne : l'esprit des institutions ».

7. Cf. par exemple *La nomenklatura française...* d'Alexandre Wikham et Sophie Coignard, 1986.

8. Alain Girard, *La réussite sociale*, 1965.

9 Ezra Suleiman, *Les hauts fonctionnaires et la politique*, 1976, et surtout *Les élites en France, grands corps et grandes écoles*, 1979.

10. Octave Gélinier, « Morale de l'entreprise et destin de la nation ».

11. *Les 200. Comment devient-on grand patron ?* 1987.

12. Cf. notamment son dernier ouvrage *La machine égalitaire*, 1987.

13. Cf. le Rapport publié par la Documentation française en 1983.

14. Organisées les 7 et 8 octobre 1985 à Grenoble dans le cadre de la mission pour la modernisation de l'État.

15. *Les grands corps de l'État, op. cit.*

16. *Idem.*

17. In « La création des directions départementales de l'équipement : phénomène de corps et réformes administratives », 1970.

18. In *Le phénomène bureaucratique*, 1963.

19. B. Gournay, in *Revue française de science politique*, avril 1964.

20. Par Dominique Dagnaud et Dominique Mehl, 1982.

CHAPITRE 3 — SÉLECTION

1. In *Le Figaro* du 29 septembre 1987.

2. In *L'énarchie ou les mandarins de la société bourgeoise*, 1967, écrit avec Didier Motchane et Alain Gomez, sous le pseudonyme de Jacques Mandrin.

3. In *Promotions* n° 100, décembre 1976.

4. Jean-François Kesler, *L'ENA, la société, l'État*, 1985.

5. In *Le Monde* daté du 1er-2 août 1976.

6. In *Profession fonctionnaire*, 1976.

7. «On doit bien comprendre qu'il n'est pas possible à un prince, et surtout à un prince nouveau, d'observer dans sa conduite tout ce qui fait que les hommes sont réputés gens de bien, et qu'il est souvent obligé, pour maintenir l'État, d'agir contre l'humanité, contre la charité, contre la religion même. Il faut donc qu'il ait l'esprit assez flexible pour se tourner à toutes choses, selon que le vent et les accidents de la fortune le commandent ; il faut, comme je l'ai dit, que tant qu'il le peut, il ne s'écarte pas de la voie du bien, mais qu'au besoin il sache entrer dans celle du mal.»

8. In *La machine égalitaire*, 1987.

9. In *Esprit*, janvier 1970.

10. *L'ENA, la société, l'État, op. cit.*

11. Cf. le témoignage de Jean Baffray in *Revue politique et parlementaire*, nº 919, septembre-octobre 1985.

12. Le groupe de travail était composé d'Anne-Marie Boutin, (ancienne de Normale sup. entrée à la Cour des comptes), Jean-François Kesler (énarque devenu professeur des universités), Jean Magniadas (CGT).

13. Il s'agissait de transformer les instituts d'études politiques en IEA (Instituts d'études administratives) qui auraient préparé à l'ensemble des concours administratifs de catégorie A. La Fondation nationale des sciences politiques aurait servi de maison mère pour tous les instituts d'études politiques du pays et non pour les seules «Sciences-Po» parisiennes qui auraient été concurrencées, dans la capitale, par un second institut et par une série d'autres, répartis en province. Des classes préparatoires aux IEA étaient prévues, communes à celles qui fonctionnent pour les écoles normales supérieures.

14. Le projet de réforme prévoyait les corps suivants : juridictions administratives, juridictions financières, affaires extérieures, administration territoriale, administration financière, administration économique, administration sociale et culturelle et inspection générale des administrations.

15. *L'ENA, la société, l'État, op. cit.*

CHAPITRE 4 — RÉPARTITION

1. In *L'Événement du jeudi*, 15 au 21 octobre 1987.

2. Voir notamment sur ces sujets François de Closets, *Toujours plus*, 1982.

3. Rapport de la Cour des comptes au président de la République sur les hautes rémunérations et les avantages annexes dans

l'administration et le secteur public, extrait de la note de synthèse, 1983. Pour élaborer ce rapport les magistrats de la Cour des comptes se sont heurtés à plusieurs reprises à une rétention d'information. Ce fut en particulier le cas à la Régie Renault et dans le secteur de l'audiovisuel public qui n'a donné à la Cour que des renseignements partiels et fragmentaires. La situation des journalistes a souvent été ignorée. Pourtant nombre de vedettes du service public de l'audiovisuel savent cumuler leur salaire avec les honoraires confortables versés par les entreprises nationales auprès desquelles ils jouent les consultants. Faire ainsi, par exemple, ses fins de mois à EDF aide à conserver un regard « dépassionné », pour examiner le dossier du nucléaire. L'explication de ces défaillances ? Radio France, par exemple, aurait « mal interprété la question » ! A quand le *Toujours plus* sur les métiers de la communication, bien discrets sur eux mêmes ?

4. La loi d'orientation de 1968 laissait cette responsabilité aux universités. Elle n'a jamais été appliquée sur ce point.

5. Nombreux sont les fonctionnaires qui ignorent cette instruction en arguant du fait qu'elle n'est reprise dans aucun texte législatif ou réglementaire.

6. UAP, Crédit lyonnais, Elf-Aquitaine, CDF Chimie et SNECMA.

CHAPITRE 5 — FINANCEMENT

1. Cité par André Campana, in *L'argent secret*, 1976.

2. Sur ce sujet lire notamment Rainer Kraehe, *Le financement des partis politiques*, 1972.

3. *Regards sur la haute administration en France. op. cit.*

4. Témoignage de François Loncle, cité par André Campana, *op. cit.*

5. Gabriel Aranda travaillait au cabinet d'Albin Chalandon, lorsque ce dernier était ministre de l'Équipement. En 1972, il a rendu publics des documents concernant le financement des partis de la majorité gaulliste de l'époque. Le trésorier de l'UDR s'appelait alors M. Guy... Fric ! Cf. Gabriel Aranda, *L'État piégé*, 1972.

6. Conférence de presse, septembre 1971.

7. André Campana, *op. cit.*

8. In *Le Point* du 29 juin 1987.

9. Cf. *Le Figaro* du 4 novembre 1987.

10. Cité par André Campana, *op. cit.*

11. Cf. F. de Baecque et J.-L. Quermonne, *op. cit.*

12. In *Le Point* du 23 mars 1987.

13. Sur ce sujet, voir le mémoire de Bertrand Kern « Les assistants parlementaires », présenté à l'Institut d'études politiques d'Aix-en-Provence, 1985-1986.

14. A l'Assemblée nationale existent : l'Association des assistants et secrétaires socialistes d'une part et l'Association française des collaborateurs parlementaires, qui regroupe les assistants des députés UDF et RPR.

15. Bertrand Kern, *op. cit.*

16. Depuis 1986, les assistants parlementaires dont le contrat n'est pas renouvelé bénéficient des indemnités légales du rupture ce qui n'est pas le cas dans les cabinets ministériels.

17. Le Sénat limite à une personne ce recrutement familial et le parlementaire doit demander une dérogation. Une petite centaine de sénateurs a recours à cette pratique.

18. De nombreux assistants sont des permanents de partis politiques et plus de 15% d'entre eux détiennent un mandat électif local.

19. Bertrand Kern, *op. cit.*

CHAPITRE 6 — LIBÉRALISME

1. Jean-François Kesler *op. cit.*
2. In *Le Point* du 22 décembre 1986.
3. *L'enaklatura, op. cit.*
4. In « La technologie du pouvoir et le pouvoir technologique », conclusion du colloque Décision et pouvoir dans la société française, 1979.
5. Michel Maffesoli, *op. cit.*
6. *Op. cit.*
7. Voir sur la dimension politique de cette notion l'excellent ouvrage de François Rangeon, *L'idéologie de l'intérêt général*, 1986.
8. In *Histoire des passions françaises*, 1978.
9. Sur ce sujet lire notamment l'article de Luc Rouban, du Centre de recherches administratives et politiques de l'université Rennes I, dans le n° 38 de la *Revue française d'administration publique*.
10. Une loi du 8 novembre 1984 a modifié cette règle en supprimant les limites à l'octroi des primes qui sont désormais définies en pourcentage de la masse salariale annuelle de chaque administration.
11. La formule est de Rod Rhodes.
12. Pour plus de précisions, voir l'article de Vincent Wright, pro-

fesseur au Nuffield College d'Oxford dans le n° 38 de la *Revue française d'administration publique.*

13. Cet article 49.3 permet de considérer qu'un texte est adopté, sans vote de l'Assemblé nationale, si une motion de censure ne le rejette pas, renversant du même coup le gouvernement.

14. In *Le Monde diplomatique*, avril 1987.

15. Pour plus de précisions voir Jacques Ziller, « Hauts fonctionnaires et politique en République fédérale d'Allemagne », in n° 47 de la *Revue internationale de sciences administratives*, 1981.

16. Qui, comme en Grande-Bretagne, sont les fonctionnaires au rang le plus élevé dans le ministère et non des « sous-ministres » comme en France. Ils s'apparentent plutôt à nos directeurs d'administration centrale. La RFA développe à présent les fonctions de « secrétaire d'État parlementaire ». Il s'agit de parlementaires qui, sans devenir fonctionnaires, assistent les ministres pour certaines missions comme, par exemple, les relations avec le Parlement et les organisations politiques.

17. Jacques Ziller, *op. cit.*

18. Par exemple in « Les groupes de pression et la Communauté européenne » de J. Meynaud et D. Sidjanski, Bruxelles, 1971.

19. Jean-Pierre Dubois, « La bureaucratie européenne », in *L'administration*, ouvrage collectif dirigé par Jacques Sallois, 1971.

20. In *Le Monde* du 6 août 1987.

CHAPITRE 7 — RÉPONSES

1. Et par prudence aussi puisque le simple fait d'avoir, dans *Les coulisses du pouvoir*, qualifié de « conformisme tiédasse » les chroniques d'Alain Duhamel m'a valu, à la demande de l'intéressé, une interdiction d'antenne sur Europe 1 !

2. In « Lettres sur la réforme gouvernementale », 1918.

3. Guy Thuillier, *op. cit.*

4. In *Revue politique et parlementaire*, n° 919, sept.-oct.1985.

5. In *Le Débat*, n° 40, mai-sept. 1986.

6. Le 15 octobre 1959 dans la nuit, François Mitterrand échappe à un attentat en bordure des jardins de l'Observatoire. Dix jours plus tard, Jean-Marie Le Pen et Me Tixier-Vignancour révèlent que le dirigeant de la gauche avait été prévenu à l'avance par l'ancien député poujadiste Pesquet. Mitterrand affirme être victime d'une machination. Il est toutefois poursuivi en raison des lacunes de ses premières

déclarations aux magistrats et la levée de son immunité parlementaire est votée par le Sénat le 25 novembre.

7. In la *Revue administrative*, nᵒ 229, janv.-fév. 1986.

8. Rapport au Premier ministre sur le statut de l'élu local, départemental et régional et la limitation du cumul des fonctions et mandats électifs, 22 janvier 1982.

9. Cette durée, précise le Rapport Debarge, est obtenue en prenant pour base un crédit annuel de trente-cinq heures et la durée ordinaire du mandat de conseiller municipal ou général qui est de six ans.

10. In *Promotions*, nᵒ 124, sept.-oct. 1982.

11. In *Revue des sciences morales et politiques*, nᵒ 1, 1982.

12. «Structures gouvernementales et organisation administrative», étude du Conseil d'État in *Notes et études documentaires*, la Documentation française, 1986.

13. Jean-François Kesler in *L'ENA, la société, l'État*, 1985.

14. Cf. Dominique Dagnaud et Dominique Mehl, revue *Pouvoirs*, nᵒ 42, 1987 et *L'élite rose*, 1982.

15. *Les grands corps de l'État, op. cit.*

16. In *Le travail gouvernemental*, 1987.

17. Ce qui a d'ailleurs été le cas pour Jacques Fournier lui-même !

18. In *Le pouvoir politique*, 1976.

19. In «Le puzzle de la réforme administrative», *La Revue administrative*, nᵒ 235, janv.-fév. 1987.

20. *Idem, Ibid.*

21. Cf. Céline Wiener, «De la coordination administrative à la décision politique : étude comparée de quelques systèmes», in *Revue française d'administration publique*, nᵒ 42, avril-juin 1987.

22. Jacques Fournier, *op. cit.*

23. Il s'agit, bien sûr, du président du Conseil, c'est-à-dire nos actuels Premiers ministres.

24. «Le puzzle de la réforme administrative, *op. cit.*

25. «Compétent dans le domaine de...», «exercer ses attributions sous l'autorité du ministre...» ; «assiste le ministre...» ; «est chargé sous l'autorité du ministre, des affaires concernant...».

26. In *Un chemin tranquille*, 1975.

27. Colloque de l'Observatoire de la décision politique du 27 juin 1987, groupe de travail nᵒ 1 : Rapports gouvernement-haute administration.

28. 27 juin 1987.

INDEX

245

TABLE DES MATIÈRES

249

*La composition de ce livre
a été effectuée par Comp'Infor à Saint-Quentin
l'impression et le brochage ont été effectués
dans les ateliers de la S.E.P.C. à Saint-Amand-Montrond (Cher)
pour les Éditions Albin Michel*

AM

*Achevé d'imprimer en janvier 1988
N° d'édition : 10067. N° d'impression : 059.
Dépôt légal : janvier 1988.*